GLI ADELPHI

656

Marjorie Wallace, a lungo giornalista del « Sunday Times », è stata eletta nel 1982 Campaigning Journalist of the Year e nel 1986 ha fondato SANE, un'associazione che si prefigge di migliorare la qualità di vita delle persone affette da malattie mentali. *Le gemelle che non parlavano* è apparso per la prima volta nel 1986, quando June e Jennifer erano ancora recluse a Broadmoor; dopo la morte di quest'ultima (1993), June ha iniziato a vivere una vita normale. Dal libro-documento della Wallace – qui integrato da un « Epilogo » che completa la vicenda – è stato tratto il film *The Silent Twins*, per la regia di Agnieszka Smoczyńska, di imminente distribuzione.

Marjorie Wallace

Le gemelle che non parlavano

NUOVA EDIZIONE AMPLIATA

ADELPHI EDIZIONI

TITOLO ORIGINALE:
The Silent Twins

Traduzione di Gabriella Luzzani

Mariagrazia Gini ha tradotto l'epilogo « Un dolce sollievo »

Prima edizione in questa collana: novembre 2022

WWW.ADELPHI.IT

ISBN 978-88-459-3748-4

Anno				Edizione						
2025	2024	2023	2022	1	2	3	4	5	6	7

INDICE

PREFAZIONE
DI OLIVER SACKS

Ognuno di noi dà per scontato di essere un individuo autonomo e unico, ma quando incontriamo una coppia di gemelli questo presupposto viene improvvisamente messo in discussione, se non completamente demolito.

Nei gemelli identici non è solo l'eccezionalità biologica a colpire l'immaginazione: è l'esatta, inquietante «duplicazione» di un essere umano, una duplicazione che immaginiamo, o temiamo, possa spingersi fino alle più recondite profondità dell'anima. Si resta sempre colpiti quando si incontrano dei gemelli, si prova interesse, sorpresa, piacere e... sgomento. Il nostro sguardo va dall'uno all'altro: le facce, le espressioni, le voci, i gesti, i modi sono identici, e allora proviamo sensazioni ambivalenti, ci sentiamo meravigliati e scandalizzati al tempo stesso. E questi stati d'animo contrastanti si riflettono nelle singole culture: alcune venerano i gemelli, altre li sopprimono.

Lo studio scientifico dei gemelli data da poco più di un secolo, ed è stato iniziato da Francis Galton, cugino di Darwin. Galton fu il primo a guardare con occhio darwiniano il carattere ereditario delle funzioni superiori dell'uomo. Attraverso lo studio dei gemelli – specialmente se identici, divisi molto presto e allevati separatamente – sarebbe possibile, scriveva Galton, « calcolare nelle giuste proporzioni gli effetti della Natura e quelli dell'Educazione, e accertare quanto si debba all'una o all'altra nella formazione del carattere e delle capacità intellettuali degli uomini ». Egli concludeva dicendo che, con qualche riserva, la Natura dimostrava di essere, in questo caso, molto più forte dell'Educazione.

Galton intuiva che le vite dei gemelli erano soggette a una specie di fato ineluttabile, ma per lui questa sorte, questa necessità erano costituzionali e innate. Sarebbe toccato a una generazione successiva – è troppo ardito chiamarla freudiana? – scoprire l'esistenza di un'altra necessità, e cioè il rapporto stesso tra gemelli, l'interazione tra i due individui e la 'posizione' di ciascuno all'interno del rapporto. La peculiarità del destino dei gemelli era già stata individuata da alcuni scrittori, in particolare da quelli che, come Thornton Wilder, erano a loro volta dei gemelli: da qui la magnifica descrizione dei gemelli identici Manuel e Esteban in *Il ponte di San Luis Rey*.

Il legame gemellare è stato minuziosamente esaminato da Dorothy Burlingham, che per tutta la vita fu collega di Anna Freud. Il suo libro *Twins* si apre con la considerazione della diffusa (anche se stranamente trascurata dalla letteratura scientifica) fantasia di avere un gemello, e di quanto essa contrasti con la realtà. « Nella fantasia, il rapporto con il gemello è sereno e immutabile. L'osservazione della realtà mostra invece come il rapporto gemellare sia minacciato da sentimenti negativi e violenti, che si manifestano nella competitività, nella rivalità per accaparrarsi l'amore dei genitori, nella gelosia e nel desiderio di dominare l'altro... Eppure il bisogno che l'uno ha dell'altro fa sì che ciascuno dei due si adatti e si adegui alla personalità del gemello. In questo modo il rapporto gemellare diventa il legame più stretto che si conosca tra due individui».

Di solito i gemelli sono in grado di differenziarsi pienamente, e diventano individui completi pur mantenendo il loro particolarissimo legame. Talvolta, però, questo legame può divenire patologico – e qui la Burlingham parla della coppia di gemelli come di una «équipe» ai limiti dell'associazione a delinquere, i cui componenti fanno le stesse cose e hanno le stesse sensazioni, come se fossero presi in trappola o prigionieri di un implacabile abbraccio. Un abbraccio di questo genere – ardentemente desiderato e allo stesso tempo intollerabile – tende a essere al tempo stesso simbiotico e distruttivo.

Nel 1982 Marjorie Wallace, redattrice del londinese «Sunday Times» (e autrice della drammatica e commovente sceneggiatura di *On Giant's Shoulders* [Sulle spalle del gigante], basata sulla storia vera di una famiglia che adottò un bambino focomelico), si trovò ad assistere come cronista al processo di due gemelle identiche che apparentemente non parlavano, accusate di furto e incendio doloso. «Fu una circostanza assai singolare: le gemelle, minute e vulnerabili, non dissero una parola, a parte qualche suono inarticolato che la Corte interpretò come una ammissione di colpevolezza. La fredda pantomima legale si svolse attorno a loro senza toccarle».

June e Jennifer Gibbons furono condannate a essere internate a tempo indeterminato a Broadmoor, il manicomio criminale famoso per il suo rigore. Lo choc che le procurò la sentenza, combinata con l'aspetto bizzarro e innocuo delle gemelle, spinse Marjorie Wallace a indagare nella loro storia personale e, soprattutto, a esplorare il loro straordinario mondo interiore. *Le gemelle che non parlavano* è il risultato di questa indagine: un libro che presenta le caratteristiche di un caso clinico e, insieme, quelle di un giallo.

Marjorie Wallace ha ricostruito una storia che, per la profondità e la capacità di penetrazione dell'autrice e la ricchezza della narrazione, nonché per l'argomento fuori del comune, deve essere considerata straordinaria anche nell'ambito della già copiosissima letteratura mondiale sui gemelli. Marjorie Wallace è riuscita a parlare con tutti coloro che avrebbero potuto far luce sull'argomento: i familiari e i conoscenti, gli insegnanti e gli psicologi, oltre che con il personale carcerario e gli avvocati che difesero le gemelle in tribunale. Ma, soprattutto, ha parlato con June e Jennifer, e ha *letto* i loro scritti. Marjorie Wallace era andata a casa loro dopo la sentenza, e vi aveva trovato centinaia e centinaia di pagine che le gemelle avevano scritto, assieme o separatamente, durante gli anni in cui, agli occhi degli altri, apparivano praticamente mute e incapaci di esprimersi in alcun modo. Fu attraverso quegli scritti che Marjorie Wallace si imbatté per la prima volta nella *vita interiore* delle gemelle, e si avvide del loro talento e della loro capacità immaginativa, del loro spirito e del terribile legame che le univa.

Alcune di quelle pagine erano state pubblicate – June aveva scritto, a quindici anni, un romanzo intitolato *Pepsi-Cola Addict* [Pepsidipendente] –, e tutte, in un certo senso, invocavano la presenza di un immaginario lettore ideale capace di infinita comprensione, che potesse penetrare e condividere i più intimi sentimenti delle loro autrici, altrimenti segregati da tutto e da tutti. Marjorie Wallace diventò quel lettore ideale, l'unico cui fosse consentito l'ingresso, l'unico che potesse condividere la vita di June e Jennifer Gibbons.

Il fatto che la Wallace sia riuscita nel suo intento, a dispetto dell'ostinato mutismo che, sin dall'età di otto anni, le gemelle avevano opposto al mondo, e che sia stata capace di superare la barriera che impediva l'accesso al mondo delle gemelle, insolito e spesso distorto, testimonia che anche lei, come autrice, possiede qualcosa di fuori del comune. Non è infatti solo la vicenda, che per tre lunghi anni Marjorie Wallace ha meticolosamente ricostruito, ma il modo ammirevole in cui l'autrice ci fa entrare nella mente e nella sensibilità di June e Jennifer a rendere *Le gemelle che non parlavano* un libro unico nel suo genere. Esso è infatti il ritratto più dettagliato che mai ci sia stato offerto del mondo interiore di una coppia di gemelli identici, con tutti i loro tormenti e le loro infelicità – una storia avvincente e, insieme, uno studio importante di grande valore documentario.

LE GEMELLE CHE NON PARLAVANO

A Doris Wallace Harwood,
una madre straordinaria

INTRODUZIONE

As I looked out of the window
There I saw the bird sitting alone.
His feathers ruffled in the snow,
His beak firmly closed to the world.
Just like I was, but who was to know.[1]

JUNE GIBBONS

Haverfordwest è una smorta cittadina dai contorni aguzzi, con le case attaccate alle colline come placche cornee sul dorso di un dinosauro. Capitale del Galles occidentale, si trova a ovest della penisola di Pembroke, e incarna secoli di torpide giornate di nuvole e di pioggia. Strade vecchie e quartieri nuovi si fondono senza sforzo nel grigiore sovrano, e l'inclemenza del tempo sembra penetrata fin dentro l'anima degli abitanti, che parlano con una morbida cadenza sciaguattante e si guardano bene dall'aprirsi alle influenze esterne. In cima a una collina, tra l'ippodromo in disuso e la città, c'è uno di quei quartieri sorti dopo la guerra, anonime schiere di casette costruite per le famiglie della bassa forza della vicina base RAF di Brawdy. Anche se il sudiciume dell'intonaco testimonia un'esistenza pluriennale, il quartiere conserva un'aria di provvisorietà. Quasi tutti i giardini sono rimasti un'i-

1. «Guardai dalla finestra / e là vidi l'uccello, solo. / Le penne arruffate nella neve, / il becco serrato al mondo. / Proprio com'ero io, ma chi doveva saperlo».

ninterrotta chiazza verde: pochi gli alberi piantati, ancor meno i fiori.

Al numero 35 di Furzy Park, in fondo a una delle schiere, vivevano i Gibbons, a quel tempo l'unica famiglia negra del quartiere. Aubrey Gibbons, uomo assai piacente e desideroso di piacere, lavorava come assistente controllore di volo alla base aerea. Da quando aveva lasciato Barbados vent'anni prima, aveva fatto una solida, anche se non travolgente, carriera nella RAF. Sua moglie Gloria, più vecchia di lui di quattro anni, aveva cresciuto i loro cinque figli, tutti bambini gentili e beneducati, seguendo il marito da una sede RAF all'altra. I Gibbons erano una famiglia unita e per bene, simpatica anche se restia a mescolarsi con i vicini. Andavano e venivano ogni giorno senza disturbare nessuno. Niente di eccezionale – se si eccettuano le gemelle, naturalmente.

June e Jennifer erano identiche (anche se Gloria l'aveva sempre pensata diversamente), carine, minute e coi lineamenti insolitamente fini. Stavano quasi sempre insieme nella loro stanza, che si trovava sopra il soggiorno, a giocare con le bambole (anche a sedici anni), a chiacchierare e ad ascoltare la radio e le cassette di musica pop. Di tanto in tanto si mettevano un po' di trucco, si facevano la messinpiega e se ne andavano in città. Ritiravano il sussidio di disoccupazione e tornavano a casa con album di francobolli, penne, bloc-notes e quaderni. Ogni giorno il postino portava per loro una dozzina di lettere e di grosse buste imbottite; Gloria le riceveva sulla porta di casa con un'espressione di crescente perplessità. Che cosa stavano combinando le sue gemelle?

Da quando avevano lasciato gli studi, senza avere in mano un vero e proprio diploma, le due ragazze si erano rinchiuse nella loro stanza con i letti a castello. Non scendevano mai a tavola, né mai rivolgevano un sorriso agli altri familiari, né parevano accorgersi della loro presenza. Erano profondamente attaccate alla famiglia, e lo dimostravano indirettamente in mille modi impercettibili, ma era raro che riuscissero a esprimerlo apertamente. A volte si tenevano così in disparte ed erano tanto assorte nelle loro faccende segrete, che assomigliavano più a due soldati nemici acquartierati in casa che a due membri della famiglia. Gloria le trovava tutti i santi giorni sdraiate sul letto in camicia da notte, oppure a battere sui tasti delle due macchine da scrivere che le avevano chiesto di comperare dopo averle scelte su un catalogo di vendite per corrispondenza. Un giorno, mentre lasciava la posta fuori della loro stanza chiusa a chiave, Gloria fu vinta dalla curiosità. Aprì un pacchetto e, tirato fuori un grosso opuscolo giallo, ne guardò il titolo: *L'arte della conversazione*. Con le lacrime agli occhi, lesse quelle parole come se non potesse o non volesse crederci. Fin da piccole, infatti, June e Jennifer si erano rifiutate di parlare con chiunque: con il padre, con il fratello o la sorella maggiori, persino con lei. Gloria riandò col pensiero a quegli anni di delusioni e di pene. «Oh, gemelline,» esclamò «finalmente ci provate!».

Fu nell'aprile del 1982 che venni a sapere per la prima volta delle gemelle che non parlavano. Scrivevo a quell'epoca per il «Sunday Times» e feci la cronaca del loro processo. Erano accusate di furto e incendio doloso. Fu una circostanza assai singolare: le gemelle, minute e vulnerabili, non dissero una parola, a parte qualche suono inarticolato che la Corte interpretò come un'ammissione di colpevolezza. La fredda pantomima legale si svolse attorno a loro senza toccarle. Un medico rese la sua testimonianza; gli avvocati presentarono le loro proposte; il giudice pronunciò la sentenza. Sembrava tutto assai dimesso, per nulla intimidatorio, ma i pacati accenti dell'autorità sentenziarono che le due spaurite ragazzine dovevano essere internate a tempo indeterminato nell'ospedale psichiatrico giudiziario di Broadmoor.

Fu anche la violenta emozione causatami da quella sentenza che mi spinse ad andare a trovare i genitori delle gemelle. Volevo saperne di più sulla loro storia, ma non venne fuori niente di particolare finché Aubrey non si offrì di mostrarmi la stanza delle figlie. Quando aprì la porta vidi una stanzetta piena di sacchi di plastica nera, di quelli per la spazzatura. Ce n'erano ammucchiati sui letti a castello, sparsi sul pavimento, gettati alla rinfusa sopra ogni mobile. Aubrey ne aprì uno: era pieno di fogli scritti e di disegni. « Li aveva presi la polizia e ce li hanno appena restituiti » spiegò. Si trattava di una straordinaria raccolta di diari, dattiloscritti di racconti, romanzi e poesie, fumetti e album di disegni. Aubrey mi permise di caricare i sacchi in macchina, e io me ne tornai a Londra con il mio tesoro.

Qui, leggendo i diari, scoprii che a diciassette anni June e Jennifer avevano unito i loro sussidi di disoccupazione per coprire le spese di stampa del primo romanzo di June, *Pepsi-Cola Addict* [Pepsidipendente], che ammontavano a settecento sterline. Da allora June aveva scritto decine di racconti e di poesie e aveva iniziato tre nuovi romanzi. Dal canto suo Jennifer aveva scritto tre romanzi brevi e decine di prose varie. Primitive nello stile, le loro storie erano però piene di vigore e di sensibilità.

Qualche tempo dopo ricevetti una telefonata dal dottor Le Couteur, consulente psichiatrico a Broadmoor, il quale, avendo letto il mio articolo, mi chiedeva di aiutarlo nel suo intento, che era quello di indurre le gemelle a scrivere di nuovo. Secondo Le Couteur, se fossi riuscita a stimolare il loro talento creativo, poteva anche darsi che cominciassero a comunicare con le persone che avevano attorno. Con una certa apprensione, acconsentii ad andarle a trovare. Arrivata alla stazione di Crowthorne, in stato di abbandono e coperta di graffiti, presi la via della collina verso Broadmoor. I muri di mattoni, alti più di dodici metri, dilagano dalla sommità della collina come una cittadella progettata non per tener fuori gli invasori, ma per tener dentro i residenti. Broadmoor è il più famigerato ospedale psichiatrico giudiziario di massima sicurezza di tutta la Gran Bretagna. All'interno ci sono campi sportivi, costruzioni prefabbricate, padiglioni in muratura e cadenti 'villini' coi balconi di ferro e le sbarre alle finestre. Persino il giardino e gli orti sono segregati da muri imponenti, come terrazze sul fianco della collina. Dappertutto ci sono serrature e si sente il cozzare metallico delle chiavi che gli infermieri tengono alla cintura. Tra i circa cinquecento ricoverati ci sono stupratori, pedofili, avvelenatori, strangolatori, piromani e responsabili di stragi. Firmai il registro dei visitatori dell'ala femminile e fui prontamente redarguita per aver osato sfogliarlo per sbirciare i nomi dei visitatori che mi avevano preceduta.

Mortificata, feci come mi dissero e mi misi in coda assieme a un gruppetto di altri visitatori. Al banco d'ingresso un ometto strillava istericamente che esigeva di vedere sua moglie: gli avevano detto che non era in grado di incontrarlo, e lui stava disperatamente spiegando all'infermiera che per venirla a trovare aveva viaggiato tutta la giornata. L'infermiera era irremovibile. L'alterco stava ancora infuriando quando una donna che indossava l'uniforme azzurra delle infermiere aprì un cancello e introdusse il nostro sparso gruppetto in una sala colloqui dove c'erano una dozzina di tavolini con due sedie ognuno. L'unico elemento decorativo del locale era una vetrina che esponeva orsacchiotti di pezza infiocchettati di rosa e celeste, teneri coniglietti, koala con gli occhi sgranati per la sorpresa e alcune bambole di pezza con la cuffia e il grembiulino: una paradossale esibizione di innocenza fatta dalle mani degli uomini e delle donne più violenti del paese.

«June Gibbons» annunciò un'altra vigilatrice. Alzai lo sguardo. Due infermiere portavano a spalla una ragazza irrigidita, come fosse una bara. La ragazza era immobile, gli occhi bassi e le braccia penzoloni. Aveva una faccia senza espressione, come se ogni traccia di vita l'avesse abbandonata. La misero a sedere al tavolo di fronte a me. A circa un metro di distanza le infermiere sistemarono le loro sedie per sorvegliare il nostro 'colloquio'.

Non ci fu molto da ascoltare. Per il primo quarto d'ora credetti quasi che June fosse incapace di afferrare anche solo una parola di quanto andavo dicendo. Seguitai comunque a parlare, sentendo crescermi dentro l'imbarazzo. Da quando era arrivata a Broadmoor il mese prima, June non parlava né con le infermiere, né con i medici, né con la logoterapista, né con le altre ricoverate. Parlava solo con la sorella gemella Jennifer, che ora avevano diviso da lei e messo in un altro reparto, dove veniva sottoposta a 'terapia intensiva'.

In quell'occasione, mentre sedevo allo squallido tavolino con una June inanimata, ogni speranza di contatto mi sembrò vana. Ma gradualmente, parlandole dei suoi scritti, vidi nei suoi occhi accendersi una debole luce e una parvenza di sorriso affiorarle alle labbra. Le parole che diceva, però, non erano che brandelli di sussurri, e tutto il suo essere si dibatteva tra un bisogno disperato di parlare e una coazione interiore che le vietava tale libertà. Cominciava a dirmi qualcosa, poi d'un tratto le parole le uscivano soffocate, come se una presenza invisibile le avesse stretto le mani attorno alla gola. Chi o che cosa poteva avere tanto potere su un essere umano da costringerlo per tutta la vita al silenzio e all'immobilità? Quale intima forza permetteva a June di respingere ogni circostanza, ogni persona che potessero offrirle aiuto o affetto? Che cosa mai aveva indotto una ragazza potenzialmente attraente a sprecare la propria giovinezza, trincerata non soltanto dietro le mura di un ospedale giudiziario, ma anche dietro le proprie difese interiori? Per un attimo, quando le due guardie si fecero avanti per condurla via, June mi gettò un'occhiata, per metà supplichevole e per metà divertita da quell'umiliante uscita di scena, e per un breve momento vidi i suoi occhi, intelligenti e osservatori, e il suo sorriso ironico. Mi sentivo come un detective in un romanzo poliziesco: solo che in questo caso il 'cadavere' era ancora in vita, e l'assassino era una persona o una forza che si trovava dentro la sua mente.

Scortata, attraversai un cortile in macadam per andare da Jennifer nell'edificio allora conosciuto come Lancaster House. Il Lancaster House I è il reparto femminile di 'terapia intensiva' per pazienti che non hanno intenzione di collaborare e non possono essere controllate in reparti più liberi. Le celle peggiori sono spoglie, dispongono solo di un materasso sul pavimento e spesso hanno la porta chiusa a chiave. Jennifer aveva aggredito un'infermiera che aveva intercettato una sua lettera alla gemella e ora si trovava in osservazione. Due doppie porte vennero aperte e subito richiuse dietro di noi e fui introdotta in una stanzetta che veniva usata per le visite, dal momento che le pazienti del reparto di terapia intensiva non possono andare nell'edificio principale.

Jennifer arrivò scortata da due infermiere grandi il doppio di lei e si sedette al tavolo di fronte a me. Le infermiere si sistemarono lì accanto per sorvegliare e ascoltare. Tirai fuori la mia cartella con le dispense del corso di scrittura che intendevo farle vedere. Jennifer si mostrò interessata. Sulle prime non disse nulla, limitandosi a piccoli suoni sconnessi e lanciando occhiate significative in direzione delle infermiere. Allora tirai fuori carta e matita e la nostra conversazione si svolse per iscritto. Poi cominciò a parlare. Il suo più grande dispiacere, mi disse, era che l'avessero separata dalla gemella, e moriva dalla voglia di star di nuovo con lei.

A ogni visita la fiducia di June e Jennifer nei miei confronti cresceva, e a poco a poco, discutendo animatamente dei loro lavori, si sciolsero e cominciarono a parlare più liberamente. Lo facevano come due mitragliatrici, a raffiche ansiose, discontinue, che a poco a poco imparai a interpretare.

Attraverso le mura della prigione nacque un'amicizia, riservata e remota come quella dei gatti, ma piena di fiducia e rispetto da entrambe le parti. Le gemelle mi scrivevano e mi fecero avere tutti i loro diari, centinaia e centinaia di pagine. Erano scritti sui quaderni del carcere, riempiti dalla prima all'ultima pagina con la scrittura più minuta che avessi mai visto, quasi troppo piccola per essere letta a occhio nudo. Sulla pagina non rimanevano spazi bianchi, c'era solo una massa compatta di parole scritte in una bella scrittura ordinata; era come se tra una riga e l'altra del quaderno ci fossero quattro cuciture fatte di minuscoli punti neri.

Esaminai il testo più da vicino, e pian piano arrivai a distinguere le parole, poi le righe, infine i paragrafi. Ogni frase era scritta con un ritmo così incalzante che, quando si cominciava a leggerla, era impossibile non arrivare in fondo. Venni risucchiata nei piccoli fatti quotidiani delle gemelle, assorbita dai loro pensieri, dai loro sogni, dalle loro riflessioni e dalla loro immaginazione spesso sbalorditiva. Quando June e Jennifer si sentivano a terra, mi sentivo a terra anch'io. Il mio umore oscillava al ritmo delle gemelle. Le loro descrizioni sono così vivaci e dettagliate che ero in grado di rivivere le loro esperienze, e anche di capire in parte la loro mente turbata. A poco a poco riuscii a ricostruire la tragedia della loro vita.

Ho parlato del caso delle gemelle Gibbons con i loro genitori e gli altri familiari, con i loro insegnanti, con gli psicologi, gli psichiatri e gli assistenti sociali che hanno cercato di aiutarle, con i ragazzi americani che le hanno sedotte, con la polizia che le ha arrestate e con gli avvocati che hanno tentato di difenderle. Ho anche parlato col personale del carcere di Pucklechurch, dove avevano scontato la carcerazione preventiva, e con i medici e il personale di Broadmoor. I colloqui hanno dimostrato l'impressionante esattezza dei diari delle gemelle, fin nei minimi particolari. Ciò che le ragazze scrivono è ineccepibile, e i loro giudizi e le loro interpretazioni sono sempre fondati. Quando c'erano discrepanze fra le testimonianze che andavo raccogliendo e i diari, i miei informatori hanno spesso dovuto ammettere che avevano ragione i diari. Dato che June e Jennifer si sono dimostrate così precise rispetto a circostanze che ho potuto verificare, è probabile che lo siano altrettanto anche negli altri casi. Per questa ragione ho attinto abbondantemente ai diari, allo scopo di animare questo libro e arricchirlo di particolari.

Da questi diari June e Jennifer emergono come due esseri umani che si amano e si odiano con tale intensità da non poter vivere né insieme né separati. Come stelle gemelle, sono prigioniere del loro campo gravitazionale e condannate a girarsi attorno per sempre. Se si avvicinano o si allontanano troppo, sono destinate a soccombere. Per mantenere l'equilibrio le due ragazze hanno escogitato giochi, stratagemmi e regole di vario tipo.

Il mistero di June e Jennifer sta nei loro giochi infantili, giochi che non possono abbandonare senza che l'una o l'altra sia perduta per il mondo reale. Giochi e rituali del genere celano spesso significati sinistri che possono portare chi li pratica nel versante più oscuro della vita. Ci sono penalità da scontare, pegni da pagare. La sconfitta, il castigo, persino la morte aspettano coloro che fanno durare il gioco troppo a lungo.

Questa è la storia di un'arcana schiavitù nella quale gli estremi del bene e del male, impersonati entrambi sia da June sia da Jennifer, hanno portato alla possessione di una gemella ad opera dell'altra; di una guerra silenziosa che nessuna delle due poteva vincere: la lotta per l'individualità, per il diritto di primogenitura per il quale Caino uccise Abele e Giacobbe ingannò Esaù, la lotta per il potere nella quale Romolo uccise Remo.

I
FAMIGLIE FELICI

> Le famiglie sono così tragiche, con tanti momenti di disfatta... qualche volta è per amore, quasi sempre è per odio. Per questo vedevo la finzione, la finzione di una famiglia-puzzle in cui ognuno cerca di pensare che combacia con gli altri; che ci sono tutti i pezzi giusti.
>
> JUNE GIBBONS

June Alison Gibbons giunse al mondo per prima, e col passare degli anni questo fatto divenne un chiodo fisso. Jennifer Lorraine Gibbons fece la sua comparsa solo dieci minuti dopo. Accadde l'11 aprile 1963, alle otto e dieci del mattino, a Steam Point, l'ospedale della RAF a Aden. La madre, Gloria, fu ben lieta di aver raddoppiato in un solo colpo il numero dei figli, dando così due sorelline a Greta, che aveva allora sette anni, e a David, che ne aveva quattro. Naturalmente non era stata una vera sorpresa, perché due mesi prima, durante un esame con gli ultrasuoni, i medici avevano individuato due feti. Sdraiata nel suo letto di puerpera, Gloria si lasciò sommergere dalla operosa routine ospedaliera.

Ricordava la propria infanzia a Barbados, l'arrivo del più giovane dei suoi cinque fratelli e sorelle. Pensava a sua madre Betha, che le era tuttora molto vicina, quando usciva di casa in fretta e furia per andare a suonare l'organo nella chiesa locale. Suo padre era stato contabile in una piantagione di zucchero, e in seguito aveva avuto una drogheria a St Philips. Era un tipico padre di Barbados, rigido e severo, e nutriva grandi ambizioni per la figlia maggiore, che desiderava diventasse insegnante. Deciso a non lasciarle «frequentare cattive compagnie», all'età di tredici anni l'aveva mandata in una scuola privata mista, la Industry High School.

Gloria era dotata di intuito e di senso pratico, ma non aveva interesse per le materie scolastiche. Lasciò la scuola a diciotto anni, senza essere riuscita a diplomarsi, e si mise a studiare contabilità e dattilografia. A un certo punto si impiegò come maestra d'asilo, un lavoro che detestava, e infine, a ventidue anni, si sistemò come telefonista all'aeroporto Seawell, a St Philips, dove due anni più tardi incontrò l'uomo dei suoi sogni, il diciannovenne Aubrey Gibbons, bello e di buon carattere.

Aubrey era il maggiore dei sei figli di un falegname. In famiglia conduceva una vita infelice fra le continue, violente liti dei genitori, ma era un ragazzo in gamba. Fece bene alle elementari e imparò a suonare il pianoforte di famiglia, vanto di suo padre. All'età di undici anni vinse una borsa di studio per lo Harrison College, una scuola costosa puntigliosamente ricalcata sui migliori modelli inglesi. Aubrey abitava con la zia a St Michael's, vicino alla scuola, e si dimostrò ben presto un buon allievo. Prese persino lezioni private di greco e latino, e ottenne buoni voti in latino, chimica, matematica e lingue moderne. Era un ragazzo versatile, appassionato di cricket, e a quindici anni, la domenica, suonava l'organo nella cappella del collegio. La scuola gli diede un attestato per nove materie.

Ma a casa le cose andavano di male in peggio; le risse erano interminabili. Sua madre fece la valigia e se ne andò di casa una mezza dozzina di volte, ma tornava sempre, infelice, sconfitta. Due dei fratelli di Aubrey morirono. Poi, quando lui aveva diciotto anni e stava per diplomarsi, sua madre morì dopo aver dato alla luce il settimo figlio. Aubrey era sconsolato; si sentiva colpevole per essere stato lontano da casa e pieno di un odio così profondo per suo padre che ancora oggi, a quarant'anni di distanza, si comporta come se non esistesse. Abbandonò gli studi, mandando in fumo le speranze della famiglia che lo sognava medico o avvocato. « Mi sento un fallito » ammette ora. « Per i miei sono stato una delusione. Non sono diventato quello che loro volevano ».

Ma almeno si trovò in fretta un lavoro come assistente meteorologico all'aeroporto Seawell, dove incontrò Gloria. Si sposarono l'8 dicembre 1955. Lui aveva ventun anni e lei venticinque. L'anno seguente Gloria ebbe il primo figlio, Frank, che morì in fasce. Un anno dopo arrivò Greta, e dopo un altro paio d'anni David.

L'avanzamento alla minuscola sezione meteorologica di Seawell era di una lentezza estenuante. A Aubrey quel posto era sembrato piuttosto ben retribuito, agli inizi, ma ora, con moglie e due figli a carico, gli occorreva qualcosa di meglio. Dopo lunghe riflessioni decise di dare un taglio netto ai Caraibi ed emigrare in Inghilterra, raggiungendo il fratello di Gloria a Coventry. Ci arrivò nel gennaio del 1960, si sottopose ai test attitudinali per la RAF e fu arruolato. Gloria e i bambini lo raggiunsero in luglio per dare inizio a una vita nomade al seguito del capofamiglia che si spostava da una base all'altra.

Per la famiglia di un militare la vita non è mai facile. Si è afflitti dai continui traslochi da una casa provvisoria all'altra, si è costretti a adattarsi alle cose altrui, si stringono amicizie che si perdono a ogni trasferimento, si soffoca nella claustrofobia sociale di una base militare. Per Gloria era anche più difficile, perché aveva la pelle nera e a quel tempo nella RAF c'erano poche famiglie di colore.

Per Aubrey invece era diverso. Lo Harrison College gli aveva insegnato quali erano gli ideali del gentiluomo inglese, e ora che faceva parte della RAF lui voleva dimostrare di essere inglese quanto gli altri, anzi di più. Partecipava volentieri alle bevute e alle discussioni fra colleghi, giocava nella squadra di cricket della base, desiderava, aveva bisogno di piacere e di essere accettato. Ma presto la sua smania di affermazione sociale cominciò a ripercuotersi negativamente sulla famiglia, che lo vide sempre meno. Con i figli il suo impegno era minimo. Come molti uomini di Barbados, era convinto che il proprio apporto alla vita della famiglia fosse quello di provvederla di un tetto, punto e basta. Tutto il resto toccava a Gloria.

Erano tempi duri per lei, con due bambini in tenera età e altre due in fasce, in un appartamento passato dall'esercito, con pochi amici e scarsi appoggi. Sebbene fosse la maggiore delle gemelle, June era la più cagionevole e nei primi mesi di vita Jennifer la superò in tutte le tappe fondamentali della crescita: fu la prima a star seduta, a gattonare, a camminare. Già da piccolissime, Gloria notò che volevano fare tutto insieme. Nei primi mesi le allattava, e loro la sfinivano smaniando per prendere la poppata contemporaneamente.

Poco prima del Natale 1963, Aubrey venne destinato alla base di Linton, sul fiume Ouse, nello Yorkshire, e lì le gemelle mossero i primi passi, incantando la famiglia con i loro sorrisi e le loro risate. Quello fu per Gloria un periodo più facile, con Greta e David che andavano entrambi a scuola. Le gemelle erano piene di vita e giocavano insieme felici, profondamente assorte l'una nell'altra, ma tardavano a parlare. Giunte ai tre anni, erano soltanto capaci di mettere insieme le frasi più semplici di due o tre vocaboli, e anche quelle le pronunciavano in maniera indistinta. Ma

Gloria non se ne preoccupava eccessivamente. Sapeva che spesso i gemelli tardano a parlare, e per ogni altro aspetto June e Jennifer erano sane e allegre.

Nel 1967 rimase nuovamente incinta, e l'anno seguente le nacque la quinta figlia, Rosie. June e Jennifer andavano ormai a scuola, ma continuavano a parlar poco. Al termine del primo anno di frequenza, nella relazione finale l'insegnante scriveva di June: «All'inizio ha stentato ad ambientarsi ed era inseparabile dalla sorella gemella. In seguito la situazione è migliorata, la bambina è un po' più indipendente. Quando è contrariata piange a lungo. Con me non parla, ma lo fa con altri bambini». Un anno dopo, il giudizio era un po' migliorato: «June comincia a scrivere, ma è ancora incerta nella conversazione e nella lettura». L'insegnante aggiunse un'osservazione che doveva accompagnare le gemelle per tutta la loro carriera scolastica: «Le bambine hanno la tendenza ad accontentarsi di quel poco che fanno. Mostrano scarsissima iniziativa e immaginazione». La scuola decise di sottoporle una volta alla settimana a una seduta di logoterapia, a quanto pare senza grande giovamento. Le bambine portavano a casa quaderni pieni di suoni e di parole sui quali avrebbero dovuto esercitarsi, ma non lo fecero mai. Gloria rimaneva radicata nella convinzione che le gemelle fossero solo un po' in ritardo e che si sarebbero messe al pari a modo loro. In ogni caso, con cinque bambini a cui badare, non poteva perdere tempo a esercitarsi con fischi e grugniti. Perciò quando compirono otto anni, sebbene secondo i rapporti scolastici sapessero leggere e scrivere correntemente, le gemelle non parlavano ancora. «Jennifer» diceva il suo giudizio «non risponde oralmente, ma è diligente nello scrivere». June «è ancora poco loquace e non conversa. Sono entrambe timidissime».

Questa spiegazione caritatevole divenne la scusa plausibile dello strano comportamento delle gemelle e le seguì alla scuola di Braunton, nel Devonshire, che frequentarono quando, nel 1971, Aubrey fu destinato alla RAF di Chivenor. June e Jennifer, che avevano allora otto anni e mezzo, si trovarono in un ambiente nuovo, in mezzo a facce sconosciute e a poca comprensione per due bambine che non parlavano come si deve e avevano la pelle nera. Poiché in classe i compagni le prendevano in giro e quando uscivano per la ricreazione facevano loro i dispetti, furono costrette ad aggrapparsi ancor più saldamente al mondo sicuro che rappresentavano l'una per l'altra e a rafforzare il baluardo della loro gemellarità. Non si sforzarono più di comunicare con gli estranei e si isolarono maggiormente anche in seno alla famiglia. Gloria e Aubrey le sentivano fare interminabili chiacchierate tra di loro e con le bambole, ma non riuscivano a distinguere che qualche parola qua e là. Era come se le bambine avessero deliberatamente distorto il proprio linguaggio in un codice segreto perché gli altri non lo capissero.

Si conoscono casi di linguaggi privati usati da gemelli. Nel 1977, un regista francese girò un film sulla lingua segreta di una coppia di gemelle di San Diego, in California. Fin dalla prima infanzia, queste gemelle avevano inventato un 'codice' che suonava così ostico da essere preso inizialmente per una lingua inventata di sana pianta. Come le gemelle Gibbons, queste due ragazze, che tra di loro si chiamavano Poto e Cabengo, parlavano in fretta, a raffiche intermittenti. Ascoltando le registrazioni al rallentatore e analizzandole parola per parola, si scoprì che la loro 'lingua' segreta era normalissimo inglese mescolato a tedesco (la loro famiglia era bilingue), ma parlato in fretta, con molte ripetizioni, e con l'accentuazione alterata in modo da stravolgere l'intonazione delle frasi. Nel caso di Poto e Cabengo, dopo che il loro gioco venne scoperto e che furono messe in scuole diverse esse abbandonarono la loro lingua privata e si misero a parlare normalmente.

Con June e Jennifer l'esito non fu altrettanto felice. Il fatto che non parlassero con gli estranei e che fra di loro usassero un gergo di velocità supersonica non era che il sintomo del conflitto più serio che avrebbe ben presto dominato la loro vita. Nessuno sa quando ebbe inizio, se nella prima infanzia o all'inizio della scuola, oppure in seguito, a Braunton, ma quando June e Jennifer raggiunsero gli undici anni appariva già chiaramente delineata la strategia offensiva di una gemella contro l'altra e di entrambe contro il mondo esterno.

Aubrey cominciava ormai a preoccuparsi. A parte qualche risposta a monosillabi, le gemelle non avevano mai parlato con lui né con il fratello o la sorella maggiori. Per un po' gli amici, i familiari e gli insegnanti lo avevano rassicurato dicendo che era solo questione di tempo e che «crescendo avrebbero superato la loro timidezza», ma lui non se ne era mai veramente convinto e pensava che le sue figlie dovessero essere visitate da uno specialista. Si preoccupava anche per la nuova lacerazione che la loro vita avrebbe subito di lì a poco: la base di Chivenor stava infatti per essere trasferita a Haverfordwest, nel Galles occidentale. Molti militari si preoccupavano per la scuola dei loro figli, e una delegazione di insegnanti e pedagogisti di Haverfordwest si recò appositamente a Braunton per parlare con i genitori e rassicurarli. Uno degli oratori era Tim Thomas, lo psicologo scolastico del Pembrokeshire, e a lui Aubrey, trattenendosi dopo la discussione, parlò dei problemi delle gemelle. Thomas, un uomo simpatico e pieno di sollecitudine che aveva da poco oltrepassato la trentina, pensava che le ragazze dovessero frequentare una scuola normale in classi separate e che l'adolescenza avrebbe risolto i loro problemi. Aubrey si sentì rassicurato e si convinse che nella nuova scuola June e Jennifer avrebbero avuto tutte le cure necessarie.

Pian piano i Gibbons si ambientarono nel Galles. Aubrey, ormai caporale, faceva quotidianamente la spola tra Haverfordwest e la base di Brawdy, dove lavorava come assistente controllore di volo. Greta, che aveva diciassette anni e ottimi voti, riuscì a iscriversi a un corso di segretariato allo Haverfordwest Technical College. David e le gemelle andarono alla Haverfordwest County Secondary School insieme ad altri cinquanta o sessanta 'ragazzi di Brawdy' – i figli dei militari della RAF e della vicina base della marina statunitense –, e Rosie andò alle elementari.

Ma in casa la tensione cresceva. Nel Devonshire quando avevano otto anni, le gemelle rispondevano ancora, benché laconicamente, ad alcune domande dirette della madre. «Che cosa avete fatto oggi a scuola, gemelline?» chiedeva Gloria. «Niente di speciale» rispondeva una delle due, e scappava via con una risatina. Una risposta del genere sarebbe parsa addirittura loquace a Haverfordwest, dove le gemelle calarono una cortina di silenzio, trasformando l'animato desco familiare dei Gibbons in un refettorio di trappisti. Infatti, alle domande che venivano loro rivolte a tavola non rispondevano se non con un occasionale cenno del capo, gli occhi fissi sul piatto, il viso senza espressione, tutte tese nel rifiuto del mondo circostante. Se con Aubrey, Greta e David non spiccicavano una sillaba, parlavano e giocavano però con Rosie, la piccolina.

Aubrey aveva provato a insegnare alle gemelle la dama, gioco nel quale era campione del Pembrokeshire, e loro parevano divertirsi, ma anche se ridevano quando qualcuno sbagliava una mossa, seguitavano a non parlare. A poco a poco Aubrey diventò insofferente; la presenza delle gemelle nella sua famiglia era importuna e costituiva una minaccia per la stima che lui aveva di sé. Invece di lasciar esplodere la propria collera, però, egli si ritirò dalla guerra civile che stava silenziosamente dilaniando la sua famiglia, e passò più tempo fuori casa.

A scuola, il silenzio delle gemelle venne notato immediatamente. La direttrice Beryl Davis, una donna che si vanta di saper comunicare con i ragazzi, le convocò nel suo ufficio per le formalità di iscrizione. « Se ne stavano una dietro l'altra, come se facessero la fila » rammenta. « Ti guardavano all'altezza del petto, con uno sguardo che ti passava da parte a parte, e non rispondevano. Era molto irritante. Poi June bisbigliava una risposta incomprensibile. Pensai che a dar loro un po' di tempo si sarebbero sbloccate ». Ma le gemelle non si sbloccarono. Nessun insegnante, nessun allievo le udì mai parlare. Che si sapesse, a scuola non andavano mai al gabinetto, non mangiavano e stavano sempre tra di loro.

Amici non ne avevano, un po' perché si comportavano in maniera diversa dagli altri, e un po' perché la loro era l'unica famiglia negra della scuola. « Erano due ragazzine carine, » ricorda Michael John, un insegnante della scuola « pettinate con le trecce, e la pelle che splendeva di pulito. Erano vestite uguali, con l'uniforme della scuola, gonna grigia a pieghe, camicetta bianca e cravatta blu. Chiesi a una di loro come si chiamava; non rispose. Uno dei ragazzi disse: "È un'ignorante. Non parla con nessuno" ». Comportarsi a quel modo non le faceva benvolere né dagli insegnanti né dagli allievi. Gli insegnanti le accusavano di « insolente mutismo » e gli altri bambini le maltrattavano.

A causa di queste prepotenze fu concesso loro di uscire di scuola cinque minuti prima del termine. «Un giorno mi trovavo con la segretaria nel suo ufficio, che ha la finestra che dà sul campo di gioco,» dice Cyril Davis, il direttore «e fuori c'erano le gemelle che facevano una specie di passo dell'oca. Camminavano in fila indiana a circa dieci metri una dall'altra, lentissimamente, come se stessero seguendo una strana, solenne processione. "Camminano sempre a quel modo?" chiesi alla segretaria. "Sì" mi rispose. Non riuscivo a crederci e saltai in macchina per vedere quanto avrebbero continuato. Le seguii per la città, e loro continuarono la loro marcia funebre, una dietro l'altra».

Le gemelle fecero amicizia soltanto con Diane Williams, una ragazza molto pia, sofferente d'asma, ultima di otto figli di una famiglia di ardente fede pentecostale. Diane e le gemelle andavano il sabato a far spese o a passeggio per la città, oppure facevano ogni tanto merenda in casa Williams in Baring-Gould Road. «Avevano dei bei vestiti ed erano sempre pulite e in ordine» dice la signora Williams. «Erano due brave bambine, ma ogni volta che arrivavo io ammutolivano. Con me non parlavano mai, e se veniva qualcuno a trovarci loro sparivano». Con Diane invece parlavano. «Con me erano assolutamente normali,» rammenta Diane «ma non le ho mai viste conversare con i loro genitori. Parlavano un po' in fretta e in modo strano, ma io mi ci abituai presto e chiacchieravamo senza difficoltà. Non erano felici. Mi facevano pena».

Com'era prevedibile, mancando della parola, June e Jennifer non andavano bene a scuola. Furono messe entrambe nella fascia di recupero, ma nel 1976 June aveva fatto tali progressi da venir trasferita nella fascia B, dove si classificò tredicesima in inglese, terza su settantaquattro in storia e quattordicesima su settantadue in geografia. In matematica era molto scadente. Jennifer era meno brillante e rimase nella classe di recupero, fra gli ultimi. Nella scuola si valutavano anche le capacità di socializzazione dei ragazzi, e ogni insegnante esprimeva un giudizio su certe qualità personali dell'alunno. June risultò la gemella più equilibrata e simpatica, come pure la più intelligente, ma le fu riscontrata una «deplorevole carenza di sicurezza e di socievolezza». Jennifer risultò dotata di scarso senso di collaborazione, ma in possesso di una qualità sorprendente, rilevata da tutti gli insegnanti: l'attitudine al comando.

Con il loro comportamento, il loro mutismo e la loro mancanza di reazioni June e Jennifer facevano impazzire gli insegnanti. Se qualcuno le rimproverava si piazzavano l'una di fronte all'altra, si cingevano le spalle con un braccio e rimanevano strette assieme per proteggersi e farsi reciprocamente coraggio. «Erano come fuscelli nei vortici di un torrente» dice Michael John. «Le trovavi strette l'una all'altra negli angoli più remoti, lontano dal fluire della vita. Se ne stavano sempre appartate, lontane da tutti, nel tentativo di sembrare invisibili. Eppure attiravano l'attenzione in una maniera che non mi piaceva affatto. In trent'anni mi sono passati sotto gli occhi seimila ragazzi, ma ne ho conosciuti solo quattro che ho giudicato veramente cattivi. Un giovane che violentò la sorella del suo migliore amico, un altro che finì per sparare a un ragazzo, un terzo che fu giudicato colpevole di violenza carnale. La quarta è Jennifer. Sentivo che non si sarebbe dovuto permettere a June di avere a che fare con lei o di subire il suo influsso. La gemella cattiva non sarebbe stata tanto cattiva se non avesse potuto trarre forza dalla sorella, e quest'ultima sarebbe stata normale».

A prescindere dalle opinioni dei singoli insegnanti, la cosa sbalorditiva è che la scuola non prese alcun provvedimento. «Non hanno mai trasgredito nessuna regola» dice il direttore Cyril Davis. «Non abbiamo avuto nessun problema disciplinare». Gli insegnanti non si erano allarmati nemmeno in seguito alle relazioni di Tim Thomas, lo psicologo scolastico con il quale Aubrey aveva parlato a Braunton. Davis sostiene che, dopo due anni in cui le gemelle non avevano avuto alcuna reazione umana, gli insegnanti avevano perso ogni speranza e fu a quel punto che lui convocò i genitori. Gloria prese le difese delle sue gemelle accampando il solito argomento della timidezza, e secondo Davis non accennò minimamente al fatto che June e Jennifer non parlavano nemmeno a casa; lui diede quindi per scontato che in famiglia le ragazze si comportassero normalmente. «I genitori non si spiegavano il silenzio delle gemelle a scuola» dice Davis. «Sembravano pensare che, dal momento che il profitto scolastico era passabile, la cosa non avesse importanza».

La faccenda avrebbe potuto fermarsi lì, non fosse stato per un medico scolastico perspicace, il dottor John Rees, che visitò la scuola per le consuete vaccinazioni antitubercolari. June e Jennifer se ne stavano in coda con gli altri ragazzi, muovendosi con cautela, ansiose di non fare niente che potesse attirare l'attenzione su di loro.

«È un po' come un mercato del bestiame, con centinaia di ragazzini che ti passano davanti strascicando i piedi. "Fa male, dottore?". Risatine. Reazioni di ogni genere. Mi ricordo il primo giorno che mi capitò di incontrare le Gibbons» rammenta John Rees. «Vedevo quei braccini bianchi e improvvisamente ne vidi uno nero. Era una cosa decisamente insolita. C'erano pochissime persone di colore in quella parte del paese. Con una mano afferrai il braccio nel solito modo amichevole, tenendo l'ago nell'altra, e stavo per fare la mia consueta battuta di spirito quando alzai lo sguardo e vidi la bambina con lo sguardo fisso nel vuoto». La battuta gli morì sulle labbra. Fece alla bambina la vaccinazione ma anche allora non avvertì in lei nessuna reazione. «Non era come con i feriti che avevo visto sotto le armi. Una cosa del genere non l'avevo mai sperimentata in vita mia. Era il vuoto assoluto. Allora come adesso la parola che mi viene in mente è zombi. La negretta mi guardava senza vedermi, come se fosse in trance». Due o tre bambini più in là il dottore vide un altro braccio nero. Alzò lo sguardo e vide la stessa faccia impassibile, lo stesso sguardo imbambolato. Neanche la sua solita effervescenza riuscì a superare il grande disagio che le gemelle gli avevano messo in corpo.

Il dottor Rees rimase così turbato dalla sensazione di quelle braccia 'morte' che chiese un appuntamento con Cyril Davis, il direttore. «La sua scuola era frequentata da circa millecinquecento bambini e delle gemelle non sembrava che sapesse granché» dice Rees. «Comunque, non sapeva quello che interessava a me. Mi disse che erano "una strana coppia di bambine, poco comunicative, e che non parlavano con gli insegnanti". L'assistente sociale della scuola non aveva mai ricevuto rapporti, perché si comportavano bene e stavano per conto loro. Ricordo che il direttore disse che avevano un buon profitto. Chiesi l'autorizzazione per andare a trovare i genitori e mi fu fissato un appuntamento».

Rees andò in macchina a Furzy Park e fu piacevolmente sorpreso dal colloquio che ebbe con Aubrey e Gloria. Trovò che erano entrambi intelligenti e ben disposti, che parlavano con proprietà di linguaggio e che partecipavano alla discussione in maniera equilibrata. Loro gli dissero che le gemelle parlavano di rado, ma che al ritorno da scuola si precipitavano al piano di sopra, nella loro stanza, e lì « chiacchieravano a ruota libera » in una lingua così rapida che Gloria non riusciva a capirla. Ciò che sorprese il dottor Rees fu che due genitori altrimenti così perspicaci non fossero « esageratamente preoccupati » per le loro figlie. In seguito sentì dire che le famiglie delle Indie Occidentali si aspettano dai gemelli un comportamento strano, e pensò che la mancanza di preoccupazione mostrata dai Gibbons fosse probabilmente di origine culturale. Chiese loro il permesso di parlare delle gemelle al dottor Evan Davies. « Passai a lui la patata bollente » dice Rees. A Davies scrisse:

« L'attuale situazione domestica delle gemelle è la seguente: stanno pochissimo con i familiari, tranne che ai pasti, e preferiscono andarsene insieme nella loro stanza a leggere e a giocare. Solo di tanto in tanto vanno a casa di amici, ma non alle feste, e sporadicamente va a trovarle una coetanea loro amica. Quando parlano tra di loro i genitori riescono soltanto a cogliere una parola ogni tanto, ma non capiscono il senso della conversazione. Al ritorno da scuola, di loro spontanea volontà non dicono niente, ma rispondono alle domande in maniera più o meno intelligibile ».

È chiaro che Gloria non aveva saputo o voluto comunicare al dottor Rees la portata del mutismo delle figlie. Aveva però ammesso che, dopo aver discusso il problema con il loro medico di famiglia, il dottor James Bowen, questi aveva visitato le ragazze e aveva espresso il parere che avessero una piccola malformazione: il tessuto che unisce la lingua alla base della bocca era 'cresciuto troppo', impedendo così il libero movimento e il controllo della lingua e causando difetti di pronuncia. Con un intervento chirurgico di entità relativamente lieve si asporta il tessuto eccedente dando alla lingua maggiore libertà di movimento. Le gemelle avevano sicuramente la lingua un po' legata, dato che non riuscivano a estenderla oltre le labbra. Il dottor Bowen le aveva indirizzate al reparto di chirurgia ambulatoriale dell'ospedale Withybush di Haverfordwest nel maggio 1976, sei mesi prima dell'interessamento del dottor Rees, ma non era stato fatto ancora nulla.

L'idea che il comportamento delle gemelle avesse una causa organica era un conforto per Gloria e Aubrey, e li spaventava molto meno dell'ipotesi che avessero semplicemente deciso di non parlare. Ma John Rees notava: « Da piccole erano state entrambe allattate al seno senza difficoltà, cosa che tenderebbe a escludere l'esistenza di una malformazione di entità tale da interferire con la capacità di parola ».

Rees mandò le proprie osservazioni al dottor Evan Davies, consulente di psichiatria infantile di Dyfed, e questi invitò la famiglia Gibbons nel suo reparto al County Health Office di Haverfordwest. Il dottor Davies è un gallese di poche parole, dotato di una solida preparazione e che per natura va con i piedi di piombo. Nato nel 1933, si era laureato in medicina alla Welsh National Medical School di Cardiff, e dopo il servizio militare si era specializzato in psichiatria. Dal 1966 era consulente di psichiatria infantile a Haverfordwest, responsabile dei cinquantaseimila bambini della zona.

Conosceva i problemi del mutismo elettivo perché ne vedeva un caso forse ogni paio d'anni, e non moriva certo dalla voglia di esservi coinvolto. Il mutismo elettivo è una condizione rara in cui una persona sceglie di non parlare, benché ne sia fisicamente capace. Di solito si verifica in figli unici di madri iperprotettive, o può essere la conseguenza di un trauma emotivo; è spesso di breve durata. Sebbene i gemelli tardino a parlare, tra loro i casi di mutismo elettivo si possono contare sulle dita di una mano.

Fu alla fine di novembre del 1976 che June e Jennifer, tutte imbacuccate in abiti invernali, arrivarono con Gloria nel reparto del dottor Davies per fare con lui la loro solita sceneggiata muta. Occorse loro un po' di tempo per togliersi il cappotto e mettersi a sedere, perché si muovevano soltanto quando il dottor Davies volgeva loro le spalle oppure usciva dalla stanza. Il dottore avvertiva chiaramente il rapido fruscio che cessava non appena lui si girava, per trovare le ragazze composte e con gli occhi bassi. Poiché non era sua intenzione stare al loro strano giochetto, badò bene a non mettersi più di spalle. Ripercorse la loro storia ponendo le domande appropriate, senza che un barlume di interesse o di comprensione attraversasse la faccia delle ragazze: non c'era comunicazione.

Imbarazzata dal silenzio e desiderosa di difendere le sue figlie, Gloria rispose a tutte le domande travolgendo Davies in un crescendo di particolari, così che lui non poté cavar nulla dalle gemelle, e non poté neppure assicurarsi che fossero in grado di parlare correntemente quando nessuno le ascoltava, come pretendeva la loro madre. In una lettera a Rees il dottor Davies così descrisse il colloquio:

«Non sono stato in grado di impegnarle nel più piccolo scambio verbale, però hanno risposto alle mie domande facendo un cenno quasi impercettibile con la testa. Con un po' di incoraggiamento mi hanno fatto qualche disegno e sono del parere che Jennifer abbia un certo talento artistico. Anche se June è cresciuta più tardi, sembra la gemella dominante e di solito è lei a dare il *la*».

A quanto pare Evan Davies si era sbagliato: chiunque altro abbia osservato le gemelle considera Jennifer il leader. «Il guaio è che non sono mai riuscito a distinguerle» ammette ora Davies. «Avevo la sensazione che il problema stesse nella loro diversità dalle bambine che vedevo di solito: attribuii il mio insuccesso al divario culturale».

Davies era sicuro che le gemelle Gibbons fossero due mute elettive e che probabilmente il loro mutismo fosse stato scatenato da un impedimento fisico. Riconosceva comunque che il loro caso sarebbe stato anche più difficile da risolvere di quelli soliti, perché le gemelle si sarebbero spalleggiate a vicenda. «Una terapia in queste condizioni» scriveva a Rees «è un impegno che io non mi sento di assumere». Passò invece il caso a Ann Treharne, la prima logoterapista di Haverfordwest.

Fino a quel momento nessuno sapeva con sicurezza se le gemelle fossero fisicamente incapaci di parlare oppure, come credevano sia il dottor Rees sia il dottor Davies, fossero perfettamente in grado di usare la parola (anche se probabilmente con qualche impedimento), e per ragioni d'ordine psicologico avessero scelto di non farlo. Si era potuto stabilire con un certo margine di sicurezza che prima di raggiungere l'età scolare qualcosa dicevano. Non parlavano con il padre né con il fratello maggiore, e nessuno le aveva sentite chiacchierare a scuola, ma Gloria sosteneva che con lei, quando era sola, parlavano, e anche con la piccola Rosie. Ma la sua difesa era così veemente da non risultare granché credibile. Ora una specialista avrebbe potuto valutare le loro condizioni.

Ann Treharne lavora all'ospedale Withybush e possiede una notevole esperienza di mutismo elettivo, avendo curato sei o sette piccoli pazienti, quasi tutti della zona di Haverfordwest, prima di conoscere le gemelle Gibbons. Si era occupata anche di uno o due casi in India e in Canada, particolarmente un maschietto con il quale aveva messo a punto un metodo di comunicazione per mezzo di registrazioni su nastro.

June e Jennifer iniziarono la terapia nel febbraio 1977. Essendo quasi impossibile indurle a parlare, una diagnosi della causa del loro problema di linguaggio si presentava difficile. Ann Treharne aveva deciso di provare con il metodo della «conversazione su nastro» che aveva già utilizzato, lasciando le gemelle da sole in una stanza con un registratore. Per un motivo o per l'altro, con questo metodo il bambino muto non ha più tanta paura che qualcuno «possa sentire». Ma anche così le gemelle non dicevano nulla spontaneamente, benché di tanto in tanto rispondessero a monosillabi a domande dirette del tipo «Cosa fa tuo padre?» o «Dove abiti?»; inoltre, con grande sorpresa di Ann Treharne, erano desiderose, persino ansiose, di leggere ad alta voce poesie o brani di un libro. «Leggevano molto rapidamente, e avevano ciò che noi chiamiamo le "fricative palatali", cioè invece del suono "s" loro dicevano "sc", così che la loro parlata risultava piuttosto impastata» spiega. «Le parole erano troppo 'pigiate', ma non c'era niente di veramente sbagliato. Non c'era balbuzie. Capire ciò che dicevano era più difficile per via del loro accento caraibico».

June e Jennifer non parlarono mai con Ann Treharne faccia a faccia. «Potevo cavare un "sì" o un "no" o un "grazie" da June, da Jennifer niente. Era come un gioco, con le sue regole. Vedevo benissimo che June moriva dalla voglia di raccontare, ma poi accadeva qualcosa: Jennifer la fermava. Senza muoversi mai. Io la sorvegliavo e riuscivo a malapena a scorgere un minimo movimento dell'occhio, ma so che Jennifer fermava June. Era una cosa strana, sul tipo della percezione extrasensoriale. Jennifer aveva uno sguardo inespressivo, ma io avvertivo il suo potere. Era lei a prendere tutte le decisioni. Mi misi in testa che June fosse posseduta dalla sua gemella».

Nel giro di alcune settimane dall'inizio della logoterapia, nel mese di marzo del 1977, le gemelle vennero chiamate all'ospedale Withybush per l'intervento. Né il dottor Rees né Ann Treharne lo giudicavano necessario, ma il chirurgo, il dottor Peter Wilson, era sicuro che avrebbe giovato. « Quando poi andai a trovarle a casa » dice Ann Treharne « se ne stavano sedute strette strette, molto abbattute. Penso che nessuno le avesse avvisate che sarebbe stato doloroso. L'intervento migliorò solo di pochissimo il loro modo di parlare, ma ebbi la sensazione che ne avessero risentito molto ».

Ormai la lenta burocrazia scolastica si era avviata. Il dottor Rees aveva messo in allarme la scuola, il dottor Evan Davies aveva visitato le ragazze, e ora fu chiamato in causa Tim Thomas, lo psicologo scolastico che aveva consigliato una scuola normale. Fu deciso di trasferire le gemelle allo Eastgate Centre for Special Education di Pembroke, distante una dozzina di chilometri. Cathy Arthur, l'insegnante che si sarebbe occupata di loro, andò a comunicarlo ai Gibbons. Aubrey fu felice che degli specialisti si occupassero finalmente delle sue figlie, e Gloria, benché un po' sospettosa, le lasciò andare di buon grado.

June e Jennifer visitarono Eastgate per vedere se era di loro gradimento. Evan Davies le ricorda sedute una di fianco all'altra sul divano a bere il tè. Accavallavano le gambe e portavano la tazza alla bocca con sincronismo perfetto. « È il ricordo più vivo che ho di loro » dice. « Bisogna essere terribilmente affiatate per agire con simile tempismo. Pensai all'esistenza di una sorta di legame intuitivo. Badi, lo facevano molto lentamente: se il ritmo fosse stato più sostenuto sarebbe risultato molto più difficile. Forse nessuna delle due voleva essere la prima a fare un qualsiasi movimento; per questo facevano ogni cosa così lentamente ».

II
PAPPAGALLI

> Era più comodo fare solo sì e no con la testa. Le parole sembravano troppo; se da un momento all'altro ci fossimo messe a parlare, sarebbe stata una sorpresa troppo grande.
>
> JUNE GIBBONS

Otto giorni dopo il loro quattordicesimo compleanno, il 19 aprile 1977, June e Jennifer arrivarono a Pembroke per iniziare la loro nuova scuola. Il centro Eastgate è una scuola parrocchiale di pietra fuligginosa in stile neogotico, arroccata accanto a un gigantesco svincolo a est di Haverfordwest squassato dai camion mastodontici diretti a Pembroke Dock. Dietro alla scuola i campi di gioco in macadam, recintati da un muro di pietra che segue la linea delle antiche mura cittadine, si susseguono per il ripido pendio fin nel verde grembo dei campi sportivi. La scuola ha cambiato indirizzo nel 1972, quando è stato allestito il centro di educazione speciale per ragazzi troppo problematici per qualsiasi altro istituto. Internamente l'edificio principale è stato ristrutturato, gli spazi sono 'aperti' e si respira un'aria informale. Ci sono due aule contigue e uno spazio accanto a quella più grande che funge da biblioteca, un investimento costoso per la dozzina o poco più di ragazzi affetti da disturbi psichici che il centro ospita.

Il direttore didattico di Eastgate all'epoca delle gemelle era John Harry, un ex insegnante di applicazioni tecniche, simpatico, sui trentacinque, che tutti ricordano sempre ansioso di piacere. L'insegnante delle gemelle era Cathleen Arthur, un personaggio molto diverso da John Harry: vicina ai trent'anni, ambiziosa, forte ed entusiasta, un tipo «tutto fuoco e fiamme», secondo la descrizione di un collega, con «capelli corvini e occhi di brace». Proveniva da una famiglia di agricoltori locali che avevano fatto fortuna e avevano mandato la figlia alla Dr Williams School di Dolgellau, una nota scuola femminile del Galles che poi è stata chiusa. Studentessa brillante, da Dolgellau andò a Londra, alla Central School of Speech and Drama, dove incontrò suo marito Tim Arthur, che sposò a Primrose Hill con una cerimonia in stile druidico così piena di 'colore' che il «Sunday People» fu ben lieto di rivelarne i particolari. Tim Arthur trovò lavoro a Exeter, dove Cathy insegnava allo Exvale Hospital, nel reparto pediatrico Dryden per adolescenti affetti da disturbi psichici diretto dal dottor Christopher Wardell. Fu là che Cathy si accorse di possedere il dono di trattare con gli adolescenti che avevano problemi, e decise di lavorare nelle scuole speciali. Nel 1972 gli Arthur trovarono una vecchia casa colonica nei dintorni di Haverfordwest e decisero di ristrutturarla. Era l'epoca in cui si stava allestendo il centro Eastgate, e Cathy, piena di idee che le derivavano dall'esperienza di Exeter, fu una delle tre insegnanti che ottennero la nomina.

Gli insegnanti di Eastgate lavoravano a stretto contatto con le autorità didattiche e gli assistenti sociali, garantendo l'integrazione di tutti i servizi a vantaggio degli alunni. L'équipe al completo presenziava a riunioni specifiche per discutere dei progressi di ogni singolo ragazzo e per decidere gli ulteriori passi da fare. Dal giorno del loro arrivo a Eastgate, i progressi delle gemelle furono seguiti da un'équipe che comprendeva il dottor Evan Davies, lo psichiatra infantile, e Tim Thomas, lo psicologo scolastico.

Cathy Arthur non tardò a inquadrare le gemelle. Nella prima settimana non parlarono con nessuno, nemmeno con altri ragazzi del loro gruppo. All'ora dei pasti erano di una lentezza esasperante: andavano a prendere da mangiare a passo di lumaca e poi stavano sedute a fissare il piatto senza toccare niente. « La loro lentezza fisica sembrava irritare il resto dei ragazzi di Eastgate molto più del fatto che non chiacchierassero » ricorda Cathy Arthur.

Nel tentativo di farle parlare, Cathy rivolgeva loro delle domande tramite un registratore e le lasciava sole a rispondere, cosa che di tanto in tanto si degnavano di fare. La svolta decisiva avvenne quando Cathy suggerì a un suo collega originario delle Indie Occidentali di chiacchierare con le ragazze 'via nastro'. « Sono sposato? Ho dei bambini? » chiedeva lui. E poi, in tono di rimprovero: « Su, chiedetemi voi qualcosa ». Quando lui e Cathy riascoltarono il nastro, pensarono da principio che fosse rimasto intatto, ma poco prima che finisse udirono una risatina seguita da una voce chiara che diceva: « Cosa possiamo dire? ». Altra lunga pausa. « Sa Dio, sa Dio » fu la risposta. Da allora a Eastgate « Sa Dio » divenne un intercalare consueto.

Cathy Arthur aveva dimostrato che le gemelle che non parlavano sapevano parlare benissimo, quando decidevano di farlo, e che avevano soltanto qualche lieve inceppo nella pronuncia. Nei mesi che seguirono lavorò sodo per sbloccarle, senza risparmiare né i rimproveri né le lodi e gli incoraggiamenti. La reazione di June non fu granché, ma Jennifer cominciò a fare qualche progresso. In maggio, Cathy andò a trovare Gloria Gibbons a Furzy Park. « Gloria aveva notato un netto cambiamento nelle gemelle. Disse che tornavano a casa da Eastgate felici e sorridenti e le raccontavano quello che avevano fatto a scuola».

Cathy le aveva aiutate a fare due bambole di pezza, Dorothy e Demelza, cucendo loro dei vestiti bianchi e rossi e avvoltolando i capelli neri sulle facce di panno bianco. «Le gemelle non erano molto brave a cucire,» dice «ma si divertivano un mondo a fare delle cose con me». Cathy non perdeva occasione di osservarle.

Ogni mattino, alle 8.45, andava a prenderle con la sua Mini bianca alla fermata dell'autobus, che distava qualche centinaio di metri da casa loro. Le ragazze non si riparavano mai sotto la pensilina, ma aspettavano all'aperto, persino quando pioveva, per evitare la vicinanza con altre persone. Erano sempre puntuali, ma quando Cathy arrivava nessuna delle due voleva salire in macchina per prima. Spesso se ne rimanevano impalate sul marciapiede, e Cathy doveva scendere, prenderne una per le spalle, piegarle le ginocchia dal di dietro e spingerla dentro la Mini. L'altra allora seguiva la sorella mentre Cathy tornava al posto di guida. Dopo che si erano entrambe accomodate sul sedile posteriore, c'era un'ulteriore pausa perché nessuna delle due chiudeva la portiera. «Sarebbe andato tutto bene se ci fossero state due portiere» spiega Cathy. «Avevo sempre l'impressione che tutto dipendesse da com'era andata fra loro mentre scendevano alla fermata. Se era successo qualcosa, non chiudevano la portiera». Spesso a Cathy toccava smontare nuovamente per chiuderla. Dai venti ai trenta minuti dopo il suo arrivo alla fermata dell'autobus, erano pronte per ripartire alla volta di Eastgate.

Il viaggio da Haverfordwest a Pembroke era tutt'altro che uno spasso. June e Jennifer sedevano dietro impassibili, come se viaggiassero su un carro funebre, mentre Cathy chiacchierava in continuazione per alleviare l'atmosfera lugubre. «Guardate quel cavallo» le esortava, ma loro non battevano ciglio. Ci volevano parecchi minuti perché le ragazze raggiungessero un tacito accordo su come reagire. Poi Cathy vedeva nel retrovisore due teste girarsi simultaneamente nella direzione da lei indicata... un paio di chilometri in ritardo.

A scuola era lo stesso. Rendendosi conto che il 'sincronismo' delle gemelle dipendeva dal costante controllo esercitato dall'una sui movimenti dell'altra, Cathy tentò di farle smettere di sorvegliarsi reciprocamente con degli esercizi di ginnastica. « Per esempio delle flessioni » ricorda. « Con la testa ciondoloni non potevano vedersi. Pensavo che così avrebbero dovuto muoversi in maniera indipendente. Invece non si muovevano affatto o, se lo facevano, era con una tale lentezza da bloccarsi a metà del movimento, e dovevo raddrizzarle io ».

L'equitazione era una delle poche attività nelle quali dimostravano di sapersi muovere con spontanea agilità, alzandosi e abbassandosi sulla sella e schivando i rami. L'istruttrice però correva i suoi rischi. Se faceva tanto di criticarle, le ragazze mollavano le redini e si chiudevano a riccio. Se allora una cadeva di sella, immediatamente cadeva anche l'altra.

Cathy Arthur rivolse perciò l'attenzione verso attività meno fisiche. Sapeva che qualunque cosa avesse attinenza con l'America le emozionava, e chiese a uno studente americano di tenere una conferenza con proiezione di diapositive. Le gemelle, però, per tutta la durata della conferenza se ne stettero sedute una dirimpetto all'altra e nessuna delle due lanciò mai nemmeno un'occhiata verso lo schermo.

Poi Cathy cercò di interessarle al teatro. Le portò a vedere *The Snow Queen* e una pantomima, *Humpty Dumpty*, a Milford Haven. Fece ben attenzione a comprare un programma per ciascuna, ma i suoi sforzi non furono ricompensati: June e Jennifer non li lessero e, quanto all'azione scenica, dettero l'impressione di non vederla. Quando gli attori corsero in mezzo al pubblico, tutti gli altri ragazzi si voltarono ridendo, ma loro continuarono a guardare dritto di fronte a sé, tenendo sempre in testa il cappuccio del montgomery, come un paio di membri del Ku Klux Klan capitati là per sbaglio.

Nella primavera e nell'estate del 1977, Cathy Arthur e Tim Thomas lavorarono gomito a gomito sottoponendo le gemelle a test psicologici di vario genere, con risultati alterni. Cathy provò prima il test sui rapporti interfamiliari di Bene Anthony, che June e Jennifer eseguirono separatamente: il bambino siede a un tavolo sul quale c'è una fila di cassette per le lettere, ognuna con una figurina ritagliata che rappresenta un familiare. L'insegnante, seduto dall'altra parte del tavolo, legge ad alta voce ciò che è scritto su varie carte e le porge al bambino. Su ogni carta è stampata una domanda: «Chi ti coccola quando sei malato?», «A chi piace abbracciarti?», «A chi confidi i tuoi segreti?». Il soggetto risponde alle domande imbucando la carta. Se non sa rispondere o se la risposta è «Nessuno», mette la carta in una cassetta supplementare con la scritta «Nessuno». Il conto delle carte in ciascuna cassetta serve a tracciare un profilo dei rapporti interfamiliari del bambino. June si sforzò di mettere le carte nelle cassette dei vari membri della famiglia, ma trentotto su ottantacinque finirono nella cassetta «Nessuno», il che venne interpretato come una notevole negazione dei sentimenti familiari. Jennifer, dopo aver letto attentamente ogni carta e aver riflettuto, ne impostò cinquantadue nella cassetta «Nessuno», dando prova di avere con la famiglia rapporti ancora più scadenti.

Sottoposte al test di intelligenza Wechsler, ottennero entrambe un punteggio molto al di sotto della media – quello di June leggermente superiore a quello di Jennifer. Riuscirono entrambe bene nella prova di comprensione testuale, maluccio in quella di conoscenza lessicale, e non vollero neppure saperne di sottoporsi a quella di matematica. Risultati confusi diedero i test per la valutazione della personalità, alcuni dei quali mostrarono che erano socialmente disadattate, depresse e introverse, mentre altri le valutarono equilibrate, «indipendenti e incuranti della simpatia e dei consigli altrui». Nei test proiettivi, nei quali si chiedeva loro di imbastire una storia intorno a una figura, diedero prova di «percezione inadeguata della situazione» e inventarono «personaggi scarsamente delineati». Qualunque esplicito riferimento, nelle figure, a situazioni conflittuali, alla collera o al sesso fu ignorato da entrambe, come pure qualunque accenno, sia pur velato, alla competitività. Scrissero «avventure blande,» concluse Cathy Arthur «senza interazione, e con finali fatui e scontati». Queste erano le ragazze che di lì a due anni avrebbero scritto romanzi e racconti infarciti di sesso, di contorte situazioni conflittuali e di grovigli emotivi che spesso sfociavano nella morte o nel suicidio dell'uno o dell'altro protagonista.

Tim Thomas, che le sottoponeva a sedute terapeutiche settimanali, riconobbe che erano più loro a turbarlo che lui ad aiutarle. Thomas, allora trentaduenne, un metro e ottanta di altezza, pallido, coi capelli castani e un pizzico di rosso celtico nella barba, è una persona ben disposta verso tutti. Maschera qualunque imbarazzo sospirando e strofinandosi le mani, come per rassicurarsi. «Ah, splendido...» ripete con una forte cadenza gallese durante ogni pausa della conversazione, per indicare che, a dispetto di ogni prova contraria, va tutto benissimo. Cresciuto in una famiglia di lingua gallese a Newton, nella contea di Montgomery, dove suo padre era impiegato alla National Provincial Bank, si è laureato in psicologia all'università di Bristol, ha fatto cinque anni di tirocinio ed è stato nominato psicologo scolastico del Pembrokeshire, posto che occupa tuttora. Abita vicino al centro di Haverfordwest, in una di quelle case dalla forma irregolare che appartenevano ai mercanti medioevali, assieme alla moglie inglese, insegnante di lingue, a tre incantevoli bambine che cinguettano in gallese, e a due cani fedeli.

Tim Thomas si rendeva perfettamente conto che a Eastgate le gemelle stavano vincendo la partita. In un primo momento, durante le sue sedute settimanali, aveva cercato di guadagnarsi la loro fiducia sobbarcandosi a tutta la conversazione senza pretendere niente in cambio, e spiegando con pazienza quanto fosse importante per loro sforzarsi di parlare. Le ragazze lo guardavano serie, senza muoversi né reagire. A un certo punto Thomas si trovò a blaterare senza posa di fronte a quella coppia minacciosa, mentre la sua voce rimbalzava contro un muro di silenzio. Giunse sull'orlo dell'isterismo.

Decise allora di cambiar tattica e di stare al loro gioco. Nella seduta successiva non fece nulla, in attesa che cedessero. Le gemelle restarono ferme e composte, mentre lui si agitava sulla sedia in quel silenzio greve, con una gran voglia di dire qualcosa. «Hanno stravinto» disse in seguito all'équipe. «Ho aspettato che dicessero qualcosa, ma hanno resistito più di me. Non ce la faccio a starle a guardare mentre annuiscono o incrociano e disincrociano le gambe. Hanno raggiunto una tale arte nel loro sincronismo che mi sembra di assistere a uno strampalato numero di varietà».

Era difficile credere che due ragazze del genere fossero capaci di intrattenere normali rapporti infantili, ma Cathy Arthur si ricordò che Gloria le aveva detto che giocavano felici per ore con la sorellina Rosie. Forse, se le avesse potute osservare mentre giocavano tra di loro o con un bambino più piccolo credendo di non essere viste, avrebbe potuto scoprire la chiave del loro comportamento. Combinò di usare la sala di terapia di Eastgate, che ha uno specchio unidirezionale e un paio di videocamere, e girò un film delle gemelle che giocano. È un documento straordinario.

Cathy si filmò mentre cercava di incoraggiare June e Jennifer a far musica con alcuni strumenti a percussione. «Volevo vedere se avrebbero osato fare rumore. Erano sempre così impaurite» disse. La seduta andò come Cathy aveva previsto: mostrò pazientemente alle ragazze come suonare il tamburo secondo vari ritmi, ma nessuna delle due reagì. Allora uscì dalla stanza e mandò dentro Alison, una bambinetta tutta slanci che alle gemelle piaceva e che, afferrata immediatamente una bacchetta, cominciò ridendo a batterla sul tamburo. Un primo piano di June mostra i muscoli della sua faccia che cominciano a rilassarsi e un bel sorriso birichino che spunta da dietro la maschera. Anche l'espressione di Jennifer lievitò lentamente in una risata. Guardandosi attorno come se sospettasse che dietro lo specchio ci fossero nascoste le telecamere, June sollevò una bacchetta e l'abbassò con fragore sul piatto. Quando entrambe le ragazze sentirono il rumore che vibrava per la stanza ci fu un attimo di suspense, subito rotto dagli strilli estasiati di Alison. Poi anche loro si abbandonarono al divertimento.

Cathy tornò nella stanza, curiosa di vedere che cosa sarebbe successo quando fosse entrato un adulto. Come aveva previsto, lo sfavillio negli occhi delle gemelle scomparve, quasi fosse loro calata sul viso una visiera d'acciaio, e le loro braccia si irrigidirono. Rimasero in piedi come soldatini, in attesa che lei se ne andasse e che Alison trovasse la chiave per dar loro nuovamente la carica.

Cathy registrò anche qualche nastro di June e Jennifer che chiacchieravano tra di loro pensando che nessuno potesse udirle. Era curiosa di sapere se, come molti gemelli, anche loro avessero elaborato un loro linguaggio personale. Ciò che le due ragazze si dicevano a quattr'occhi suonava più come un cinguettio d'uccelli che come una conversazione infantile e, tranne qualche parola, nemmeno Gloria riusciva a capirlo. Poiché i suoni erano molto rapidi, Cathy fece girare le bobine a varie velocità e scoprì che, come nel caso delle gemelle di San Diego, non si trattava che di inglese quotidiano parlato a enorme velocità e con l'accentuazione di molte parole abilmente alterata.

Quantunque Cathy Arthur cominciasse in certa misura ad aprirsi un varco nei problemi delle gemelle, fra gli altri insegnanti di Eastgate si andava diffondendo una crescente esasperazione; sospettavano tutti che «quei due pappagalli» li stessero prendendo in giro, e che a poco a poco il loro potere avesse il sopravvento, come un qualcosa di soprannaturale. Per un motivo o per l'altro, il loro comportamento aveva creato una ragnatela di conflitti e di rivalità all'interno dell'équipe, un tempo compatta. Cathy Arthur e Tim Thomas, ben vedendo che la situazione stava deteriorandosi e che le ragazze facevano pochissimi progressi, guardarono in faccia l'evidenza: June e Jennifer traevano forza una dall'altra. Jennifer appariva la gemella dominante e controllava June, come un robot, per mezzo di brevi segnali visivi. Quando erano insieme, questo circuito non poteva essere interrotto; perciò l'unica via da seguire era di separarle, opinione confortata da tutta la letteratura sui gemelli.

Cathy Arthur decise di tastare il terreno assegnando a June e Jennifer un tema sulla separazione, e sorprendentemente parvero entrambe favorevoli. Il 6 ottobre 1977 June scriveva: «Continuano a dirci di cambiare, di voltare pagina, ma noi aspettiamo che sia l'altra a cominciare, così se ci separano nessuna delle due saprà se siamo cambiate per prime... se ci separiamo adesso, l'avvenire sarà bello per tutt'e due». L'opinione di Jennifer era la stessa: «Noi pensiamo che sia meglio separarci. Stiamo sempre ad aspettare che sia l'altra a parlare e a cambiare. Se ci separiamo non sapremo se l'altra l'avrà fatto per prima. Lottiamo tutt'e due per avere il meglio. Vogliamo tutt'e due essere padrone della nostra vita, ma quando stiamo insieme dipendiamo troppo una dall'altra».

Quando Tim Thomas ventilò tra i colleghi l'idea di separare le gemelle, incontrò un'opposizione piuttosto dura. Per valutarne la portata, il 5 dicembre 1977, lui e Cathy Arthur combinarono una riunione specifica, che fu presieduta dal dottor Evan Davies. C'era il personale di Eastgate al completo, oltre a due assistenti sociali, due delegati del Centro per adolescenti di Carmarthen, e Brian Wilcox, responsabile delle scuole speciali della contea.

Fu proposto di mandare una delle gemelle al Centro per adolescenti di Carmarthen, che cadeva sotto la giurisdizione di Evan Davies. Questi guardava senza entusiasmo alla separazione, ma Cathy Arthur e Tim Thomas l'avevano previsto: proiettarono il video delle gemelle, presentarono i temi nei quali le gemelle chiedevano di essere separate e, contemporaneamente, cercarono di spuntare l'argomentazione dei loro oppositori sottolineando che si trattava solo di una prova, una separazione 'preliminare'. «Dobbiamo fare in modo che l'idea che loro hanno della separazione si misuri con la realtà» disse Tim Thomas con improvvisa eloquenza. «Stanno morendo, una nelle braccia dell'altra, ed è nostro dovere salvarne una, anche a costo di perdere l'altra».

«Io non ci sto. È disumano, è troppo crudele» disse Mary Garrett, che aveva perso una sorella gemella al momento della nascita. Improvvisamente ognuno sventolò la sua vera bandiera. Era una battaglia di campanile, infiammata da ambizioni e ideali. Tutte le frustrazioni e le aspirazioni degli esperti della provincia erano concentrate sulle due ragazze. L'équipe di Carmarthen non trovava di suo gradimento l'idea della separazione, e annunciò che avrebbe accolto entrambe le gemelle o nessuna delle due. Ma intervenne Brian Wilcox: se entrambe le ragazze avessero lasciato Eastgate, lui non poteva garantire che al loro ritorno vi avrebbero trovato posto. Davies e la sua équipe si trovarono con le spalle al muro. Cathy Arthur colse la palla al balzo e propose che una delle ragazze mantenesse il suo posto a Eastgate mentre l'altra andava a Carmarthen per un periodo di prova. Su questa base Evan Davies acconsentì ad accoglierne una il lunedì successivo, 12 dicembre 1977.

Ma fu una vittoria di breve durata. A Carmarthen Evan Davies discusse della separazione delle gemelle con i membri della propria équipe e fu sorpreso dalla loro riluttanza: forse percepivano il suo timore che la separazione avrebbe distrutto una delle due. Davies, che crede nelle decisioni democratiche, mise la questione ai voti, e per la prima volta i suoi colleghi votarono contro una sua risoluzione. Nel tardo pomeriggio di venerdì, Davies tornò in macchina a Haverfordwest, si precipitò nell'ufficio di Mary Garrett che stava giusto andandosene a casa e le disse che non se ne faceva nulla.

Cathy Arthur e Tim Thomas non si diedero per vinti. Nei due mesi successivi continuarono a battersi per la separazione e persuasero Evan Davies a parlare con la sua équipe perché cambiasse parere. Nel frattempo Cathy seguitava a costruire il suo rapporto con le gemelle, avvalendosi soprattutto del metodo della conversazione su nastro. Registrava domande e messaggi e lasciava l'apparecchio alle ragazze, e attraverso i loro messaggi disincarnati riuscì a far breccia nella loro mente. Attratte dall'energia e dalla vitalità di Cathy, June e Jennifer si infatuarono di lei e fecero a gara per ottenere la sua attenzione. Osservando come reagivano alla lode, Cathy cominciò a dar loro dei punti di merito quando si comportavano bene. Bastava poco, un sorriso, un « buongiorno », perché si guadagnassero una 'stelletta'. Valeva una stelletta anche « non aspettare che fosse l'altra a muoversi per prima quando veniva loro chiesto di fare qualcosa » e « non tenere la mano sulla faccia quando sedevano a tavolino ». Ogni parola detta faceva un punto. Sotto l'influsso di Cathy, June e Jennifer cominciarono ad assuefarsi all'idea della separazione, e arrivarono a discuterne con lei su nastro.

Ma ad attirarle era solo *l'idea* della separazione. La realtà le terrorizzava, e appena si resero conto che la minaccia era seria decisero di opporvisi a ogni costo. Scoprirono una nuova arma di protesta, il telefono. Una sera Thomas stava cercando una lettera nel suo studio disseminato di carte, mentre sua moglie Sue suonava il pianoforte per le bambine, quando squillò il telefono. Rispose Tim. Dopo il suono dei gettoni che cadevano ci fu uno scatto e si sentì una voce sconosciuta che parlava in fretta con accento dei Caraibi. « Buonasera, signor Thomas. Siamo le gemelle. Ci dispiace veramente per quello che è successo oggi. Vorremmo che sapesse che se lei non ci s-s-separa, la prossima s-s-settimana c-cominceremo a parlare ».

Erano veramente le gemelle? E quale delle due? Come avevano fatto a trovare il numero di Thomas, che non era sull'elenco? Tim chiamò Cathy Arthur, ma la linea era occupata. L'indomani scoprì il perché: Cathy aveva ricevuto una telefonata simile alla sua, e l'avevano ricevuta anche altri insegnanti. Fu quella la prima di una serie di telefonate con le quali le gemelle tentarono un baratto: offrivano la loro collaborazione, purché non le separassero. Ma non erano capaci di mantenere una promessa e l'affare non fu mai concluso.

Ai primi di marzo del 1978, le pressioni di Cathy sortirono il loro effetto. Evan Davies le telefonò per dirle che avrebbe accolto una delle gemelle a Carmarthen. Tim Thomas portò la notizia alle ragazze; era sulle spine, e venne subito al punto: « Le cose non vanno troppo bene per voi qui, e abbiamo deciso di separarvi. Una di voi deve andare a stare al Centro del dottor Davies a Carmarthen, l'altra può restare qui da noi. Potete scegliere voi chi va e chi resta ».

Sulle prime le ragazze non batterono ciglio, poi cominciarono lentamente a muoversi. Jennifer lanciò a June uno sguardo minaccioso e le sue mani si contrassero. Guardandosi fissamente, tese allo spasimo, entrambe cominciarono a inarcare il corpo. C'era qualcosa di malvagio nel loro atteggiamento, sembravano gatti pronti a scattare. Si udì uno strillo, poi una serie di grida inintelligibili mentre Jennifer si scagliava contro June e le affondava le lunghe unghie nella guancia, appena al di sotto dell'occhio. Uscì sangue. June rispose afferrando la testa della sorella con tale ferocia che ciuffi di ispidi capelli neri caddero sul pavimento. Prima che Tim Thomas potesse reagire, si rincorrevano fuori della stanza. Le loro grida erano acuite dall'angoscia. Tim Thomas si precipitò fuori a separarle, e rimase turbato dalla forza che le teneva avvinte. Mentre lottavano erano dotate di una straordinaria potenza fisica, che una volta separate scompariva del tutto; nelle mani di Tim erano fiacche come due bambole di pezza.

La notizia della separazione scatenò una nuova ridda di telefonate da cabine pubbliche a membri del personale di Eastgate, i quali dovettero ascoltare il reiterato, patetico messaggio balbettato: «P-p-promettiamo di parlare se p-p-potremo restare tut- t'e due a Eastgate». (L'origine di questa balbuzie è interessante. Ann Treharne non ne aveva trovato traccia quando aveva preso in cura le bambine, e crede che l'abbiano 'presa' da altri bambini nella sala d'attesa dell'ambulatorio di logoterapia, per poi servirsene per 'far scena').

Il 13 marzo 1978 il progetto di separazione andò in porto. Tim Thomas prelevò Jennifer per portarla a Eastgate, e poco dopo Cathy Arthur andò a prendere June e la portò al Centro St David's di Carmarthen. Il diario di Cathy registra che June era «molto spaventata e piangeva».

Non si sarebbe potuto scegliere un momento peggiore, perché quattro giorni dopo l'ammissione di June ebbero inizio le vacanze pasquali, e la ragazza tornò di nuovo a casa. Le gemelle trascorsero tutte quante le vacanze a chiedere con le buone e con le cattive agli insegnanti di Eastgate di porre termine alla separazione, ma nessuno le aiutò, e il 10 aprile, vigilia del loro compleanno, furono nuovamente divise. June si rinchiuse in uno stato di angoscia dal quale nessuno, a Carmarthen, poté riscattarla. «Tutti cercavano di offrirle calore e comprensione, ma lei se ne stava per conto suo; era una figurina isolata, tragica» dice Vivian Hughes, una delle insegnanti. Il quindicesimo compleanno fu per June il giorno più brutto della sua vita: ignorò i biglietti di auguri e i regali, cessò di muoversi quasi completamente e rimase irrigidita come un animaletto braccato. Evan Davies andò nella sua stanza la mattina e la trovò ancora a letto. « Cercai di farla ridere dicendole che avrei dovuto tirarla fuori dal letto con le mie mani, ma dovetti pentirmi della mia battuta: ci vollero due di noi per farla alzare e poi dovemmo puntellarla contro il muro come un'asse di legno ».

« Dividevo la stanza con altre due ragazze » rammenta June in un diario che scrisse qualche anno dopo. « Ah, che solitudine! Perché non parlavo. Mentalmente sola... Affamata. Acida. Rabbiosa. J. era a Eastgate, a godersi la vita. La gioia di andarsene a casa, nel suo letto; di vedere la sua famiglia. Di mangiare le cose che conosceva. A me toccava il tormento di ascoltare conversazioni estranee, di mangiare cose estranee. E poi il supplizio di mangiarle. Perché con altra gente a tavola non mangiavo ».

June frequentava la scuola speciale per adolescenti affetti da disturbi psichici, una vecchia casa cadente vicina all'ingresso dell'ospedale principale. Ogni giorno faceva a piedi la strada fino a scuola, ma quando arrivava rimaneva sulla soglia. Per fargliela oltrepassare, Vivian Hughes e qualcuno dei ragazzi in cui June suscitava sentimenti protettivi dovevano prenderla per le braccia e sollevarla di peso. Le toglievano il cappotto, e poi June, con grande lentezza e guardando fisso davanti a sé, si sedeva su una sedia, dove rimaneva immobile fino al termine della mattinata di lezioni. Quello che straziava tutti al St David's era il suo pianto muto, quelle lacrime che le scendevano silenziosamente per le guance e che lei non si sforzava minimamente di asciugare. Il personale e gli allievi portavano sempre con sé scatole di fazzolettini di carta con i quali le asciugavano le guance e il naso, ma lei non sembrava neppure accorgersi dei loro gesti.

June mostrava segni di vita soltanto all'ora di pranzo, quando Cathy Arthur permetteva a Jennifer di telefonarle. Allora, tutta sorrisi e risatine, non la finiva più di chiacchierare in quel suo modo sincopato. Finita la telefonata, tornava nella sua posa inanimata. «Quello che mi colpiva in lei era la forza di volontà che si celava dietro quell'immobilità» dice Vivian Hughes, che ha passato la vita a trattare con bambini disturbati. «Pareva che Jennifer la tenesse al guinzaglio. C'era un che di soprannaturale nel loro rapporto, tipo magia nera. Sentivo che June avrebbe potuto essere una ragazzina normale e benvoluta, se solo la sorella l'avesse lasciata libera».

Nelle settimane che seguirono June continuò a macerarsi nel suo dolore e cominciò a rifiutare il cibo. Alla quinta settimana, dopo una domenica trascorsa a casa, non fece ritorno a Carmarthen. Lo stesso giorno Jennifer marinò la scuola. Lunedì 8 maggio 1978 si rinunciò ufficialmente alla separazione, con grande sollievo di Evan Davies, il quale non aveva nessuna intenzione di affrontare un'eventuale alimentazione forzata, né di assistere passivamente a una tale sofferenza. Per il resto del trimestre June ritornò a Eastgate.

Ormai l'aspetto fisico delle gemelle era molto peggiorato, di riflesso alla loro tristezza interiore. Non erano più scolarette paffute vestite allo stesso modo, ma ogni giorno arrivavano all'istituto con la faccia tesa e grigiastra e con indosso informi maglioni di un cachi sbiadito, sotto i quali le scapole sporgevano come attaccapanni. Gloria non si prendeva più la briga di intrecciare loro i capelli per mezz'ora tutte le mattine, e ora li portavano tirati all'indietro in ciuffi disordinati tenuti fermi da oggetti di ogni genere, dai becchi di alluminio alle graffette per la carta. Anche la loro biancheria era un campionario ambulante di ferramenta, tenuta insieme com'era da pezzi di metallo, corda e fil di ferro.

Durante l'estate Cathy Arthur lasciò Eastgate per seguire un corso di specializzazione allo University College di Swansea, e come soggetto per la discussione finale scelse le gemelle. Intraprese con Jennifer un programma per la modificazione del comportamento della durata di ventiquattro settimane, per vedere se, isolata dall'altra, una gemella avrebbe imparato a comportarsi in maniera più accettabile. Un venerdì sì e uno no Jennifer passava la giornata con lei. Cathy la portò dapprima a fare lunghe passeggiate in campagna; poi andarono in biblioteca e a far spese. Jennifer camminava invariabilmente a circa sei metri di distanza dalla sua insegnante, a prescindere dal suo passo, dal traffico e dai passanti. Ogni volta che Cathy si voltava per vedere se Jennifer la seguiva, questa si immobilizzava come una moderna Euridice, e si muoveva solo quando l'insegnante le volgeva le spalle. Ancora più imbarazzante era al supermercato, dove Jennifer si bloccava alla cassa causando un furibondo pigia pigia della gente in coda dietro di lei. « Le visite ai castelli, al porto e ad altri luoghi d'interesse non ebbero successo, un po' perché Jennifer non guardava mai ciò su cui si attirava la sua attenzione, e un po' perché camminava con una tale lentezza che rischiavamo entrambe di morire di freddo » rammenta Cathy Arthur.

Jennifer mostrava una resistenza anche maggiore alle faccende domestiche. Cathy voleva insegnarle a preparare e servire in tavola un semplice pasto per loro due, ma fosse stato per Jennifer sarebbero rimaste a bocca asciutta. Anche quando Cathy le metteva in mano una patata e un coltello, lei li lasciava cadere per terra. I suoi tentativi di fare il toffee e popcorn furono un disastro. L'unica parte del programma che ebbe successo fu quella che riguardava il prestito e la lettura dei libri. Cathy incoraggiò inoltre Jennifer a scrivere delle storie prendendo spunto dalle figure che le mostrava. Dopo aver visto una fotografia di due pappagalli, Jennifer scrisse questa piccola allegoria:

«C'erano una volta due pappagalli che erano cresciuti in uno zoo. Tutti i giorni la gente andava allo zoo a vederli. A volte i pappagalli facevano il verso alla gente che parlava, a volte si dicevano delle cose tra di loro.

«La gente stava quasi tutto il giorno ad ascoltare i pappagalli che conversavano, e trovava un po' bizzarro che due pappagalli parlassero bene proprio come esseri umani.

«I pappagalli, che si chiamavano "Polly" e "Perkins", parlavano spesso di quanto desideravano tornare nella loro terra. A volte chiedevano ai guardiani di aprire la porta della gabbia e di farli uscire. Spesso la gente rideva e pensava che scherzassero. Qualche bambino che stava a guardare chiedeva ai genitori il permesso di portarseli a casa. Certe volte, prima che i genitori avessero il tempo di rispondere, un pappagallo diceva gentilmente: "Non siamo in vendita". Allora l'altro pappagallo diceva lo stesso».

«A questo punto» dice Cathy Arthur «più che il loro potenziale futuro di scrittrici mi interessava sviluppare e consolidare la loro unica forma di comunicazione: vedevo in questo interesse per la scrittura e la lettura un modo di sviluppare le loro risorse e un mezzo per ridurre il loro isolamento».

Cathy non aveva modo di sapere se aveva qualche effetto su Jennifer, ma Jennifer ne aveva certamente su di lei. Cathy si accorse infatti di dover mettercela tutta per non farsi 'contagiare'. Allo scadere delle ventiquattro settimane sottopose nuovamente le gemelle ai test, e ottenne risultati sorprendenti, per non dire disperanti: nel test sui rapporti interfamiliari, entrambe impostarono l'ottantacinque per cento delle carte nella cassetta «Nessuno», pressoché il doppio che nel test precedente, mostrando un impressionante declino dei rapporti con la loro famiglia. E, benché durante quel corso di ventiquattro settimane avessero avuto esperienze diverse, per qualche perverso motivo i profili delle loro personalità si erano fatti ancora più somiglianti. «La terapia non ebbe il minimo effetto sul loro rendimento scolastico» concluse Cathy. «Direi che il programma ebbe risultati limitati».

Da allora in poi, Cathy Arthur non ebbe più molto a che fare con le gemelle. Conclusa la sua ricerca, lasciò l'insegnamento a tempo pieno per metter su famiglia. Sapeva che la prognosi sul futuro delle gemelle non era incoraggiante, e si sentiva in colpa. Ne passò la responsabilità a Ann Brown, una donna simpatica sui trent'anni che lavorava a sua volta a Eastgate, ma che non aveva una preparazione specifica per l'insegnamento nelle scuole speciali. Ormai le gemelle avevano assunto un atteggiamento apertamente provocatorio verso gli insegnanti e si erano fatte meno comunicative. I loro messaggi su nastro erano impersonali e laconici, ma il tono aggressivo delle risposte che davano per iscritto rivela la contraddittorietà dei loro atteggiamenti. June scriveva:

«Mettiamo prima di tutto in chiaro una cosa: nessuno ci conosce veramente. Quelle cose che dite su di noi sono tutte sbagliate. Nessuno sa veramente che cosa succede fra di noi. Noi sappiamo di essere due individui, e non cerchiamo affatto di tenere l'altra legata. Non dipendiamo una dall'altra. Perciò tutte le cose che la gente dice di noi dovrà imparare a tenersele per sé. È meglio che non ci diciate quello che pensate.

«Nessuno ci conosce meglio di noi stesse. Siamo gemelle, d'accordo, ma gemelle diverse. Siamo esattamente uguali in tutto ciò che facciamo, ma certi pensano che sia una a sobillare l'altra e che il capo sia lei. Macché capo! Nessuna di noi due è il capo. Potete pensare che siamo diverse, ma noi la pensiamo sempre allo stesso modo, e siamo entrambe d'accordo su quanto sto scrivendo».

Ma era appunto questo il loro problema. Durante gli ultimi mesi a Eastgate, il loro conflitto assunse una nuova dimensione. Jennifer cercò di uscirne tentando di eliminare ogni differenza percepibile fra di loro, così da diventare effettivamente un unico essere umano. Era come se volesse riportare June con sé dentro il grembo materno, prima che l'ovulo si dividesse. Lei si era sempre sentita inferiore, la gemella di dieci minuti più giovane, la meno amata dai genitori, la meno favorita dagli insegnanti e quella cui si riconosceva un minor numero di talenti: finché June non si distingueva da lei erano effettivamente alla pari e Jennifer si sentiva al sicuro.

June, viceversa, desiderava ardentemente differenziarsi, essere la più carina, la più intelligente, quella che la gente amava e ammirava. Gli insegnanti decisero di incoraggiare questa loro divergenza, e programmarono un'altra separazione di prova. Nell'incombere di questa minaccia, crebbe per le ragazze il bisogno di mantenere intatto il loro universo gemellare, che veniva invaso da quegli insegnanti e quegli psicologi benintenzionati e impiccioni. Jennifer sapeva che quella era la sua ultima possibilità di tenere June tutta per sé: «Tu sei Jennifer. Tu sei me» continuava a ripetere in tono incantatorio. June si trovava in una posizione intollerabile. Da sola non poteva sopravvivere, ma l'alternativa era assimilare l'identità di Jennifer. Tim Thomas ricorda il suo tremendo grido: «Io sono June, io sono June!» mentre Jennifer la costringeva a sottomettersi.

L'intensità della loro lotta spaventava gli insegnanti di Eastgate: non si parlò più di separarle, né furono fatti progetti per il loro futuro. Durante l'ultimo anno di scuola le lasciarono libere di fare come meglio credevano. Nessuno si curava di loro, eccetto un ragazzo, che nei due anni successivi sarebbe diventato la loro comune fissazione, e la loro rovina.

Lance Kennedy era americano, e con i suoi sedici anni il più anziano della scuola. Era alto, biondo e trasudava fascino yankee. Era uno spaccone che si vantava del proprio passato criminale: di come fosse stato espulso da tutte le scuole che aveva frequentato, di come fosse stato trovato nella dispensa della scuola sotto l'effetto della droga, di come si divertisse a provocare la polizia. Le gemelle erano tutte occhi e orecchi.

A Lance June e Jennifer facevano pena, specialmente perché venivano malmenate da uno o due dei ragazzi più scalmanati. Quando venivano aggredite, loro nascondevano la testa l'una nelle braccia dell'altra, come una coppia di uccellini feriti; se invece lo scontro era tra di loro stavano una di fronte all'altra e si picchiavano a turno. Lance non aveva mai visto un comportamento così strano, e si diede da fare per proteggerle. «A volte gli mollavo un ceffone solo per farle reagire. Loro erano delle isolate come me in quel paesotto da film dell'orrore. Gli sarei stato amico, se solo mi avessero parlato».

Ma quella era l'unica cosa che non potevano fare. Lui si sentì lusingato un giorno di trovare un messaggio d'amore scritto su tutte le sigarette del suo pacchetto. Bigliettini del genere lo avrebbero poi aspettato dovunque andasse. Non aveva idea che le sue ammiratrici fossero «quei due sgorbietti negri», come le descrisse in seguito.

III
LA CASA DELLE BAMBOLE

A sedici anni ero ancora vergine e giocavo con le bambole. Non avevamo amici. Jennifer e io ci dedicavamo anima e corpo alla felicità di quei piccoli esseri umani.

JUNE GIBBONS

Il sole stava sgusciando fuori da una sacca di nuvole mentre June e Jennifer andavano verso St Mary, la chiesa più antica di Haverfordwest. Per loro, che vivevano sotto la tirannia delle superstizioni e dei segni astrali, era di buon auspicio. E poi ai nati dell'Ariete l'oroscopo della giornata prediceva che non ci sarebbero stati intoppi.

Toccava a June accertarsi che la via fosse libera. Per loro chiunque, anche un innocuo passante, costituiva una minaccia, e non si muovevano finché non erano sicure che non ci fossero occhi curiosi a osservarle. Jennifer rimase indietro, appiattita contro il cancello del cimitero parrocchiale. Poi, come a un segnale invisibile, seguì June e attraversò la strada. Lessero la scritta sull'insegna blu che diceva: « Ufficio di collocamento. Sussidio di disoccupazione ». Ora toccava a Jennifer dare un'occhiata dentro per assicurarsi che non ci fossero code, né occhi indagatori. La fortuna era dalla loro. Andarono difilato allo sportello e June affrontò l'impiegata. « Scrivete qui il numero del libretto, il nome e l'indirizzo » disse la donna e indicò una fila di puntini sul modulo. Nel frettoloso mondo della burocrazia non era obbligatorio parlare, e a June fu risparmiata un'umiliazione.

Da quando avevano lasciato la scuola, alla fine del trimestre estivo del 1978, nessuno si era più occupato di loro. Poiché da Eastgate non avevano tratto alcun giovamento, e poiché erano due elementi di disgregazione ed erano state strumentalizzate nelle lotte di potere della scuola, fu deciso che non avrebbero beneficiato di altre scuole speciali. Aubrey e Gloria Gibbons ricevettero una breve lettera da John Harry, il direttore didattico di Eastgate, nella quale si diceva loro come fare per iscrivere le ragazze nelle liste di disoccupazione al fine di ricevere il sussidio. Harry aggiungeva che se avessero avuto ancora bisogno di aiuto, avrebbero potuto mettersi in contatto con il dottor Evan Davies al Centro di orientamento. « Spero sinceramente che in un prossimo futuro le attuali difficoltà possano risolversi » scriveva accomiatandosi.

L'idea che in una città già sovrappopolata di neodiplomati a spasso ci fossero prospettive di lavoro per due ragazze mute che non avevano terminato gli studi era chiaramente illusoria. Aubrey e Gloria si rassegnarono al pensiero che June e Jennifer rimanessero a casa tutto il giorno, ma non avevano idea di come aiutarle: non intuivano minimamente la ragione del mutismo e del bizzarro comportamento delle loro figlie gemelle. Si aggrappavano ancora alla convinzione che un giorno « sarebbero uscite dal guscio », ma il muro che June e Jennifer si costruivano attorno li feriva, e cominciavano a perdere la pazienza.

Lasciata la scuola, June e Jennifer non parlavano con nessuno, all'infuori di Rosie. Anche Gloria, con la quale prima scambiavano qualche parola sulle cose di tutti i giorni, venne aggiunta alla lista dei proscritti. Si chiudevano nella loro stanza e la lasciavano di rado, almeno quando c'era in giro qualcuno. Facevano un'eccezione il martedì, quando andavano a riscuotere il sussidio di disoccupazione. Per fare le commissioni, comprare francobolli, buste, carta da scrivere e cose varie si servivano di Rosie e della madre. Gloria riceveva le ordinazioni su foglietti scarabocchiati che le gemelle lasciavano in cima alle scale. « Mamma, potresti comprarci un quaderno a righe *oggi*? Jenny » scrivevano. Oppure: « Non portare il pranzo fino alle 4. Abbiamo da fare. Grazie, June ».

Gloria soffriva molto del comportamento delle figlie. Trovava insopportabili le divisioni che causavano in famiglia ma non si poneva domande sul loro comportamento, né su quello che combinavano tutto il santo giorno su nella loro stanza. Non metteva in discussione la loro pretesa che lei portasse i loro pasti di sopra, lasciandoli fuori della porta. Gloria era una di quelle donne che credono che il tempo guarisca ogni cosa. Le avevano insegnato a mettere le esigenze del marito e della famiglia davanti a tutto, e aspettava con pazienza che le sue figliole uscissero da quella difficile fase della loro vita.

Qualche tempo prima, June e Jennifer avevano deciso che non sarebbero rimaste sedute in una stanza con nessuno dei loro familiari. Se volevano guardare un programma televisivo, lasciavano un messaggio. « Stasera alle 7 vogliamo vedere la Hit Parade. Per favore lasciate aperta la porta del soggiorno ». Dopo di che, si sedevano vicine vicine sulle scale e guardavano la televisione da lì. Se qualcuno usciva dalla stanza per andare in bagno o in cucina, loro si dileguavano per ritornare solo quando l'anticamera era nuovamente libera.

Quando Greta, che si era sposata da poco, veniva in visita con suo marito, o se c'erano ospiti, scendevano da basso e rimanevano in ascolto fuori della porta. Erano acute osservatrici e si accorgevano di tutti i piccoli avvenimenti familiari: le spedizioni settimanali al supermercato, la decisione di acquistare un bollitore nuovo, le discussioni a proposito delle nuove tende di Greta o del lavoro di David. Stavano sedute sulle scale e spiavano dalla finestra quando le macchine arrivavano e se ne andavano. Nulla sfuggiva alla loro attenzione. Come i fantomatici «ascoltatori» della poesia di Walter de la Mare, sentivano e osservavano, ma non rispondevano in alcun modo. Erano presenze invisibili che infestavano quella casetta qualsiasi e che con il loro silenzio e i loro messaggi disincarnati facevano il bello e il cattivo tempo.

Le feste di famiglia, con June e Jennifer, erano da evitarsi. Al matrimonio di Greta, l'anno prima, la loro scena muta aveva rovinato tutto: per quattro ore erano rimaste impalate con gli occhi incollati al pavimento e le braccia goffamente penzoloni. Avevano ignorato la sposa, lo sposo e tutti gli invitati, ed erano state bandite da qualsiasi futuro avvenimento familiare.

La vita sotto la loro tirannia diventò intollerabile. Aubrey e Gloria passarono sempre più tempo da Greta a Milford Haven, lasciandole da sole nella casa vuota. Allora si fecero più solitarie, e anche più esigenti. «Io gli avrei detto di mangiare da basso, o altrimenti saltare il pasto» dice David, il quale non aveva tempo per le sue impossibili sorelle ed era ben deciso ad andarsene di casa al più presto. Anche Greta era insofferente. «Una volta che facevano baruffa su di sopra, le ho prese, gli ho sbattuto una testa contro l'altra e poi ne ho scaraventata una giù dalle scale» rammenta con orgoglio. Ma Gloria sentiva che era suo dovere provvedere alle necessità delle sue figlie. Una vita di schiavitù nei confronti di Aubrey (anche a lui doveva servire i pasti dove si trovava, a letto o davanti alla televisione) le aveva insegnato che non c'era che da star zitta e ubbidire. Cercava di mantenere una facciata allegra e scherzosa per proteggere le sue strane figliole, ma stentava a rendersi conto di ciò che succedeva nella loro mente. «Oh, sono solo le gemelle» diceva a chi veniva in visita e sentiva quelle strane colluttazioni al piano di sopra, o notava le due ombre incollate alla finestra. «Sapete, sono un po' timide».

Non era cattiveria quella che spingeva June e Jennifer a rifiutare la famiglia. La loro tragedia era che, più di ogni altro figlio dei Gibbons, loro amavano moltissimo la madre e il padre e il fratello e le sorelle e si aggrappavano all'ideale di una vita familiare felice – ma non esprimevano mai questi sentimenti, come se farlo fosse contrario alle regole del loro gioco. È davvero triste che, negli anni che seguirono l'abbandono della scuola, né le gemelle né i loro familiari siano riusciti a superare il baratro che quel silenzio aveva scavato. Per ironia della sorte, mentre per June e Jennifer era tanto importante la vita con la loro famiglia, questa sentiva solo di essere respinta. Era June, in particolare, che desiderava dire ai suoi cari quanto fossero importanti per lei.

«A me manca qualcosa, ma non è l'amore. Io voglio molto bene a Rosie, a Greta, a David, a Phil, a mamma e papà. Mi preoccupo per mia madre. Vedo nei suoi occhi il dolore per tutti questi anni. Lei non è giovane, ma è romantica. In fondo al cuore è una bambina. Non sopporto di morire prima dei miei genitori. Non sopporto di camminare sulla tomba dei miei genitori, di posarci i fiori e di sentirmi persa. E se fossi io madre? Mi rendo conto che sto morendo di cancro e ho quattro figli piccoli, tre femmine e un maschio. Piangerò per loro, per il mondo della loro calda, tenera infanzia giunto a una fine brusca come un telegramma piovuto dal nulla. "Perché a noi?" direbbero piangendo. "Perché a me? Perché non a un'altra famiglia?"».

Ma quella di June e Jennifer non era un'infanzia calda e tenera: la vita familiare dei Gibbons lasciava molto a desiderare. Sradicati dalla loro terra, senza parenti, Aubrey e Gloria si ritrovarono isolati e insicuri. Mancava loro il colore della loro cultura, cui la vita nei quartieri riservati al personale della RAF non riuscì mai a supplire. Aubrey manteneva la sua posizione di capofamiglia come un patriarca vittoriano; a Gloria toccava servire. Tutto ciò avrebbe forse potuto funzionare ai Caraibi, dove a riempire i vuoti c'erano nonne, zie e zii, ma in quel tetro avamposto della Gran Bretagna, con pochi amici e nessun parente stretto (i più vicini erano il fratello di Gloria, che abitava a Coventry, e una sorella di Aubrey che viveva a Londra), i ragazzi Gibbons crebbero in un vuoto sociale ed emotivo. Nessuno di loro ricorda una gita con i genitori, nemmeno quando Gloria imparò a guidare e Aubrey comperò una macchina. Solo in rare occasioni, quando arrivava un ospite, Aubrey caricava tutta la famiglia in macchina, lasciava guidare Gloria e andavano tutti al mare.

La sera che traslocarono da Chivenor a Haverfordwest Gloria non aveva potuto far da mangiare e Aubrey portò la famiglia alla mensa della base RAF. Ma fu l'unica volta. Per il resto, lui arrivava a casa dopo il turno di lavoro, si toglieva il maglione blu d'ordinanza, accendeva la televisione e aspettava che Gloria o uno dei figli gli servissero il pranzo su un vassoio. A sentire David, non dava mai un'occhiata ai loro quaderni, né andava mai a sentirli cantare nei cori o a vederli negli incontri sportivi; non perché non gli piacessero i suoi figli – li amava moltissimo –, ma perché credeva che non fosse affare da uomini partecipare alla loro educazione quotidiana. Altre volte, Aubrey passava la serata con Peter Martin, un collega che era anche vicino di casa, a giocare a dama, a discutere di politica o a divertirsi con gli amici.

Gloria aveva il suo bel da fare a badare alla casa e a cinque bambini; ogni tanto, prendendo il coraggio a due mani, cercava di coinvolgere Aubrey, ma anche lei si ritrovava sola con le sue faccende, e come contentino aveva le saltuarie riunioni tra signore per la vendita dei prodotti Tupperware, che teneva in casa quando Aubrey era alla base. Non c'erano visite ai musei o allo zoo, né feste di compleanno per i bambini, né scampagnate domenicali, né vacanze. L'unica uscita della settimana era una visita ai grandi magazzini Tesco il giovedì pomeriggio. Persino la tradizione della funzione domenicale era andata perduta, e Aubrey si limitava ad ascoltarla alla radio.

Fu così che all'età di sedici anni June e Jennifer, assieme a Rosie, che divideva la stanza con loro e con la quale erano ancora capaci di parlare, crearono le loro personali Famiglie Felici, dando alle bambole tutto il calore e i divertimenti, le feste, le gite e gli amici che loro non avevano mai avuto. Le gemelle «ineducabili» erano genitori severi per i loro figli immaginari, e insistevano su quelle norme educative e disciplinari che nella loro vita personale erano state così carenti.

La bambola di June faceva sempre la parte del parroco. Jennifer e Rosie, che gestivano le famiglie Stackhouse, Winter e Miller, dovevano badare a che tutti i loro numerosi bambini, la maggior parte dei quali gemelli, fossero vestiti come si deve e stessero ad ascoltare le interminabili prediche del parroco. «E adesso desidero che vi uniate a me nel benedire il nome del Signore» ripeteva il parroco con voce vibrante di zelo religioso. Sul pavimento, accanto al letto a castello di June, era stata approntata una chiesa: la porta era una Bibbia semiaperta, i banchi dei libri più piccoli e l'altare uno scampolo di stoffa rossa ritagliato da un vestito di Gloria. La musica d'organo era fornita da un registratore nascosto sotto il letto e azionato da June. Le famiglie di bambole abbracciavano diverse generazioni, e a ogni componente, tranne uno o due neonati, venivano distribuiti innari e libri di preghiere, magnificamente scritti e illustrati come manoscritti medioevali.

Claudia Norman e Robert Samuel Stackhouse guidavano il coro. Avevano rispettivamente trentaquattro e ventisei anni, erano alti una trentina di centimetri ed erano i genitori, naturali o adottivi, di sei bambini di dieci anni, tra cui i gemelli Johnny Joshua Kingston e Annemarie Esther Kingston, e Thelma Kra-Zee, un'orfanella. I vincoli familiari e le parentele erano complicati. I neonati venivano scambiati o adottati e c'erano molti matrimoni tra le famiglie, che erano molto numerose. Mrs Nancy Ethel Winters (ventisette anni, già nota come Miss Kuawn) e suo marito Mr Stanwych Waiter Wilkins (trent'anni) avevano adottato un bimbo di tre mesi degli Stackhouse, che aveva l'insolito nome di Carrott Cabbage Winters. Intanto Mrs Tressy Sandy Miller e nonna Winters (a quanto pareva si erano sbarazzate di Mr Miller, o l'avevano perso per strada) badavano ai gemelli dodicenni Alma e Billy Hoe Haines. Molte cose atroci capitavano ai Miller, agli Stackhouse, ai Winter, ai Kingston e, naturalmente, ai Gibbons, che ricorrevano spesso al parroco.

Rosie, che era l'ufficiale di stato civile, teneva nota di nascite, morti e matrimoni nel suo libro personale, un taccuino dall'aria abbastanza innocente che conteneva però alcuni avvenimenti raccapriccianti. Per le cure mediche delle famiglie le ragazze trasformavano la casa delle bambole in un reparto affollato come quello di un ospedale del Terzo Mondo. In servizio c'erano il dottor Gibbons (June) e le infermiere Nina

Tywong e Ruth Kaleski (Jennifer e Rosie). A giudicare dal livello – e dall'esito fatale – della chirurgia praticata, non doveva trattarsi di un'équipe molto efficiente.

« Samantha Miller, anni 6, intervento al viso, non riuscito.

« Anne Miller, anni 6, intervento su tutti e due gli occhi, non riuscito. Porta gli occhiali ».

Anche Tabatha Taylor e Charlotte Miller, entrambe di un mese, subirono un intervento agli occhi altrettanto fallimentare. Il dottor Gibbons trattava gli sventurati bambini della sua vasta famiglia con l'attenzione e l'abilità di un Jack lo Squartatore.

« June Gibbons, anni 9, morta per una ferita alla gamba.

« George Gibbons, anni 4, morto per un eczema.

« Bluey Gibbons, anni 2 e mezzo, morto per un'appendicite.

« George Gibbons, stroncato da una lesione alla schiena.

« Peter Gibbons, anni 5, figlio adottivo, morto presunto.

« Julie Gibbons, anni 2 e mezzo, morta per "calpestamento della pancia".

« Polly Morgan-Gibbons, anni 4, morta per sfregio sulla faccia, contemporaneamente a Susie Pope-Gibbons, morta per spaccamento del cranio ».

Le annotazioni andavano facendosi sempre più inquietanti. Wesley Miller, una bambola in tenera età, morì di percosse, e Randy e Rebecca (già note come Louise e Jody Miller), gemelle decenni, morirono « cremate col fuoco ».

Le bambole prendevano moltissimo tempo a June e a Jennifer. Quando al mattino Rosie andava a scuola, loro dovevano farle alzare, lavare e vestire i bambini e poi sovrintendere alle lezioni, particolarmente ai temi. Dovendo far loro dei vestiti, spedivano Rosie alle vendite di roba usata a prendere straccetti che poi June tagliava e cuciva. Per una ragione che doveva affondare le radici nei giorni di Eastgate, quando le gemelle stavano ad ascoltare le vanterie di Lance Kennedy, questo mondo di fantasia era ambientato nel cuore degli Stati Uniti. Le famiglie di bambole, e persino i loro nomi, erano tipici dell'America di provincia, con i liceali che andavano in discoteca o nei drive-in, prendevano i pullman Greyhound e si iscrivevano a gare di pattinaggio. Era un mondo di genitori borghesi benestanti e di bande di adolescenti ribelli. Le gemelle nutrivano una forte curiosità per tutto quanto fosse americano: si erano persino fatte mandare per posta un corso Linguaphone per «parlare americano». Con le loro bambole crearono intere dinastie sul genere di *Dallas*, piene dei conflitti e delle emozioni che il loro grigio ambiente non forniva.

Le bambole diventarono anche il mezzo attraverso il quale June e Jennifer potevano parlare, un po' come i ventriloqui con i loro pupazzi. June scriveva tutte le sceneggiature, poi ritagliava le battute e le dava a Jennifer e a Rosie. Erano commediole eleganti, anche se sdolcinate, che avevano sempre come protagonista l'una o l'altra bambola. Le bambole erano anche le eroine dei numerosi racconti che June e Jennifer avevano cominciato a scrivere, e le protagoniste di caricature, fumetti e libri illustrati. Ma, come le storie dei bambini dell'Ottocento imprigionati con la tata nella nursery, traboccavano di buoni sentimenti degni delle più temperanti associazioni puritane.

«Questa è la triste e lacrimevole storia di un ragazzo di nome Wesley Gavin Miller, nato a Filadelfia, USA da Mr e Mrs Miller che più tardi divorziarono e diedero il piccolo Wesley in adozione. Bisogna sapere che Wesley ebbe tanta comprensione finché andò a vivere con i suoi nuovi genitori, Mr Danny Miller e sua moglie Tressy. La tragedia si abbatté sul piccolo Wesley venuto dalla lontana Filadelfia per vivere il resto della sua breve vita nella paura.

«Perché il Signore Iddio scelse proprio un piccolo innocente perché fosse lentamente ammazzato di botte e la sua vita diventasse un inferno? Perché, oh, perché? Fu in una caldissima giornata estiva del giugno 1975 che Tressy e Danny Miller si misero fuori della loro casetta in stile americano ad aspettare il loro nuovo bambino venuto in volo dall'America con un'assistente sociale, Mrs Mckay di Washington. Due minuti più tardi una macchina si fermò davanti alla casa, e ne uscì una giovane donna snella che tirò fuori, tenendolo per mano, un ragazzino non più alto di un metro. Aveva masse di spessi capelli scuri, le lentiggini sul naso e una faccia allegra e paffuta.

« "Su, Wesley, questi sono i tuoi nuovi genitori".

« "Ciao" disse Tressy Miller guardando il ragazzo. Il signor Miller non disse niente, ma si capiva dalla sua espressione che aveva odiato Wesley fin dal primo momento».

Storie come questa, scritte solitamente da June, facevano parte dei programmi di «Radio Gibbons», un'emittente con un fitto calendario di cronache e musica che trasmetteva giornali radio, bollettini meteorologici e commenti. Mandava in onda le ricette del giorno, suggerimenti per la casa e i consigli più disparati, da come divorziare a come tenere in casa degli animali. «Fatti di vita vissuta» era una rubrica molto seguita nella quale June e Jennifer discutevano su come mantenersi giovani e in buona salute, come regolarsi coi bambini turbolenti e come seguire scrupolosamente una dieta. Le gemelle 'mute' leggevano a turno le notizie, rispondevano alla posta del cuore e agli annunci e facevano le radiocronache con una parlantina che avrebbe fatto invidia a più di un disc-jockey di bella esperienza.

Quando non erano nella casa delle bambole sotto i letti a castello, o non le stavano portando a 'scuola' nel capanno del giardino, June e Jennifer erano immerse nei preparativi delle feste per i compleanni e altre ricorrenze, che, come accade agli invalidi costretti in casa, assumevano per loro un significato speciale. Dedicarono settimane a prepararsi per Halloween. Ordinarono per posta una mezza dozzina di maschere raccapriccianti, due lunghe parrucche nere e una torcia elettrica, passarono giornate intere a inventare storie sinistre e a inciderle sul registratore, e scrissero con grande diligenza indovinelli e messaggi orripilanti.

Un giorno che in casa non c'era nessuno, uscirono quatte quatte e andarono a mettere gli indovinelli e i bigliettini nelle cassette delle lettere, specialmente in quelle dei vicini alloggi dei dipendenti sposati della marina USA. Speravano che un colpo di fortuna facesse loro scoprire dove abitava Lance Kennedy. Ma gli altri progetti per Halloween cominciarono ad andar storti. Arrivarono la torcia e le parrucche, che però erano corte e castane. « Mica male, comunque » scrisse Jennifer, sempre ottimista. Poi a Rosie venne un attacco di asma. Le gemelle, che avevano progettato di vestirsi con lenzuoli bianchi, maschere e parrucche per fare il tradizionale giro del vicinato a chiedere dolci, e di usare Rosie come portavoce, dovettero cambiare i loro piani in fretta e furia e registrare la filastrocca da ripetere di casa in casa: una avrebbe portato sotto il lenzuolo il fedele registratore che avrebbe parlato per loro. L'espediente funzionò, e alla fine della serata avevano raccolto i biscotti e i pasticcini sufficienti per la festa delle bambole in programma il giorno seguente.

Avevano quindi mandato Rosie a comprare due

dozzine di palloncini e una scatola di candele. Gonfiarono i palloncini, disposero sul pavimento i piattini con le leccornie e accesero le candele in cerchio sul pavimento. Poi, indossate le maschere, suonarono una musica spettrale recitando formule magiche e, accompagnandosi con la loro chitarra a una sola corda, si misero a raccontare storie macabre. Gloria, che stava preparando la cena da basso, si chiedeva il perché di quel buio e di quei mugolii nella stanza di sopra. Si chiedeva anche con una certa perplessità che fine avesse fatto un paio di lenzuola, ma quel genere di misteri faceva ormai parte della sua vita con le gemelle.

June e Jennifer non avevano né la voglia di crescere né un incentivo per farlo. Per continuare a essere piatte si fasciavano stretto il petto che stava sviluppandosi: una delle regole della loro vita di eterne bambine era che nessuna delle due doveva mettersi la gonna. La gonna, come la favella, diventò un simbolo di libertà dal reciproco legame e dalla trappola della loro infanzia. Era essenziale che nessuna delle due potesse uscire per prima da quell'unica crisalide che le racchiudeva entrambe, per diventare donna. In ogni caso, loro non desideravano essere donne: avevano pietà della loro madre così asservita al marito, e sapevano che questi avrebbe di gran lunga preferito che le sue figlie gemelle fossero due maschi. Scriveva June:

« Per tutti gli anni di scuola ho spesso pensato e confessato di essere un maschio. Avevo la strana sensazione che sotto i miei attributi femminili ero un maschio. È come se per prima cosa nella vita fossi stata un maschio. Non c'entrava niente con la masturbazione; tanto per cominciare restavo vestita dalla testa ai piedi, ma bisognava farlo in segreto. Bastava che mi sedessi su una sedia, ma era più comodo sul pavimento, non proprio sdraiata, ma appoggiata sul gomito. A volte avevo un libraccio che mi stimolava la fantasia. Prendevo il catalogo di mamma e andavo alle pagine della moda femminile, per vedere le donne con la biancheria intima. Non so proprio cosa avevo dentro, non era desiderio e neppure amore. Era rabbia e furore e invidia per gli uomini che possono eccitarsi guardando una donna nuda. Dentro di me ero piena di un odio feroce per quelle modelle; quelle donne sciocche, femminili, indifese. Mi sembrava che svilissero il loro stesso sesso e mi odiavo con tutta l'anima perché ero una di loro; e in realtà ero fatta in modo da pensare che avevo in testa la fame di sesso di un ragazzo, però col corpo di una ragazza. Che umiliazioni avrei subito come femmina! E tutto a causa di Eva e di quel frutto proibito. Le donne dovevano essere degradate per tutta la vita...

«Non la si poteva chiamare proprio un'ossessione. Non ci pensavo fino a sera, quando ero a letto. Dopo aver visto un fantastico film di sesso, mi alzavo in trance e andavo a letto, attenta a conservare in testa una certa immagine, una donna o una ragazza o un maniaco assetato di sesso. Andavo a letto e mi inventavo una storia; conservavo quell'immagine; sognavo una scena alla quale non prendevo parte. Era stupendo, sudavo e ansimavo e tutto il resto, proprio come il sesso vero. Così doveva essere, ma io non lo sapevo. In realtà io non smaniavo per il sesso, assolutamente. Non sapevo neanche che cosa fosse. Perciò ero così confusa, così preoccupata. Forse mi devo curare, pensavo. Ma nessuno cerca di guarire da una vita sessuale incandescente, no?».

Le povere gemelle, lasciate in balìa di se stesse dai genitori e dai coetanei, si torturavano con la paura che questi turbamenti adolescenziali fossero peccaminosi e anormali. Espiavano i loro 'delitti' studiando quotidianamente la Bibbia, scrivendo storie moralistiche e giocando con le loro famiglie di pupazzi rigorosamente borghesi.

Ma sotto il 'dorato mondo delle bambole' si celavano processi più sinistri. Non soltanto June e Jennifer vivevano in uno stato di perenne fanciullezza, ma riportavano alla ribalta strani miti ancestrali. Presso le tribù Yoruba dell'Africa Occidentale, dalle quali discendeva con ogni probabilità la famiglia di Aubrey – come del resto molte famiglie delle Indie Occidentali –, c'è l'usanza di scolpire delle statuette, alte una quindicina di centimetri, per simboleggiare una nascita gemellare. Stando a ciò che dice il professor Amram Scheinfeld nel suo libro *Twins and Supertwins*, se uno dei gemelli muore la statuetta è accudita dal gemello che sopravvive, il quale la nutre, la veste e la tratta come se fosse il fratello o la sorella ancora in vita. Se entrambi i gemelli muoiono, alla madre vengono donate per consolazione due bambole gemelle, che sono conservate per generazioni nel sacrario familiare.

Nei loro diari, tanto June quanto Jennifer vedono costantemente la morte della gemella sia come una tragedia sia come una liberazione – l'unica soluzione possibile al loro conflitto. Le bambole – che loro mutilavano e adoravano al medesimo tempo – facevano le veci del « gemello morto ». June e Jennifer riversavano su di loro l'affetto e le tenerezze che non riuscivano mai a manifestarsi reciprocamente. Ma c'era qualcosa di macabro nella loro commedia: tra tutte le cure che prodigavano alle bambole, c'erano anche momenti più tenebrosi, allorché un corpo veniva « scambiato », un arto rotto, una testa staccata. Anche le bambole stavano sempre a bisticciare, a fare a botte e a schierarsi una contro l'altra. Come scriveva June:

« C'era sempre un senso di tensione nell'aria, anche quando giocavamo tutte assieme con le bambole. La bambola di Jennifer era sempre più amata della mia. Io e la mia bambolina, lontane mille miglia. Mi faceva pietà, quella bambola; soffriva esattamente come me, eravamo sempre escluse, sole nei nostri cuori. Rosie e J. mi sfuggivano. Io mi sentivo un mostro. Mi sentivo nuda e criticata. Mi sentivo brutta e vecchia, una sorella grande per quelle due bambine. E come al solito cercavo rifugio in bagno».

«June, June!» chiamava Gloria bussando alla porta del bagno. «Sono due ore che sei lì. Perché non vieni fuori e ti prendi una bella tazza di tè?».

«Per prima cosa mi sono fatta un bel pianto. Poi col temperino blu ho cercato di mirare al cuore, e intanto continuavo a immaginare il loro dispiacere quando avrebbero bussato alla porta del bagno (era chiusa a chiave). Non ricevendo risposta avrebbero guardato in basso e avrebbero visto il sangue filtrare da sotto la porta. Continuavo a vedere l'espressione sgomenta sulla faccia di J., sulla faccia di Rosie, e anche su quella dei miei genitori».

Gloria cominciava a preoccuparsi: «Guarda che sta arrivando Greta, e se il papà scopre che sei ancora lì dentro, ci sarà un pandemonio...».

«A volte penso che sapessero quanto soffrivo dentro di me, ma se fossi morta quella notte sarebbe stato invano. Mi preoccupava il pensiero che forse sarebbero stati contenti di liberarsi di me. Mi preoccupava il pensiero di ritornare come fantasma e di vederle che si divertivano (senza di me). Il loro dolore non sarebbe durato a lungo. Sarei stata presto dimenticata».

Lentamente la chiave girò nella porta del bagno. Ne emerse June con gli occhi fissi sul pavimento, le mani dietro la schiena perché si era tagliuzzata i polsi con il temperino. Nel lavabo c'era una striscia di sangue. Sollevata di non vedere niente di peggio, Gloria passò un braccio attorno alle spalle della sua infelice figliola. Per una volta June la lasciò fare e le permise di asciugarle le lacrime. Ci fu un rumore confuso seguito da sussurri e risatine provenienti dalle scale: Rosie e Jennifer ridevano della loro sorella. Non avevano nessuna comprensione. E perché avrebbero dovuto averne? Cominciavano a stancarsi dei modi autoritari che lei usava per far loro leggere le battute che scriveva, ed erano stufe delle sue storie e delle sue lezioni. June colse la minaccia negli occhi di Jennifer mentre questa torceva le braccia del piccolo parroco, la bambola preferita di June, ma, com'era da prevedersi, quella che riscuoteva meno simpatia da parte di Jennifer e Rosie. «Quella fu la sera in cui detti inizio alla mia vendetta contro J., una vendetta scaltra e silenziosa che non si realizzò mai veramente. Avrei dovuto attaccarla allora, invece mi tenni dentro la rabbia, il risentimento. Fu quella la mia debolezza».

Nell'autunno del 1979, pur seguitando a vivere nel mondo creato dalla loro fantasia, June e Jennifer si diedero all'autodidattica. Dal momento che nessun altro avrebbe fornito loro un'istruzione, ci avrebbero pensato da sole. Per trovare il modo di sviluppare i propri talenti, e specialmente perché si avverasse il loro desiderio di diventare scrittrici, risposero a un annuncio della «Scuola per futuri scrittori», un corso di composizione letteraria per corrispondenza, che offriva la speranza non solo di migliorare il loro stile ma anche di vendere le loro storie. La scuola impiegò alcune settimane a rispondere. «La Scuola per futuri scrittori non ha risposto» scrivono le ragazze nel diario, un giorno dopo l'altro di quel piovigginoso novembre. Alla fine ricevono una risposta, ma la tassa di iscrizione di ottantanove sterline è fonte di preoccupazione. Dopo aver mercanteggiato riescono a ottenere uno sconto del trentatré per cento prendendo un corso in due.

Nell'attesa cominciarono entrambe a inventare altre storie sulle loro bambole. June iniziò a scrivere *Il diario di Lisa Ford*, e trovò anche un soggetto da best-seller nel diario spensierato di un adolescente. Purtroppo non lo finì, e ne rimangono solo alcuni frammenti.

Mentre aspettavano che la loro nuova carriera desse i suoi frutti, le ragazze si estraniarono sempre più dalla vita che si svolgeva al pianterreno di Furzy Park. Gloria doveva consegnare su nella loro stanza strani pacchi voluminosi e le vennero chiesti altri vaglia postali, francobolli, buste imbottite. June e Jennifer si fecero socie di un club del libro e affrontarono i classici della letteratura inglese, da Jane Austen a Emily Brontë. Aubrey e Gloria non sapevano nulla di tutte queste attività: i racconti, le registrazioni, le fatiche per mantenere la pace e l'ordine nelle famiglie delle bambole. Né sospettavano che le loro figlie aspirassero a diventare scrittrici: per loro erano semplicemente scomparse in un altro mondo. Ma, come spiritelli dispettosi, June e Jennifer non facevano mai ciò che gli altri si aspettavano da loro.

Era il 7 dicembre del 1979, anniversario delle nozze di Aubrey e Gloria, e marito e moglie erano ancora a letto nella loro stanzetta che dava sulla strada, perché Aubrey non doveva andare al lavoro fino a mattina inoltrata. Improvvisamente, sentirono bussare alla porta e videro entrare le loro figlie gemelle che reggevano un vassoio. Sopra, c'erano due tazze di tè e un'omelette un po' bruciacchiata. In un angolo un vaso di cristallo con una rosa e accanto un fiorito biglietto di auguri. Senza una parola né un sorriso, le ragazze posarono la loro offerta sulla toilette e uscirono dalla stanza.

Il resto del mese di dicembre June e Jennifer lo passarono a fare preparativi per il Natale. Chine sul catalogo di vendite per corrispondenza, discussero per ore per decidere che cosa regalare ai familiari. I loro regali furono generosi. Ordinarono un miniaspiratore per Greta e il marito, e un trapano elettrico per il fratello. Tutto molto normale, tranne per il fatto che, in vita loro, non avevano mai rivolto la parola a nessuno dei tre.

Anche nell'altro loro mondo erano indaffarate a far preparativi per le feste. Cucivano magliette e pantaloni per i 'bambini' americani, incartavano ed etichettavano regali, perlopiù indumenti. Scrivevano inoltre bellissimi libri in miniatura, pieni di sentimentalismo vittoriano, e li rilegavano con luccicanti cartoncini natalizi. « Piccoli libri per piccoli angeli » era l'improbabile titolo della collana, che recava sempre la dicitura « Stampato negli USA », al prezzo di circa trentacinque centesimi. Questi libriccini erano scritti da svariati autori, tutti pseudonimi delle gemelle. I titoli comprendevano *Sono solo un dolce agnellino* di Ruth Collins e Polly Smith, e *Noi crediamo negli angeli* di Monica Goldberg, che comincia così:

« Una vigilia di Natale di circa dieci anni fa, quando il cielo era nero e le stelle brillavano chiare, quattro piccini tornavano dalla festa di un amico sulla loro macchina e i genitori, seduti davanti, chiacchieravano e ridevano. Guidava il padre, che non sembrava fare molto caso alla strada che aveva davanti...

« L'autista del furgone era un grassone con i baffi e la testa pelata. I quattro bambini sui sedili posteriori morirono sul colpo e i genitori dovettero vivere per sempre con il rimorso e il dolore, specialmente il padre che era convinto che fosse stata la sua sventatezza a uccidere i suoi quattro angeli con i capelli biondi e gli occhi nocciola. I genitori mettono ogni anno delle calze sui letti dei loro quattro bambini morti; il giorno dopo i regali sono ancora là, impacchettati e con i nomi ancora visibili in splendenti lettere d'oro... ».

Il libro è dedicato ai « Genitori dei Defunti ».

Tutti i preparativi – scrivere, impacchettare, cucire – raggiunsero il culmine la vigilia di Natale, quando ci fu la festa delle bambole, che si svolse di sera con tutte le famiglie presenti, splendide nei loro vestiti nuovi. June, Jennifer e Rosie accesero le candele e le disposero per bene, poi si diedero da fare tra la folla distribuendo a tutti tortine fatte da loro, e di conseguenza alquanto bruciacchiate. Poi venne il gran finale. Tutti si riunirono attorno all'albero di Natale in miniatura a cantare i canti natalizi. Fu un'esecuzione stonata ma molto commovente, registrata su nastro. Le gemelle, che durante i dieci anni di scuola non avevano mai aperto bocca, cantarono fino a sgolarsi, con le facce che splendevano alla luce delle candele.

June e Jennifer avevano deciso di dedicare la giornata di Natale alla loro vera famiglia, derogando alla regola di non stare mai nella medesima stanza con un familiare che non fosse la sorellina. Il mattino presto sgattaiolarono da basso e aprirono i regali: calzoni, golfini, pantofole, due angioletti gemelli di sapone, regalo di Greta (chissà se voleva fare dell'ironia?), e due diari di pelle rossa della durata di cinque anni, regalo di Gloria. Ben presto il salottino risplendette delle carte scartate dei pacchetti. Rosie e le gemelle sedevano per terra in mezzo al disordine e, senza smettere un istante di chiacchierare, tastavano ogni pacco per cercare di indovinare che cosa c'era dentro, poi toglievano pian piano uno strato di carta dopo l'altro e alla fine, svelato il segreto, strillavano e ridevano di gioia.

Stavano ancora cercando di sistemare nel modo migliore i regali degli altri familiari attorno all'albero quando arrivò Gloria. « Buon Natale a tutte. Buon Natale, care, Rosie... gemelline ». Rosie si precipitò ad abbracciare la madre. « Tanti auguri, mamma. Ti ringrazio tantissimo. È proprio quello che volevo ». Le gemelle stavano una accanto all'altra con le spalle all'albero di Natale. Erano contente. Un sorriso a falce di luna si allargò contemporaneamente sui loro visi. Porsero a Gloria un pacchetto ciascuno. « Grazie, grazie, gemelline » disse Gloria, facendo attenzione a prendere tutti e due i pacchetti simultaneamente. E intanto si domandava se non fossero arrivate a una svolta, se non sarebbero finalmente diventate parte della famiglia, per vivere una vita più normale. Udì sbattere una porta al piano di sopra. « Presto, bambine, mettete in ordine queste carte! ».

Quando Aubrey entrò nella stanza stavano tutte quante in ginocchio. Si alzarono in piedi stringendo la carta fra le mani « Buon Natale, ragazze » disse Aubrey, e accese la televisione.

L'eterna televisione di Aubrey e l'inesistente conversazione delle gemelle guastarono tutto. Quando arrivò David, l'atmosfera di imbarazzato silenzio gelò anche lui. La famiglia al gran completo sedette a tavola. Tirarono i petardi, si misero i cappellini buffi, mangiarono il tacchino e il pudding, bevvero la birra e fecero tutte le cose che sono di prammatica a Natale. Le ore si trascinarono penosamente, con l'aiuto di *Lassie* e della Hit Parade. Le gemelle, sedute sul divano una di fianco all'altra, rimasero doverosamente con la famiglia secondo il patto che avevano concluso tra di loro.

Per June e Jennifer il Natale era stato un successo. Il mattino seguente i Gibbons dovevano andare a trovare Greta e Phil, e perciò alle gemelle non toccò restare troppo a lungo con la famiglia. Jennifer scrisse nel diario: « Finalmente ce l'abbiamo fatta, dopo due anni, a stare in salotto. Forse continueremo. È già un miracolo che siamo sopravvissute alla giornata di Natale. È andato tutto abbastanza bene ».

Erano state assieme alla famiglia per l'ultima volta: superata quell'ardua prova, se ne andarono alla chetichella dalle altre loro famiglie, che stavano ancora dormendo di sopra dopo la baldoria della notte prima.

IV
LA CITTÀ DI VETRO

> È stato il periodo più turbolento della mia giovinezza. J. e io non la finivamo più di litigare, smarrite, stufe, deluse, arrabbiate. Ah, pensavamo, la giovinezza ci sta passando accanto.
>
> JENNIFER GIBBONS

I diari rossi col lucchetto che le gemelle avevano ricevuto per Natale divennero la loro nuova passione: ogni giorno vi registravano meticolosamente ogni minimo dettaglio della loro esistenza. Confessavano i loro segreti, esprimevano le loro speranze sempre più diffusamente, finché i diari col fermaglio dorato assunsero il ruolo di amici e di confessori. E a mano a mano che si compiva la transizione scemava l'importanza delle bambole. Contemporaneamente, un altro avvenimento spostò il punto focale della loro vita. Il corso per imparare a scrivere che aspettavano da molte settimane arrivò poco prima di Natale. June e Jennifer divennero, insieme, l'allievo n. 8201 e si misero immediatamente al lavoro sugli esercizi e i compiti della prima lezione. Ecco il resoconto sul diario di Jennifer.

«2 gennaio 1980. Al mio risveglio splendeva il sole. Non è successo niente di straordinario tranne che ho iniziato a leggere il Corso. Spero di diventare una scrittrice di successo.

«6 gennaio 1980. Giornata interessante. Fatto il

primo compito del Corso. Una sgobbata. Noi due e Rosie stentiamo a comunicare: lei vuole tornare nella stanza di David. Ha quasi dodici anni e cresce piuttosto alla svelta...

« 7 gennaio 1980. Giornata inutile. Sole e gelo. Oggi mi sono svegliata alla 1.45. Ma che motivo c'è di alzarsi? Rosie torna a scuola. Abbiamo tutte e tre praticamente chiuso con le bambole... ».

Avevano smesso di giocare con le bambole, ma il mondo che vi avevano creato intorno prese una dimensione nuova: le bambole divennero gli eroi e le eroine di una serie di commedie, fumetti, disegni e racconti; divennero personaggi che non si potevano prendere e lasciare a piacimento. Si arricchirono di bisogni e desideri autonomi, costringendo le gemelle a sforzi colossali. Era come se decine di Pinocchi avessero preso vita ed esigessero l'incessante attenzione di chi li aveva creati.

La stanza da letto al primo piano di Furzy Park divenne la fucina di queste fantasie, ricche e piene di vita, così lontane dallo spettacolo di panni stesi e brulle chiazze d'erba fradicie di pioggia che le ragazze vedevano dalla loro finestra arrugginita. Le strade e le gettate di cemento attorno alle case a schiera del quartiere erano diventate un cimitero dal quale June e Jennifer dovevano fuggire. E lo fecero costruendosi un loro mondo immaginario, un po' come avevano fatto le sorelle Brontë, che si erano strette l'una all'altra nella canonica di Haworth per difendersi, all'esterno, dalle lapidi mortuarie del cimitero e, all'interno, dalle eccentricità del loro padre.

Anche gli scritti delle Brontë scaturivano direttamente dalla loro fissazione per i giocattoli. Come scrisse Charlotte Brontë nel suo diario: « Tutte le nostre commedie sono strane. Quella dei "Giovanotti" [giugno 1826] è nata dai soldatini di legno che aveva

Branwell...». Le Brontë pubblicavano una rivista per i soldatini, scritta a caratteri piccolissimi per dissuadere gli adulti dal decifrarla e perché avesse un formato comodo per i soldatini. Questi volumi in miniatura divennero i racconti della Confederazione della Città di Vetro, mitica città dell'Africa custodita dai quattro genii: Branwell, Charlotte, Emily e Anne.

Come le sorelle Brontë, le gemelle erano tagliate fuori dal mondo circostante, e animate dalla brama struggente degli adolescenti e dal desiderio di trascendere lo squallore del loro ambiente. Il loro mondo fantastico non era quello delle battaglie napoleoniche, popolato di duelli e di avventure, né quello della Città di Vetro, dominata dagli imperialisti: era un paese da *Arancia meccanica*, una violenta America di provincia. La città dei loro sogni era Malibu, il luogo dove gli adolescenti sono perpetuamente strafatti di alcool e droga, e i genitori divorziano, si risposano e poi divorziano ancora. Le 'bambole' partecipavano alla guerra tra bande rivali; venivano sequestrate sui pullman Greyhound; diventavano terroriste coinvolte in trame assassine; rapinavano supermercati e ammazzavano i genitori. Erano gli eroi e le eroine adolescenti del ventesimo secolo: immaturi, goffi e spesso divertenti.

June e Jennifer si misero a imparare l'arte di scrivere come vere professioniste. Ce la misero proprio tutta: compilarono centinaia di elenchi di 'paroloni' con il loro significato, di vocaboli in rima, di sinonimi e contrari, di similitudini e metafore. Abbozzarono decine di racconti, e li scrissero e riscrissero per limare i personaggi o migliorare la trama.

La vita di Jennifer era imperniata sul corso di composizione letteraria; studiava le lezioni, scriveva gli esercizi, aspettava con impazienza che l'anonimo insegnante glieli rispedisse coperti dei suoi sottili scarabocchi rossi. June era meno diligente nel fare i compiti, ma entrambe le ragazze scoprirono che esistono personaggi chiave e intrecci, impararono a costruire un contrasto di piani narrativi, a strutturare un primo e un secondo crescendo, a scegliere le motivazioni da dare ai personaggi principali. Impararono da sole la grammatica e la punteggiatura, e passarono ore curve sullo *Shorter Oxford Dictionary* e sul *Roget's Thesaurus*, che avevano ordinato per posta. Analizzavano gli intrecci dei classici sui volumi del club del libro e setacciavano ogni possibile fonte a caccia di frasi ed espressioni idiomatiche.

Proprio mentre si imbarcavano in questi studi intensivi la loro ex insegnante Cathy Arthur andò a trovarle per la prima volta da che avevano lasciato la scuola. Doveva consegnar loro l'attestato di inglese (June aveva avuto un punteggio più alto di quello di Jennifer), unico loro titolo di studio dopo undici anni di scuola. Non esattamente un buon inizio per una carriera letteraria.

Si fecero anche prestare da Greta una vecchia macchina da scrivere e da allora la casa risuonò di un rumore nuovo. Adesso non scendevano mai da basso quando c'era qualcuno. Nessun visitatore infatti le vide mai; nemmeno i parenti stretti. David portò a casa Vivienne, la sua ragazza, che in seguito sposò; lei passava ore, persino giornate, in quella casa, ma mai una volta i suoi occhi scorsero le gemelle. Ancora adesso non le ha mai viste.

Sgattaiolavano da basso a mangiare solo quando la casa era vuota, e si facevano dei panini e riempivano termos di caffè da portarsi su in camera. Mentre giù David e Vivienne facevano progetti per il loro matrimonio e Gloria organizzava le sue riunioni Tupperware, di sopra loro battevano a macchina a tutt'andare come una coppia di fantasmi rumorosi. Il ticchettio dei tasti seguitava ben oltre le ore piccole, e certe notti June e Jennifer lavoravano fino all'alba, per poi dormire, il giorno dopo, fino all'ora di pranzo. Di notte preferivano vegliare a lume di candela: le faceva sentire più romantiche.

Thelma Kra-Zee, l'antieroina di uno dei primi racconti di Jennifer, aveva cominciato a esistere come bambola. Era un'eccentrica allieva tredicenne della St Michael High School, nel New Jersey, per la quale Jennifer aveva inventato un ammiratore di nome Cricket Harvey-White. « Lei è la mia migliore amica, la mia anima gemella, la mia onesta e abile compagna ». Così comincia la storia. « Questo ho pensato fino al giorno in cui la mia cara e onesta amica non si dimostrò inequivocabilmente all'altezza del suo nome.[1] Bisogna sapere che i genitori di Thelma non erano esattamente gentili e amorosi... ». Il signor Kra-Zee, un diplomatico polacco *émigré*, e sua moglie, un'orgogliosa padrona di casa, hanno poco tempo per la loro figlia adolescente. Immodestamente, Cricket sente di poter salvare Thelma:

« Matrimonialmente parlando, penso di essere piuttosto in forma per la mia età. Ho tredici anni, bevo un mare di latte, sono alto un metro e cinquantasei e peso settantadue chili. Gioco a baseball e a basket. Essendo nato sotto il segno della Vergine, tendo a essere un po' critico sul mangiare. Il mio piatto preferito sono le lasagne. Anche Thelma ci va matta. Pure lei ha tredici anni, beve un mare di latte, ha un'immaginazione sfrenata, legge troppi libri e non ha né fratelli né sorelle ».

Le gemelle ambientavano tutte le loro storie negli Stati Uniti e trascorrevano moltissimo tempo a cercare di rendere plausibili i dialoghi e i dettagli. Trovavano qualche appiglio ascoltando i bambini americani del

1. Kra-Zee si pronuncia come *crazy*, « matto » [*N.d.T.*].

quartiere, guardando la televisione e sentendo il corso Linguaphone che si erano fatte mandare. Compilarono anche un glossario di parole ed espressioni idiomatiche angloamericane. Le commedie e le trasmissioni radio per le bambole dell'anno prima le avevano già stimolate a una maggiore precisione. Jennifer si accollò il grosso del corso per imparare a scrivere; leggeva assiduamente le dispense e faceva i compiti ogni settimana. L'insegnante era soddisfatto dei progressi dell'allieva numero 8201 A, ma dopo i primi temi e i primi racconti mise in discussione la sua fissazione per i dialoghi e gli scenari americaneggianti. Jennifer rispose educatamente:

« Caro professore,

« il corso mi piace moltissimo, mi diverto a fare i compiti e va tutto liscio come l'olio. Mi chiede delle mie ambientazioni americane. Be', vicino a me abitano degli americani, ma per la verità questo non ha niente a che vedere col perché mi piace scrivere storie americane. Penso che lo stile suoni quasi naturale, ma sarei capace di scrivere anche storie di ambientazione inglese.

« Se Lei preferisce che i miei racconti abbiano un'aria inglese e se pensa che si venderebbero meglio, La prego di informarmene.

« Grazie e distinti saluti.

Jennifer Gibbons ».

Ma Jennifer non abbandonò mai la sua utopia americana. Entrambe le ragazze possedevano un'ammirevole indipendenza di spirito; nessuna di loro fece mai caso a quanto consigliava la « Dispensa n. 5. Requisiti indispensabili della narrativa di successo »:

« *Argomenti da evitare.* Alle case editrici sono di norma sgraditi: gli ubriaconi, i pazzi, i drogati, le prostitute e gli scrittori. Personaggi chiave storpi o deformi, bambini antipatici, adolescenti che bevono e fumano... Altre idiosincrasie editoriali sono i manicomi, le case di cura, le malattie (veneree, serie, incurabili). Tabù sono anche i funerali. Una sofferenza intensa andrebbe evocata in maniera implicita, non descritta direttamente. Inoltre il divorzio o il suicidio non sono ben visti come soluzioni ai problemi umani... Gli editori non apprezzano neanche i criminali simpatici».

Il 12 gennaio 1980 June cominciò a scrivere il suo primo romanzo, *Pepsi-Cola Addict*, che trasgrediva tutte le regole contenute nella Dispensa n. 5. L'eroe, Preston Wildey-King, un ragazzo americano di quattordici anni, abita con la madre vedova e la sorella in un appartamento di Malibu.

«L'appartamento in cui viveva era sempre o troppo caldo o troppo freddo; la stanza tratteneva il caldo soffocante di tutta la giornata. Preston stava pensando che aveva freddo. Si sentiva la testa nevrotica e stordita; sembrava ghiaccio. Pensò che non gli sarebbe dispiaciuto vivere in Arizona, o anche alle Hawaii; lì vivono di bibite fredde, e se ne fregano di te. Stai nella tua tana e ti bevi sorso dopo sorso trecento lattine di Pepsi-Cola al giorno. Quel pensiero gli fece venir sete. Aveva sete davvero. Buttò giù un altro po' di Pepsi, cambiò posizione e i suoi occhi cominciarono a vagare.

«C'era un abile gioco di colori nella sua camera; mattoni neri accostati a un cassettone giallo zolfo, e al legno dipinto di rosso livido. C'era colore anche sulle facce, un tale guazzabuglio di facce che l'intera stanza esibiva un mondo di clowneschi cantanti pop. Lo stile infiammò i suoi pensieri sotto forma di graffiti rosa che miniavano per dieci volte il nome PEGGY sulla porta bianca pitturata di fresco».

A Preston, innamorato di Peggy, che sembra indifferente a lui, corre dietro Ryan, un amico che poi risulta essere omosessuale. Spaventato dalle avances dell'amico e respinto da Peggy, Preston lascia che sia la sua insegnante, che gli dà delle ripetizioni, a trovare il bandolo delle sue confuse emozioni. Nella scena della seduzione June trattò il dialogo con grande stringatezza e disinvoltura.

«Per un momento si sentì addosso gli occhi di Mrs Rosenberg, poi lei si alzò in silenzio, varcò la soglia e richiuse la porta dietro di sé. Benché la stanza fosse riparata dal sole, Preston cominciò ad avere sonno. Si tolse distrattamente la giacca mentre faceva a mente le addizioni. Tutte le parti della stanza presero sonno.

«Si svegliarono quando tornò Mrs Rosenberg. Preston alzò lo sguardo. Indossava un paio di jeans e una maglietta bianca, quasi trasparente, e i capelli erano sciolti sulle spalle. Gli si sedette di fronte; sembrava che si fosse rinfrescata. Preston trovò estremamente difficile distogliere gli occhi da lei. Si eccitò.

«"Ti piace leggere, Preston?" domandò lei dopo un po'.

«A Preston girava la testa. Si mise la penna in bocca, mordendola forte. "Non è che legga molto".

«"È che... vedo che il tuo inglese sta diventando veramente notevole". Parlando muoveva le mani. "Hai un modo intelligente di disporre le parole, come se ti divertisse scrivere in una maniera speciale".

«Preston sorrise. "Questo non lo so. Faccio solo quello che gli altri si aspettano da me". Gli occhi gli scivolarono sui seni di lei, a forma di cloche. Si sentiva la testa percorsa di lussuria.

«"Che cosa esattamente ti piace fare, Preston?".

«Lui ebbe un lieve tremito. "Vuol dire... riguardo alle materie scolastiche o... o ai miei interessi fuori di scuola?".

« Mrs Rosenberg si passò una ciocca di capelli lisci dietro l'orecchio. "Oh, qualunque cosa ti piaccia fare in modo particolare". Si tolse dal viso aguzzo gli occhiali che rimasero momentaneamente in aria.

« Chiunque può indovinare che cosa interessi a un ragazzo come me, pensò Preston. "Mi piace ascoltare la musica, passeggiare sulla spiaggia, e...".

« "Anche a me piace ascoltare la musica, Preston. Non quella di adesso, però; io preferisco la musica classica".

« Preston fissò il ritratto in cornice di Mr Rosenberg. Pensò che assomigliava a suo padre, la faccia tirata, le spalle ampie.

« "Cos'altro le interessa?".

« Mrs Rosenberg rispose con trasporto: "Mi piace l'arte. Penso che ci voglia una bravura incredibile per disegnare delle forme di vita così belle". Abbassò lo sguardo sulla sua fede nuziale e se la rigirò sul dito. "... Mi piace anche fare... il vino".

« Seguì un breve silenzio imbarazzato. Preston si morse il labbro. "Le piace la matematica?".

« Lei rise con fare provocante. L'aria si sgelò. "Se mi piace la matematica?". La mano le volò sui seni. Preston li osservò cautamente.

« "Per essere sincera, Preston, no, la detesto. Mi fa proprio venire un gran mal di testa". Rise ancora, buttando con impeto i capelli all'indietro.

« Lui la studiò attentamente. "È proprio carina senza occhiali, Mrs Rosenberg" ».

Adesso Preston fa visita alla sua insegnante quasi ogni giorno.

« Mrs Rosenberg aprì la porta. Le brillavano gli occhi mentre gli faceva cenno di entrare. Togliendosi la giacca, Preston notò con interesse il suo vestito color crema, che le lasciava la schiena nuda.

« "È Piña Colada, ti piacerà".

«Preston si sentiva addosso i suoi occhi ardenti. Mentre beveva un sorso della bibita, guardò in su. Il sole cominciava a calare, l'aria restava rovente».

Lei mette su un po' di musica e ballano.

«"Toglitela... togliti questa roba". Gli tirò su la maglietta. Preston provò un senso di fresco, così a petto nudo. Sentì le mani di lei che scendevano lentamente verso la cintura dei suoi Levi's...».

Esaltata dalla sua impresa, a mano a mano che il libro progrediva June si sentiva sempre più sicura: «19 gennaio 1980. Giornata memorabile. Ho lavorato moltissimo alla mia storia. Adesso sta venendo proprio bene». Nelle notti seguenti dormì ben poco, perché rimase alzata, vestita di tutto punto, a scrivere furiosamente.

«24 gennaio. Giornata divertente. Ho lavorato di fino alla mia storia.

«2 febbraio. Giornata costruttiva. Sono riuscita a scrivere un bel pezzo della mia storia. Una parte piuttosto drammatica, direi.

«14 febbraio. San Valentino. Giornata stancante. Ho finalmente terminato la mia storia. Niente male».

L'antieroe di June, vagando per Malibu, confuso dalle proprie esperienze emotive, si unisce a una banda di ragazzi che spaccano le vetrine e fanno razzia in un supermarket. Mentre gli altri forzano i registratori di cassa, Preston rimane incantato davanti a una cassetta di Pepsi-Cola, e quando arriva la polizia è ormai solo e sta ancora bevendone una lattina. Lo portano in prigione, per poco non viene assassinato da uno psicopatico nella lavanderia del carcere e riceve la visita di Mrs Rosenberg, che gli annuncia che andrà a vivere in Europa con il marito. Gli fanno visita anche la madre e Peggy. June tratta le scene della prigione e i rapporti tra detenuti, guardie e visitatori con disinvolta abilità. In questa scena Preston subisce le attenzioni di un secondino omosessuale:

«Un mattino si lavava la faccia e l'acqua del rubinetto era gelida. Mentre tirava il rotolo dell'asciugamano di carta notò che una guardia lo osservava in modo strano. Chiuse il rubinetto e sentì che l'uomo gli si avvicinava da dietro. "Come va, ragazzo?". Parlava con voce sommessa. "Non ti senti un po' solo, per caso?".

«Preston si girò a guardarlo. Aveva i capelli tagliati all'inglese, e baffi biondi ben curati sotto il naso piccolo.

«"Sto benissimo".

«"Lo spero". Sembrava ansioso. "Io sono sempre qua... Se mai ti capitasse di aver bisogno di parlare con qualcuno... mi... vieni tranquillamente, d'accordo?".

«Preston abbassò gli occhi; d'un tratto si sentì in imbarazzo. Fece finta di asciugarsi le mani.

«"M'hanno detto che il tuo amico ci ha lasciato. Ti piaceva?".

«Nella mente di Preston si formò l'immagine di Jefferson. Alzò gli occhi. "Sì, era un tipo a posto".

«Lo sguardo penetrante dell'uomo indugiò su di lui. "Bene. Anche a me piaceva. E io piacevo a lui...".

«Preston si ricordò improvvisamente di essere a petto nudo, e volse rapidamente gli occhi in direzione della maglietta che stava su una sedia lì accanto. L'uomo, cogliendo il suo sguardo, si girò e gliela porse. "Dovresti mangiare quello che ti danno qui dentro". Allungò di colpo una mano. "Ti si vedono quasi le costole. E si sentono anche". Preston notò il suo tono rabbioso; si accorse del silenzio che regnava nei gabinetti. Si ritrasse e si mise la maglietta.

«L'uomo lo guardò e negli occhi gli passò un lampo. "Perché non mangi, eh?". Fece un passo avanti. "Guarda che a me non piacciono i ragazzi tutti pelle e ossa. Non mi piacciono i ragazzi senza carne addosso. A me piacciono...".

Preston andò a sbattere contro il muro, e fu costretto a fermarsi. Fissò con calma le mani tese dell'uomo; erano grandi, e ognuna era coperta di lunghi graffi.

« "Non... aver paura, voglio solo dirti una cosa nell'orecchio". La faccia del secondino era imperlata di sudore.

« "Quale cosa...?". Gli occhi di Preston sfrecciarono verso la porta.

« "Ecco... tu hai paura del buio?".

« "Sei matto? Certo che non ho paura".

« "Dimmi che hai paura. Dimmi che hai bisogno di un po' di coccole prima di dormire".

« Preston scosse la testa, confuso, con il cuore che palpitava; aspirò il forte dopobarba dell'uomo.

« "Ti piacerebbe dormire in camera con me stanotte? Anch'io mi sento solo, sai".

« "Ci vediamo, eh?". Preston fece per andarsene. Sentì la mano dell'uomo premergli il petto.

« "Io voglio vederti adesso, perciò piantala. Tu non te ne vai". Un sorriso passò sulle sue labbra sottili. "Comunque non prima che io abbia finito" ».

Preston viene rilasciato e comincia a cercare Peggy. Alla fine incontra Lisa, la sorella di Peggy, ed è distrutto dalla notizia che la loro famiglia sta per lasciare Malibu.

« L'appartamento era pieno dell'atmosfera solitaria di un cimitero addormentato. Quando Preston aprì il frigorifero per prendere una lattina di Pepsi-Cola il ronzio che emetteva si trasformò in un profondo sospiro. Un momento più tardi le sue mani frugavano nella credenza; non sembravano appartenere a lui. Fece scorrere gli occhi sulle bottiglie, le medicine e il latte in polvere. Si chiedeva perché mai sua madre tenesse tante pillole. Allungò una mano e afferrò una boccetta di barbiturici...

« Il telefono cominciò a squillare. Preston si immobilizzò in mezzo al corridoio, il cuore gli correva all'impazzata, ansiosamente pensò a Peggy; lei era lontana un milione di chilometri. Lo lasciò suonare.

« Gli occhi guizzavano nervosamente, Preston guardava attraverso un telescopio, le pareti gli si chiudevano addosso, le popstar guardavano giù verso di lui, un corpo che giaceva su un letto. Il telefono suonava, suonava, gridava. Sollevando la testa intorpidita, Preston si mise a sedere, le gambe di piombo, camminava sull'aria. Il pavimento era una spugna sintetica, lo trascinava giù. Chissà perché doveva assolutamente arrivare a quel telefono.

« Reggendosi sulle gambe malferme, percorse barcollando il corridoio fino al telefono che suonava; alzò il ricevitore, le mani fradicie di sudore.

« "Pronto?".

« "Preston, sei tu?". La voce di Peggy gli aggredì le orecchie. "Peggy?" articolò a fatica la sua voce.

« "Ascolta, ti devo dire una cosa, Preston... non ce ne andiamo più da Malibu... mi ascolti? Ti amo. Non ci posso andare, a San Francisco".

« Un coltello affilatissimo affondò nel cuore di Preston. Il dolore gli assordò i timpani. Piombò al suolo, trascinando con sé il telefono... Preston dondolava al magico dondolio della libertà, forte, più forte, sempre più forte, entrò roteando in un mondo sconosciuto. Cadeva, galleggiava in un tunnel nero, vuoto... come un razzo intrappolato nello spazio, una lattina di Pepsi-Cola gli venne incontro turbinando... si schiantò. Preston si addormentò.

« Intanto là fuori, ai piedi degli scalini, tre ragazzini giocavano a prendere a calci una lattina vuota di Pepsi-Cola. Un po' di liquido rimasto sgocciolò fuori; smise di scorrere quando arrivò al bordo della strada. Rimase là, invisibile a tutti i passanti, dove asciugò in silenzio sotto i raggi del sole cocente ».

June ultimò il manoscritto, e lo batté diligentemente a macchina. Aveva visto un'inserzione di New Horizon, una casa editrice con sede a Bognor Regis, nel Sussex, che pubblicava libri a spese dell'autore. Diretta da un certo George Kay e da sua moglie, la New Horizon invitava i giovani autori a inviare i loro manoscritti, che si offriva di pubblicare... dietro il versamento di cospicue somme di denaro.

June non sapeva niente di editoria; vide nella New Horizon la via verso la fama e il successo immediati, e inviò il manoscritto. Fu felice quando le risposero accettando di pubblicare il suo primo romanzo. Volevano persino una sua fotografia per la copertina. Ma c'era l'inevitabile tranello.

16 maggio 1984

« Spettabile New Horizon,

« sono felicissima che abbiate accettato il mio libro. Purtroppo però ho dei debiti spaventosi e non posso pagare un centesimo. Mi piacerebbe accettare il contratto che mi offrite, ma devo prima proporvi una transazione. 980 sterline sono molto più di quanto io disponga attualmente. Possono volerci anche uno o due anni prima che sia in grado di versarvi il mio contributo. Perciò ora vi chiederò una cosa che forse farà derogare la New Horizon dalle sue regole o dalle sue consuetudini. Con i diritti d'autore che riceverò per la vendita delle prime mille copie, mi chiedevo se le 980 sterline la ditta non volesse prenderle di lì. Sarebbe molto più rapido per voi e per me, dato che a me non importa niente perdere quei soldi. Non ho davvero intenzione di diventare milionaria da un giorno all'altro. Voglio solo vedere quanto prima il mio libro in libreria... ».

In una stesura precedente della lettera June aggiungeva:

«Se comunque il mio libro non vi risarcirà del contributo richiesto, chiamate pure la polizia e sarò felice di farmi arrestare.

«Distinti saluti,

J. Gibbons».

Alla fine la New Horizon acconsentì a ricevere il denaro in rate mensili di ottanta sterline. June persuase Jennifer a regalarle il suo sussidio di disoccupazione, e l'11 giugno comperarono assieme due vaglia postali da quaranta sterline e li spedirono alla New Horizon assieme al contratto firmato. In seguito cercarono anche di vendere i loro gioielli, ma si sentirono dire che non valevano niente.

La richiesta di una fotografia di June da parte della New Horizon scatenò una nuova mania in casa Gibbons: la fotografia. Gloria e Rosie venivano continuamente spedite a comprare nuove pellicole o a portarle a stampare. June e Jennifer trascorrevano ore a fotografarsi a vicenda nelle pose più svariate: con la parrucca, vestite da maschi o con la divisa scolastica di Rosie. «Incontro con l'autore» intitolò June una sua fotografia che la ritraeva con la penna in mano. Era una foto così scura che quasi non si vedeva altro che il suo abbagliante sorriso a beneficio della stampa. Ogni rullino si rivelava deludente quanto quello che lo aveva preceduto. June era ben decisa ad avere l'aria della giovane romanziera di successo, e cominciò a preoccuparsi del proprio aspetto: risucchiava in dentro le guance per far risaltare gli zigomi e assomigliare a Audrey Hepburn, cominciò una dieta per affinare i lineamenti, comperò un ferro per stirare i capelli, delle «Pillole della gioventù» e una crema «schiarente» per la pelle che veniva pubblicizzata con la raccomandazione di un « medico di Harley Street ». Tutto inutile: le fotografie seguitavano a essere insoddisfacenti, e alla fine *Pepsi-Cola Addict* apparve con un'immagine della sua autrice niente affatto perfetta.

Il fatto che June fosse riuscita a pubblicare il suo primo romanzo spronò Jennifer, che continuava a fare diligentemente i compiti, a iniziare a sua volta un romanzo. Già scriveva uno o due racconti alla settimana, oltre ad articoli e lettere, teneva un diario e leggeva molto. Definiva *Orgoglio e pregiudizio* di Jane Austen « un libro squisito, con un dialogo dei più interessanti ». D.H. Lawrence divenne uno dei suoi autori preferiti. Cominciò a adattare uno dei propri racconti a romanzo breve.

Si trattava di una storia straordinaria, carica di agghiaccianti riferimenti al vudù e al soprannaturale. John Delroy Pallenberg è un chirurgo la cui moglie Michelle ha già perso due bambini, morti per una malformazione cardiaca congenita. Ora, all'ultimo nato, Lance Shane, viene diagnosticata la medesima malattia, e gli danno solo qualche settimana di vita. Per salvare il suo bambino Pallenberg decide di prendere drastici provvedimenti:

« "Michelle," disse placido, con gli occhi dominati da un lieve bagliore "noi vogliamo tutti e due che il bimbo viva, non è vero?".

« Michelle annuì. "Sì, certo, John".

« "E allora ci aiuterà Bobby, perché senza questa possibilità nostro figlio morirà". Michelle, per un po', tenne lo sguardo abbassato su Bobby (il loro cane), che stava accucciato accanto al divano con i grandi occhi castani stranamente preoccupati come se, in qualche modo singolare e scaltro, avesse percepito qualcosa. "E come pensi che Bobby aiuterà nostro figlio a vivere?" chiese.

«Il dottor Pallenberg la fissò con occhi strani, remoti. Nella stanza calò la presenza di un greve silenzio, unita ai foschi sussurri di un segreto crescente. Lui sorrise lievemente e prese la mano di lei fra le sue».

Il dottor Pallenberg persuade pian piano Michelle ad accettare il suo piano. Improvvisano in cucina una sala operatoria e, con Michelle che gli fa da assistente, John Pallenberg estirpa dal corpo di Bobby il cuore e lo trapianta al piccolo Lance. Intorno a tutta l'operazione c'è un alone di magia nera, anche se Jennifer non lo dice mai esplicitamente.

«I genitori mantengono gelosamente il segreto. Lance diventa un bambino straordinario, precocissimo, ma ci sono alcuni sintomi inquietanti: a sette mesi sconvolge sua madre dicendo distintamente: «Bobby... voglio Bobby». A nove mesi gli capita di fare uno strillo che assomiglia a un latrato e rifiuta la pappa per poi mangiare della carne.

Lance giunge all'adolescenza e decide di far carriera come pugile. Poco per volta riesce a diventare campione del mondo, ma il cuore comincia a cedere. I medici gli dicono che deve abbandonare la boxe, ma lui insiste, e facendosi chiamare «Il pugile» si batte per il titolo mondiale, che vince brillantemente. Jennifer era soddisfatta dei suoi progressi: «2 giugno 1980. Stanotte ho sognato il piccolo Lee. Parlava. Arrivata lettera da Harley Street sulle Pillole della gioventù; ci mandano la crema, invece. La storia del Pugile sta venendo una meraviglia. Lance ha già vinto l'incontro. Sono a p. 63. Pulito la stanza».

Ma dopo aver vinto il titolo di campione Lance ha un grave attacco di cuore e viene portato di corsa all'ospedale, dove si svela il segreto del suo cuore di cane. Lance maledice il padre, sposa sul letto d'ospedale la fidanzata, che è incinta, e muore. Il dottor Pallenberg, che non era stato invitato al matrimonio, si precipita all'ospedale.

«Il dottor Pallenberg percorse affannato il corridoio. Arrivò al reparto di rianimazione proprio mentre la porta lentamente si apriva. Ne uscì il dottor Holland, scuotendo debolmente il capo mesto, come un cucciolo, e con un'espressione di profondo rammarico e di perdono. "Dottor Pallenberg... suo figlio è morto".

«Accadde tutto così in fretta che il dottor Pallenberg non ebbe il tempo di accorgersi di aver avuto un tuffo al cuore. Gli furono addosso in un attimo. La folla lo stringeva da tutte le parti, i flash scattavano. "Mi scusi, dottor Pallenberg, può guardare da questa parte, per favore?". Un flash negli occhi. Clic, clic. "Grazie".

« "Cosa prova come chirurgo ad aver commesso un delitto del genere? Cosa prova per la morte di suo figlio?".

« "Cosa l'ha spinto a farlo?". Gli fu posto davanti bruscamente un microfono della ABC. "Subirà un processo?".

« "Dicono che lei è un assassino, dottor Pallenberg. Aveva l'intenzione di ucciderlo quando gli ha messo quel cuore di cane?".

« "È vero che ne ha fatte diverse di queste operazioni? È vero che per farle rubava cani dalla Russia?". Il dottor Pallenberg arrossì e allontanò bruscamente il microfono. Continuò a camminare facendosi largo a spintoni.

«Mentre camminava per la strada gli si fermò a fianco una limousine nera. Ne saltò fuori un giovane: "Mi fa un autografo, dottor Pallenberg?". Il giovane estrasse qualcosa dalla tasca. Il dottor Pallenberg emise un rantolo soffocato mentre avvertiva il dolore acuto, crudele provocato dal coltello che gli penetrava nelle carni. Barcollò mentre il giovane tornava di corsa alla limousine, che ripartì a razzo. Il dottor Pallenberg cadde al suolo. Sentiva il sangue gocciolargli dallo stomaco sulle dita e poi giù sul marciapiedi, mentre udiva il rumore di piedi che correvano... ».

La storia della possessione di Lance ad opera del boxer Bobby e della vendetta del cane contro l'uomo che l'aveva ucciso è costruita brillantemente, anche se a quell'epoca la scrittura di Jennifer era assai incerta e il testo ricco di freschi e divertenti strafalcioni.

Il 7 giugno, dopo molte nottate di duro lavoro, *The Pugilist* era terminato e Jennifer scriveva fiduciosa offrendolo alla casa editrice Fontana. La sera dopo, certa che il mondo letterario non aspettasse che lei, diede inizio a un nuovo libro: « 8 giugno 1980. Oggi ho cominciato il mio nuovo favoloso romanzo, *Discomania*. Ho passato la notte a scrivere i 14 punti della trama. Sarà uno schianto, ne sono sicura ».

Le gemelle davano prova di un'energia stupefacente. Pur scrivendo i loro libri, seguitavano a fare i compiti per la Scuola per scrittori, si iscrissero a decine di premi letterari e furono entrambe finaliste in un concorso di poesia. Tenevano inoltre un diario di cui prima scrivevano una minuta e poi una o due versioni definitive più circostanziate. Erano poi due lettrici accanite e, negli intervalli tra le lunghe ore passate a battere a macchina, a studiare o a scrivere in camera loro, mantenevano i contatti con il mondo esterno tramite le ditte di vendite per corrispondenza. Un attivismo così frenetico voleva dire non rispettare alcun orario, e a soffrirne erano le ore dedicate al sonno.

A due giorni dall'inizio del suo secondo romanzo breve, Jennifer ricevette una lettera da Fontana che respingeva *The Pugilist*. Fu il primo di una lunga serie di rifiuti. « Non l'hanno neanche letto » esclamò Jennifer, offesa. Ma non aveva intenzione di lasciarsi scoraggiare. «Ho già in mente di scrivere a una casa editrice americana» scriveva nel diario alla data del 13 giugno. «Ho passato tutta la notte a battere a macchina il mio nuovo favoloso romanzo *Discomania.* L'inizio è stupendo. Season è morta e il suo amico Dalton è omosessuale. La scena della discoteca è proprio bella».

Discomania continuava e ampliava un tema importante del *Pugilist,* quello dell'incomunicabilità tra le persone che vivono sotto lo stesso tetto: marito e moglie, genitori e figli, giovani e adulti.

La vicenda si svolge fra tre anni, nel futuro, e tratta di una società malata i cui germi sono evidenti già oggi. È la storia, fortemente moralistica, di un gruppo di giovani che vivono in un mondo in cui i genitori hanno perduto ogni autorità, in cui a scuola hanno luogo disordini e delitti, un mondo in cui il ritmo ossessivo della disco-music irretisce i giovani come un novello pifferaio magico e li porta alla perdizione.

«Faceva caldo. Quando mi girai a mettere una moneta nel distributore la pista era affollata. Seth, perduto nella folla, danzava energicamente, come un pavone, e io mi chiesi se si sarebbe mai stancato. Bevvi la mia bibita. La musica e gli sprazzi di luce rossa e blu si riempivano di emozioni al pulsare assordante della batteria. Dietro di me Veronica e Rocky si divertivano come mai nella loro giovane vita. E anch'io mi divertivo, ma non riuscivo a trovare Seth per condividere con lui il mio stato d'animo, così ballai da sola per un po'.

«Vagai con gli occhi verso il punto in cui Season e un ragazzo di colore ballavano fino a stordirsi. Si agitavano frenetici al ritmo della musica e vidi che Season rideva di gioia. Le sorrisi e lei mi guardò con occhi enormi, dilatati, luccicanti, poi mi salutò con la mano prima che il ragazzo la soffocasse di baci e la spingesse fuori dalla mia vista. La musica era assordante, e Seth tornò da me quando io cominciavo a cantare le parole: “*You're the one that I want... oh-oh-oh-oh... You're the one that I want...!*”. Seth mi prese tra le braccia e ballammo come matti per un po'. Poi la musica cambiò e noi restammo a guardare mentre gli altri si scatenavano: ovunque c'erano ragazzi che si saltavano addosso, sbattendo chiunque sul pavimento con smania lasciva. Urlavano con la musica e tiravano fuori i coltelli e pugnalavano i loro migliori amici fino a ucciderli...

«Avevo gli orecchi pieni delle sirene della polizia e dello stridulo, lacerante sibilo delle ambulanze quando con Seth raggiunsi l'uscita. Ciecamente, l'unica cosa a cui riuscivo a pensare erano Veronica, Rocky, Dalton e Season. Dov'erano? Erano sani e salvi come noi? “Seth, aspetta!” urlai. “E gli altri? Li hai visti uscire con noi?”.

«Uscimmo sul marciapiede e lì crollammo mentre da dietro l'angolo arrivava stridendo l'ambulanza. Avevo gli occhi pieni di milioni di stelle rosse, e poi vidi Dalton, Veronica e Rocky che uscivano di corsa.

«“Presto, dov'è Season?” urlò Rocky. “Dobbiamo andarcene di qui, perché c'è in giro la polizia”.

«“Dove diavolo si è cacciata?” gridava Seth. “Pensavo che fosse uscita con noi”. Tornammo verso la discoteca, ma a metà strada ci fermammo di botto perché due piedipiatti ci correvano incontro. Cambiammo direzione e ci sparpagliammo nel trambusto delle ambulanze e delle macchine della polizia.

«Precipitosamente, per qualche ragione mi trovai a correre verso la discoteca mugghiante. Negli occhi non avevo che Season e sapevo solo che dovevo trovarla. Schivai un branco di ragazzini in fuga e mi diressi verso un mucchio di vittime che giacevano fuori dall'ingresso. Season non si vedeva da nessuna parte. Stavo tornando dentro quando vidi che la portavano fuori in barella. Avevo le traveggole? Le corsi accanto chiamandola freneticamente per nome. Aveva i lunghi capelli biondi tragicamente scomposti e intrisi di sangue davanti al viso sofferente e contuso.

« "Season," la chiamai "mi senti?". Sapevo che non era in sé, perché aveva gli occhi chiusi. Ma io volevo ugualmente che li aprisse e che dicesse qualcosa. Uno degli uomini dell'ambulanza le tirò la trapunta sulla faccia. Mi guardò e scosse il capo. "Mi spiace, piccola. È morta" ».

Per tutto il libro è il ritmo della musica rock a impadronirsi della mente dei giovani, a penetrare nella loro anima e a trasformarli in selvaggi. La musica rock, più forte della droga e che più della droga rende schiavi; primitiva come i ritmi della giungla africana e i tamburi e i canti vudù. Ma a Jennifer interessa anche la droga e adotta una rigida linea morale. Rocky, che a suo tempo ha iniziato Olivia e il resto del gruppo alla marijuana, adesso li persuade a provare l'LSD. In preda alle allucinazioni, rubano una macchina e la guidano in autostrada dove hanno uno scontro frontale. I componenti della banda non rimangono feriti gravemente ma finiscono in gattabuia, e lì Olivia riceve la visita della madre. È un colloquio disastroso tra due persone che non comunicano.

« "Ciao, mamma" dissi sedendomi dietro lo sportello di vetro. "Come sta Oscar? Sta bene?".

« Lei girò la testa e mi guardò lentamente. "Come hai potuto, Olivia? Non ti avrei mai creduta capace di tanto. Non so cosa dire. Ma guardati... hai quindici anni e sei già in un posto come questo. Tuo fratello Oscar non è mai stato dentro, perché tu sì?".

« Scrollai le spalle. "È andata così. Non è stata colpa nostra. Volevamo solo spassarcela un po'".

« "D'ora in avanti l'unico spasso che avrai sarà stare a casa di tua zia, carina. Io non ho intenzione di sopportare ancora te e i tuoi amici incoscienti e menefreghisti. Non fanno altro che trascinarti nei guai; prima la discoteca, e adesso questo! Olivia, ti mando a casa di tua zia, punto e basta”.

« Guardai intorno e cercai di dire qualcosa di carino. “Mamma, loro sono i miei migliori amici. E la scuola? Ho gli esami fra poco, a settembre” ».

Quando vengono rilasciati, i ragazzi decidono di tagliare la corda.

« Fu la sera più felice, più indimenticabile della mia vita quando ce ne andammo tutti con calma, un braccio intorno alle spalle, per la viuzza. Quella era la strada che portava alla libertà. La strada che da tanto attendevo. E ora stava accadendo. Ora eravamo insieme e saremmo sempre rimasti insieme. Seth, Veronica, Daltyboy e Rocky. Per sempre. Le stelle facevano splendere su di noi i loro messaggi d'addio. La luna faceva splendere su di noi il suo chiarore beneaugurante. E lo scuro cielo d'ebano riversava su di noi il suo manto di pace, di felicità e di straripante buona volontà. Sorridevo mentre dalla viuzza svoltavamo nella strada. Anche gli altri sorridevano; perché eravamo tutti felici; eravamo tutti liberi ».

Cominciava così una straordinaria avventura in un mondo di anarchia giovanile, adulti inetti, polizia brutale e giovani psicopatici. Rapporti personali e personali tragedie si svolgono su uno sfondo più ampio di rivolta e di violenza per concludersi con la morte dell'eroe.

« Sembrava sul letto di morte. Faccia bianca tirata, occhi chiusi per la debolezza, labbra bluastre socchiuse come per sete d'aria. Seth andò a sedersi accanto al suo letto. Io presi una sedia e feci altrettanto. Veronica e Rocky rimasero in piedi dietro di noi, non so chi avesse l'espressione più addolorata. Daltyboy non aprì gli occhi; Seth gli toccò gentilmente il braccio che giaceva scoperto sopra la trapunta. Poi, debolmente, i suoi occhi si aprirono. Un fievole sussurro dominò la stanza. “Ciao... ragazzi”.

« Seth e io parlammo assieme. “Ciao”.

« “Quando... esco... di qui?”.

« “Presto, amico. Ci siamo noi qui con te”. Seth gli prese la mano e la premette forte. Daltyboy rispose con un breve sorriso.

« “Ehi, Daltyboy”. A Rocky si ruppe la voce. “Ho fatto un sogno strano su di te la notte scorsa”.

« Daltyboy sorrise ancora. “Io... ho... sognato... di te...”. Improvvisamente gli mancò l'aria. Poi ruppe in un accesso di tosse spasmodica. Seth gli tenne più forte la mano. Poi lui smise di tossire. “Sono... sempre... stati... i sogni... che mi hanno reso... felice...” ».

Dalton muore qualche ora dopo con gli amici al suo capezzale.

« Gli passai una mano sulla faccia, piano, cautamente. Daltyboy sembrava così giovane, era così tranquillo, con l'espressione di un bimbo addormentato. Seth si era fatto impassibile. A poco a poco cercava di allentare la stretta della mano di Daltyboy attorno alla sua, di liberarsi dalla disperata morsa inanimata. La porta si aprì. Entrò un'infermiera, seguita in silenzio da un dottore. Non dissero niente. Stavano zitti come noi. Seth adagiò nuovamente la mano di Daltyboy sul suo stomaco, sopra la trapunta. Come prima. “Resta bello chi muore giovane” sussurrò ».

Dopo aver finito di scrivere *Discomania*, Jennifer si accinse allo scoraggiante compito di ricopiarlo a macchina. Ci aggiunse personalmente alcuni soffietti editoriali: « Un best-seller mondiale, il libro che tutti devono leggere » (« Australian Press »); « Il libro che entusiasmerà ogni adolescente » (« New York Times »), nonché « Un libro scritto da un'adolescente per gli adolescenti », poi lo impacchettò e lo spedì a Fontana. « 19 agosto 1980. La fortuna deve avermi sicuramente abbandonata. Oggi pomeriggio non mi è tornato indietro il manoscritto di *Discomania*? Fontana non l'ha accettato. E va bene, proverò con un'altra casa editrice».

Il baratro che separa gli adolescenti di *Discomania* dal mondo degli adulti rifletteva la divisione pianterreno/primo piano di Furzy Park 35. Nessuno in famiglia aveva il più lontano sospetto di che cosa stessero combinando le gemelle chiuse in camera loro. Fu solo per caso che Gloria scoprì che la maggior parte del sussidio di disoccupazione se ne andava per pagare la stampa di *Pepsi-Cola Addict*. Una volta, con grande imbarazzo di June e di Jennifer, Aubrey entrò in camera loro e prese in mano una delle pagine che avevano scritto. Lesse paroloni così ricercati che si convinse che le ragazze stessero semplicemente copiando da qualcuno dei loro libri «da intellettuali». Gloria rivolgeva le proprie energie verso la figlia maggiore e la vita familiare ruotava intorno alle visite a Greta e alla spesa settimanale ai grandi magazzini Tesco.

«Cosa sta succedendo?» chiese una delle rare ospiti di casa Gibbons, mentre Greta e Gloria mostravano file di contenitori di plastica col coperchio rosso a una riunione Tupperware e il soffitto del soggiorno vibrava per il ticchettio delle macchine da scrivere, seguito da strani tonfi. Gloria fece finta di niente. «Vado su io» si offrì Greta. Imbarazzata, Gloria scosse la testa, ma nel momento in cui si girava a mostrare un altro recipiente a una donna del quartiere della marina USA ci fu un grido, acuto e selvaggio, seguito da uno schianto che fece tremare le tazzine delle quattro o cinque donne che stavano prendendo il caffè e chiacchieravano. Tutte si mostrarono allarmate. Gloria restò impassibile.

«Sono solo le gemelle» disse in tono rassicurante,

e con una sfumatura di orgoglio nella voce aggiunse: « Sapete, stanno scrivendo un libro ».

In mezzo a tutta quella frenesia letteraria, persino Rosie fu messa al bando. Le sue tiranniche sorelle l'accusavano di non portare a buon fine le commissioni che le affidavano. Tennero un finto processo, dopo di che la condannarono a girare al largo per un minimo di tre giorni e la bandirono dalla loro stanza a tempo indeterminato. Rosie scoppiò in lacrime, ma June e Jennifer furono irremovibili. Da quel momento Rosie decise che fare gratuitamente la fattorina e l'intermediaria era un compito ingrato, e cercò rifugio nella compagnia di ragazzine della sua età.

Ma anche in June e Jennifer stava sopravvenendo un cambiamento. In parte era una reazione alle numerosissime, sconfortanti lettere delle case editrici, che rifiutavano qualunque cosa esse scrivessero e distruggevano ogni loro speranza, ma in parte era dovuto al fatto che stavano crescendo. Come una coppia di mezza età abbandonata dai figli, sia June sia Jennifer cominciavano a trovare la presenza dell'altra sempre più deludente. Mentre nei primi anni avevano tirato avanti insieme senza pensarci, adesso ognuna di loro voleva scoprire un'altra parte di sé, che non apparteneva alla gemella. Ma il loro desiderio era continuamente frustrato: c'era troppo poco spazio nella soffocante cameretta di Furzy Park per permettere a due giovani donne di trasformarsi da timide scolarette in stelle di prima grandezza. Tutte le volte che una di loro cercava di allungare una mano, di sentire il proprio viso e il proprio corpo, di scoprire la propria identità, trovava l'ombra della gemella.

Avevano diciassette anni e mezzo e non si fasciavano più il petto per sembrare piatte. Gli ormoni stavano finalmente avendo la meglio. Compravano libri sulla salute e la bellezza, facevano ginnastica per migliorare la figura e cominciarono ad aggirarsi per le strade di Haverfordwest con la speranza di essere notate. Erano uno strano spettacolo quando andavano a zonzo con il colletto dell'eskimo tirato su per ripararsi dal vento di mare dell'autunno. Fu più o meno a quell'epoca che investirono la somma di quindici sterline nell'acquisto di un binocolo che si portavano dietro dappertutto. Non conoscendo altra maniera di stabilire un contatto, June e Jennifer usarono la loro nuova arma per dar la caccia ai ragazzi. Ogni tanto si fermavano e una delle due, accertatasi di non essere osservata, tirava fuori da sotto il cappotto il binocolo e lo puntava sulle finestre di certe case del quartiere. I giovani del posto non erano niente di trascendentale, ma c'era un ragazzo quindicenne, Darren, la cui zazzera bionda splendeva nel cerchio sfocato del loro nuovo 'giocattolo'. In uno squallido pomeriggio in cui si erano viste respingere l'ennesimo manoscritto accompagnato dall'ennesima lettera sbrigativa, si armarono di binocolo e seguirono Darren e i suoi amici per la città. E certe sere si nascondevano fuori della sua casa, scrutavano attraverso le finestre illuminate, suonavano il campanello e scappavano via.

« Carissimo Darren,

« ti adoriamo, ti amiamo, vogliamo averti tutto per noi.

Le tue ammiratrici segrete ».

Lettere di questo tenore venivano fatte scivolare sotto la porta di Darren o lasciate nella cabina telefonica, sempre anonime. Ma le loro avances anticonformiste avevano poco effetto. Le gemelle non riuscivano mai, nemmeno per telefono, a dire il loro nome, e rifuggivano sempre da ogni confronto a quattr'occhi.

Anche la loro attività di scrittrici era ugualmente insoddisfacente. Dopo il secondo rifiuto di Fontana, Jennifer cominciò a cercare un altro editore e scrisse a tutti i nominativi che le capitavano. Le risposte furono scoraggianti: alcune case editrici pubblicavano solo manuali o solo libri di storia locale, oppure libri scientifici, e non prendevano in considerazione la narrativa. Ad altre, semplicemente, non interessavano i loro romanzi. Per la prima volta l'ottimismo di Jennifer vacillò: «Giornata deprimente». Cominciava a preoccuparsi. «Penso al mio romanzo. È una faticaccia, ma dovrò impegnarmi di più. Gli manca qualcosa».

Col susseguirsi delle delusioni, June e Jennifer si estraniarono sempre più dalla realtà. Sapevano che avrebbero dovuto metter piede sulla terraferma e vivere nel mondo che avevano rifiutato, ma non c'era nessuno che le andasse a salvare. Lassù, in quella stanza di libri e di bambole, erano completamente sole. Avevano diciassette anni e gridavano aiuto, ma le loro grida restavano mute. Era troppo tardi per rompere il patto. I comuni turbamenti dell'adolescenza si amplificavano e si trasformavano in corruschi simboli notturni. I loro sogni si fecero vividi e minuziosi come frammenti di manoscritti medioevali. Le gemelle ne erano affascinate, ordinavano per posta manuali per interpretarli e li registravano nel loro «libro dei sogni» analizzandone il significato e riassumendoli sotto varie etichette: «sogno meditabondo», «sogno da batticuore», «sogno astruso», «sogno allegro», «sogno da film dell'orrore con pelle d'oca».

«Sto mangiando patatine e guardo la TV. Ci sono tre ragazzi a cavallo. Uno spastico rotea la testa con la lingua penzoloni. Chiede una sigaretta a un uomo, quello brucia tutti i fiammiferi che ha. Un ragazzo cade da cavallo, gli sanguina il polso. Una donna gli succhia il sangue. *Mangiare*: carenza affettiva – l'amore che mi è negato nella vita reale. *Ragazzi*: il mio inconscio li ha notati, e anch'io. *Delitto*: fuga da una situazione difficile. *Fuoco*: bruciarsi i ponti alle spalle. TV: desiderio di evasione. *Fuoco*: desiderio di evasione».

Notte dopo notte emergono gli stessi temi, alcuni quasi profetici: i bambini spastici, le finestre (distacco dalla vita), le bambole (insicurezza e solitudine), il delitto, e, soprattutto, il fuoco (entrambi simboli di evasione da situazioni intollerabili).

Il 19 novembre 1980 era una tersa giornata di vento. June e Jennifer rimasero a letto l'intera mattinata e scesero solo per farsi uno spuntino, bruciacchiando come al solito il pane e lasciando la cucina come un campo di battaglia. Gloria era fuori con Greta. Per qualche ora noiosa le ragazze spiarono le finestre dei vicini da dietro le tendine. Poi videro arrivare il postino per la seconda distribuzione. Il campanello suonò. Restarono pietrificate per un momento, ma finirono per precipitarsi alla porta facendo a chi arrivava prima. Cautamente, in modo da non vedere né essere viste, Jennifer mise fuori pian piano una mano dallo spiraglio, ma poi fu costretta a spalancare la porta per permettere al postino di consegnarle un pacco gigantesco.

«Salve, ragazze» disse l'uomo. «Qui c'è una bella cosa per voi».

Senza neanche tentare di rispondere Jennifer afferrò il pacco e scappò di sopra, dove lo aprì assieme a June, gongolando alla vista di ogni libro che scartavano: *Telecult Power*, *Instant Mind Power*, *Self-Hypnosis*, tutti volumi ordinati per posta. Avevano investito il loro denaro in un'intera raccolta di libri sulla stregoneria e l'occultismo.

La sera successiva cominciarono a fare esperimenti. Spostarono i mucchi di fogli dattiloscritti che riempivano la stanza e June prese la sua bambola-parroco e le gemelle Charlotte e Samantha da dietro certi vecchi stivali che stavano nell'armadio, mentre Jennifer disponeva in cerchio le candele. «Abbiamo provato una piccola magia con le candele per far venire Darren qui da noi» riferisce June. «Cercato di parlare con Marilyn Monroe. Proviamo a metterci in comunicazione con il ragazzo con i capelli biondi».

Le istruzioni per fare gli incantesimi erano facili da capire e anche da eseguire, ma nel Galles occidentale non era facile trovare gli ingredienti necessari. Stando alla ricetta, June e Jennifer avrebbero dovuto trovare una tavoletta di quercia con «sette foglie di pioppo, alle quali vanno aggiunti una dramma di Sangue di Drago (la resina della palma *Calamus draco*) e un calice di vino rosso molto aspro». Nelle intenzioni, le foglie di pioppo denotavano la natura volubile dell'uomo, il sangue il suo fiammeggiante padrone e il vino forte la sua natura rozza.

Le ragazze non avevano idea di dove si potesse trovare il sangue di drago, e non conoscevano la differenza tra le foglie di pioppo e le altre: gli alberi non abbondavano in quella parte del paese. Ma trovarono qualche foglia morta vicino al capanno del giardino, usarono un po' del ricostituente alcolico che compravano per tener deste le loro facoltà mentali e ripiegarono su qualche goccia di sangue che si cavarono dal braccio. Jennifer si inginocchiò davanti alla candela a capo del letto e ripeté le parole: «Spirito dell'uomo che nella notte vaghi, posati sulla tua amante fedele». Poi (sempre leggendo le istruzioni) spezzò in due la candela, e la metà accesa, rotolando sul pavimento, andò ad appiccare il fuoco al copriletto. Prontamente Jennifer spense l'incendio con un po' di ricostituente. Questo elaborato rituale doveva portare da loro Darren, che abitava a tre case di distanza in Cawdor Close.

La cerimonia officiata da June fu più generica. Lei era in realtà curiosa di scoprire se sua sorella fosse una strega. Il libro spiegava:

« Ci sono molti modi per riconoscere una strega, e poiché queste persone tengono nascosta, a prezzo di grandi sforzi, la spaventosa natura del loro potere, una guida per scoprirle potrà spianarvi la via... In qualche parte del corpo la strega avrà una verruca. Appena si grideranno le parole "*Vivat Lucifer*", per un breve momento la verruca diventerà viola ».

June era quasi paralizzata dalla trepidazione mentre sussurrava le parole « *Vivat Lucifer* » via via che esaminava furtivamente ogni macchiolina sulla pelle di Jennifer. Non riuscì a individuare alcun cambiamento. Ma forse quell'esperimento non funzionava sulle streghe negre.

Passarono a esperimenti più avanzati: conficcarono spilli nel cuore delle bambole e tentarono di evocare Darren con l'ausilio dell'acqua e di un pendolino.

Per un po' i rituali segreti occuparono gran parte della loro vita – ma gli spiriti ultraterreni non sostituivano le emozioni che davano i ragazzi in carne e ossa. Per le gemelle il problema era come comunicare con loro. Non potevano sperare di instaurare un rapporto con un ragazzo se non riuscivano a parlargli, ma l'imbarazzo che provavano rendeva la cosa impossibile; e questo le deprimeva, le irritava, le preoccupava. Fu in questo stato d'animo che arrivarono – quasi per caso – a commettere il loro primo reato.

Poco prima di Natale, il 18 dicembre 1980, uscirono per comprare dei regali al locale ufficio postale. « Giornata di colpa e fortuna » scriveva Jennifer nel diario. « Dio ci perdoni. Due orsacchiotti fregati senza volere. Andando da Tordoff avevamo deciso di comprare dei regali ma alla fine ce ne siamo venute via senza pagarli. All'ora di chiusura erano tutti frenetici. È stato un imprevisto ».

Anche la pessima accoglienza che riservarono a Greta e alla sua bambina appena nata fu probabilmente dovuta al loro mancato successo in campo sia sociale sia letterario. Intorno a Natale, David e Vivienne con il piccolo Lee, e Greta e Phil con la piccola Helen-Marie di appena tre settimane andarono a trovare i Gibbons.

« Dove sono le gemelle? » chiese Greta.

« Di sopra » rispose Gloria. « In questi giorni sono molto indaffarate. Vi è piaciuta la lampada che vi hanno regalato? Sono state carine ».

« Molto » intervenne Phil. « Le ho appena salutate in cucina. Sembrava che avessero una gran fretta! ».

« Oh, l'hanno sempre » disse Gloria. « Fa' un salto di sopra a mostrargli la bambina, Greta. Sarebbero così felici di tenerla un po' in braccio! ».

Greta avvolse Helen-Marie nello scialle e andò di sopra. Bussò ma non ottenne risposta. Allora spinse la porta, e questa si aprì. June era seduta a tavolino e stava scrivendo il diario. Jennifer era assorta nelle *Selected Letters* di D.H. Lawrence. Arrabbiate per l'intrusione di Greta, si alzarono tutt'e due assieme formando una barriera tra lei e il loro sancta sanctorum.

« Ho pensato che vi sarebbe piaciuto vedere la bambina. Potete prenderla in braccio, se volete » disse Greta con un certo nervosismo.

Un segnale invisibile passò da una gemella all'altra. Con perfetto sincronismo, guardarono quell'esserino che veniva loro offerto e si girarono dall'altra parte. Greta si strinse al petto Helen-Marie fissando con odio quelle due schiene ostili e giurò che era l'ultima volta che si scomodava per quelle villane delle sue sorelle. Per troppo tempo erano state la disgrazia della sua vita, costringendola a uscire di casa e a sentirsi imbarazzata di tornarci, specialmente in compagnia di Phil o dei suoi genitori. Che marcissero pure in quella loro stanzetta puzzolente, con i loro mucchi di cartacce e gli avanzi sbocconcellati. Per lei non sarebbero più esistite. Con le lacrime agli occhi scese precipitosamente le scale e tornò in soggiorno.

Dopo che Greta se ne fu andata, June e Jennifer furono assalite dai rimorsi. Come al solito, June incolpò Jennifer di allontanarla dalla famiglia. Avevano entrambe tanto desiderato di prendere in braccio la piccola Helen-Marie! In quelle tre settimane June non aveva fatto che sognare bambini, ed era per lei che avevano scelto (anche se non propriamente comprato) i due orsacchiotti. Avevano trascorso tanto tempo a pensare a quella bambina... se soltanto avessero potuto esprimere quello che la natura dettava loro!

Nei mesi dopo Natale cercarono di riprendere a scrivere col ritmo vivace dell'estate prima. Jennifer aveva completato altri due romanzi, June provò a stendere la sinossi di una commedia dall'improbabile titolo di *Postman and Postwoman* [Postino e postina] e la spedì alla BBC, che la rimandò al mittente una settimana dopo con le inevitabili due righe di rifiuto. «Alla BBC dicono di non conoscermi» scriveva June nel diario. Ogni urgenza sembrava sparita dal loro programma letterario. Era molto più importante cercare di conoscere dei ragazzi.

Fare amicizia di persona era impossibile, a causa dell'imbarazzo che le prendeva alla gola e impediva loro di parlare, ma dal momento che entrambe sapevano scrivere, perché non approfittarne? Una volta superato per lettera il primo impatto, avrebbero potuto instaurare un vero rapporto. L'operazione Amici per Corrispondenza, ricerca di amore e amicizia tramite posta, fu condotta come sempre con grande energia ed entusiasmo.

Quello dell'adolescente solitario in cerca dell'anima gemella è un mondo toccante, poco noto ai più estroversi. Le pagine delle riviste specializzate rigurgitano di fotografie e appelli di giovani di ogni tipo e nazionalità, troppo timidi per uscire di casa e farsi degli amici. Le gemelle comprarono tutte le riviste del settore che trovarono, da «Lisa's Letterbox» a «Matchmaker», e trascorsero ore a studiare le fotografie e a leggere le inserzioni prima di decidere a quale ragazzo chiedere ulteriori particolari. Come le cose che compravano e i corsi che seguivano, anche gli uomini era meglio ordinarseli per posta! Potevano innamorarsi di ragazzi di tutto il mondo, specialmente della loro adorata America, senza tema che si scoprisse che erano un'accoppiata così balzana. Arrivarono a reclamizzare sulle riviste le proprie attrattive.

«JENNIFER GIBBONS, 35 Furzy Park, Dale Rd Estate, Haverfordwest, Dyfed, Galles. Studentessa. Età: 17 anni. Altezza: m. 1,60. Ama la musica, la lettura, la poesia e la danza. Desidera conoscere maschi timidi dai 15 ai 21 anni, purché emotivi, sensibili, comprensivi, romantici, fidati, maturi, seri e onesti. Di qualunque nazionalità. Segno zodiacale: Ariete».

Come primo bottino June scelse due quattordicenni: Winston, irlandese, e Stephen, dell'Inghilterra settentrionale. Qualche giorno dopo puntò lo sguardo un po' più lontano, su Mario, di Mauritius, e Abraham, di Malta. Ma le loro lettere, saltuarie e spesso sgrammaticate, non corrispondevano alle sue aspettative.

«19 marzo 1981. Giornata noiosa. Sogno una vita migliore, più attiva. Mi capita una cosa strana: ho la mente morta. So che sto sprecando la mia giovinezza. (La noia mi fa stramangiare)».

Dovevano assolutamente evadere. Dai loro scritti, pur ricchi di intuizione, mancava la realtà. Dovevano fare delle esperienze. June scrisse un racconto intitolato semplicemente *Fuga* e confidò al suo diario: «Sto progettando di fuggire quest'estate».

V
IL SOGNO AMERICANO

> Dio sa quali sarebbero i miei ricordi se quell'estate non mi avesse svelato i segreti dell'amore, della passione e del sesso. Adesso sono tutti qui, nella mia mente, una fila di flash dorati. Qualcuno mi ha dato l'occasione di fare qualcosa della mia vita e io l'ho afferrata come un bimbo afferra una caramella.
>
> JENNIFER GIBBONS

Un taxi nero percorreva lentamente una strada di campagna sugli ondulati promontori costieri del Pembrokeshire. Sulle siepi cominciavano a occhieggiare luminose le prime gemme primaverili, e gli spenti contorni del paesaggio si trasformavano in chiazze di verde più brillante. Il taxi, importato da Londra da una ditta locale, era una nota stridente in quei remoti viottoli gallesi. Procedeva incerto, si fermava al cancello di qualche fattoria, cambiava più volte direzione e imboccava diverse strade.

Quel giorno Len, il taxista, era molto rilassato. Erano i primi d'aprile, mancava una settimana a Pasqua, la primavera era nell'aria e lui era proprio contento di allontanarsi dalle ripide, grigie strade di Haverfordwest. Accese una sigaretta, abbassò il finestrino e guardò nello specchietto le sue due passeggere. Erano uno spettacolo fuori del comune: due ragazze negre, identiche, con un foulard rosso sui capelli neri che spiovevano in disordine sul viso piccolo. Sarebbero parse bambine dirette a una festa mascherata, se non fossero state le dieci del mattino. Fumavano, ma a giudicare da come ridevano e tossicchiavano non dovevano esserci molto abituate. Si sentì battere leggermente sulla spalla e con la coda dell'occhio scorse un'esile mano nera con le unghie lunghe dipinte di un orrendo marrone rossiccio. La mano puntava in direzione di una fattoria bianca in cima a una collina.

«Quello è il French Motel» disse. «Due brave ragazze come voi non ci dovrebbero andare».

Le passeggere non risposero. Ancora un colpetto sulla spalla e sentì le unghie solleticargli il collo. La mano indicò di nuovo il motel. Si vide costretto a obbedire, ma quella corsa cominciava a metterlo a disagio. Gli aveva telefonato una giovane donna che parlava con accento americano; dicendo di chiamarsi Ford, l'aveva pregato di andarla a prendere alle nove all'ingresso del quartiere della marina USA. Non gli aveva detto dove era diretta, ma aveva accennato di voler fare un salto alla base USA per poi proseguire verso Fishguard.

A lui era parso tutto normale; al centralino ricevevano spesso chiamate per portare militari americani e le loro famiglie avanti e indietro dalla base. Ma quando si era fermato all'ingresso del quartiere, aveva visto solo due ragazze che non dimostravano più di dodici o tredici anni. Erano salite furtivamente sul taxi senza dire una parola, avevano alzato il volume del mangianastri stereo che avevano con sé, dopo di che se ne erano sempre state mute, muovendo il capo a tempo con la musica.

«Ehi, vi spiace abbassare un po'?».

Il tassametro segnava quasi nove sterline e lui si domandava se sarebbero state in grado di pagarlo. Le ragazze non fecero caso ai suoi sguardi ansiosi, ma si limitarono ad alzare il volume sorridendo. D'un tratto Len si sentì nuovamente battere sulla spalla, stavolta con maggior insistenza. Si trovavano in mezzo al nulla, ad almeno due chilometri dal motel. Non si scorgeva una casa. Frenò: la mano gli tendeva un biglietto da dieci sterline. Lo prese e aspettò che le due ragazze aprissero entrambe le portiere e che lentissimamente scendessero dal taxi, con gesti perfettamente sincronizzati. Stette a osservare incredulo quella piccola cerimonia, poi, con un'alzata di spalle, ripartì e andò a girare la macchina in un campo qualche centinaio di metri più avanti. Mentre tornava indietro vide che le sue misteriose passeggere erano ancora dove le aveva scaricate e le salutò con la mano, ma quelle non diedero segno di averlo riconosciuto. Per un momento rallentò, pensando di chiedere se volessero tornare indietro con lui, ma poi gli tornò in mente quella mano con le unghie lunghe e il sorriso inespressivo che aveva visto nel retrovisore in risposta alle sue domande. Rabbrividì e accelerò per tornare a Haverfordwest.

Era il giorno del diciottesimo compleanno di June e Jennifer, e le due ragazze avevano deciso di festeggiarlo lasciando perdere i manoscritti e i tentativi sempre più frustrati di raggiungere la fama; invece, volevano cercare la vita, la vita nelle sembianze di Lance Kennedy, il ragazzo che a Eastgate le proteggeva. Con la solita tenacia, avevano scoperto il numero telefonico dei Kennedy tempestando di chiamate la base navale USA di Brawdy, finché si erano imbattute in un centralinista abbastanza credulo da bersi la storia della vecchia amica di famiglia. L'indirizzo di casa però non glielo aveva dato.

Da quel momento, il telefono dei Kennedy non aveva smesso di squillare. Certe volte, dopo qualche frase incomprensibile e delle risatine soffocate, la comunicazione si interrompeva. Altre volte si sentiva la simpatica voce americana di una ragazza di nome Lisa Ford che diceva di aver conosciuto la famiglia Kennedy alle Hawaii. George Kennedy vi era stato destinato, infatti, tra i due periodi di servizio alla base gallese, e dato che 'Lisa' sembrava conoscere non pochi particolari sui quattro fratelli, specialmente su Lance, in famiglia pensavano che fosse un'amica di quest'ultimo. Lance aveva lasciato Eastgate contemporaneamente alle gemelle ed era tornato a Filadelfia per arruolarsi in marina. Il figlio maggiore, Jerry, aveva iniziato un corso presso una scuola locale e di sera faceva il cuoco al Bellevue Pub, uno squallido locale all'ingresso del quartiere dei militari, a un centinaio di metri dalla casa delle gemelle. Wayne, il più bello dei quattro, con fluenti capelli castani e il sorriso da buono, era disoccupato e non aveva alcun interesse a continuare gli studi. Si godeva quindi la sua libertà con le ragazze del posto, persino con quella grassoccia di Blodwyn che abitava nella sua stessa strada; si rilassava con la marijuana che comperava al Continental Café, sulla High Street di Haverfordwest, e corroborava queste sue debolezze attingendo al mobile bar che suo padre lasciava aperto. Era disinvolto, affabile e divertente. Non gli importava un granché della ragazza al telefono che diceva di conoscere così bene lui e i suoi fratelli. «E va bene,» rispose «se ci tieni tanto a mio fratello, perché non fai un salto qua e vedi se ti andiamo bene anche noi?».

Lui e Lance avevano un anno di differenza, ma erano cresciuti assieme ed erano molto uniti, come gemelli. Si raccontavano tutto, a volte si dividevano la stessa ragazza. Ma Lance non aveva mai nominato Lisa Ford e anche l'accento di quella ragazza era un po' strano. Suonava abbastanza americano, ma non era del tutto convincente, sembrava studiato su un manuale. Però lei pareva proprio infatuata di Lance ed era sorprendente quante cose sapesse, persino i nomi degli amici di Lance alla scuola speciale di Eastgate. Una volta aveva insistito per avere il suo indirizzo, con un tono che aveva messo a dura prova la sua solita flemma. « Dalle parti del French Motel » aveva risposto, evasivo. « Perché non fai un salto e non ci beviamo qualcosa insieme? ».

Una volta tanto, all'altro capo del filo c'era stato silenzio. Lisa Ford aveva riattaccato.

Scomparso il taxi giù per la strada, Jennifer segnalò a June di muoversi e in fila indiana risalirono la collina verso il motel. Il French Motel è costituito da due bassi fabbricati bianchi: l'albergo vero e proprio, con le camere di stile americano, e il bar ristorante, divisi da un grande parcheggio. È in una posizione potenzialmente bellissima, ma al tempo del sopralluogo delle gemelle era uno scalcinato punto d'incontro di bande motorizzate locali e di spacciatori. Era ben noto alla polizia, che ci faceva frequenti retate ma non riusciva mai a farlo chiudere.

June e Jennifer arrivarono al parcheggio e guardarono le due o tre moto posteggiate e i mucchi di bottiglie, lattine di birra e rifiuti vari sparpagliati fuori dai bidoni accanto alla porta del bar. Erano emozionate: quella era proprio l'ambientazione giusta per il loro sogno americano. Le camere del motel davano l'impressione di una sordida attesa: in quelle stanze poteva aver luogo ogni genere di pratica erotica illecita, anche un delitto passionale.

Dal motel uscì un uomo vestito di cuoio; notò le ragazze che, frugando nei bidoni, tiravano fuori dei pezzetti di carta e li leggevano. Quel giorno sostituiva il direttore e non gli andava che quelle due dall'aria strana ficcassero il naso lì attorno. Poteva averle appostate la polizia. « Cercate qualcuno? » gridò. June e Jennifer, tutte assorte nella ricerca di qualche indizio che le portasse da Wayne, trasalirono e se la diedero a gambe come gatti randagi.

Nel tardo pomeriggio il cielo primaverile si era guastato; file di nubi temporalesche si allineavano sul promontorio. Era cominciata a cadere qualche goccia di pioggia e il lucido da scarpe marrone che le gemelle si erano strofinate sulla faccia per farla splendere cominciava a colare. Loro erano ancora alla ricerca dei Kennedy; avevano scoperto parecchie case tra le sparse fattorie della zona, ma nessuna si adattava alla descrizione che avevano in mente. Doveva sembrare americana, con almeno una *station wagon* davanti alla porta.

Erano ormai stanche e avevano una gran fame. Pensarono alla loro torta di compleanno, con le due file di candeline schierate una di fronte all'altra come soldati nemici. Ma ormai quelle cose se le erano lasciate alle spalle, assieme ai libri e alle bambole. June guardò il Seiko nuovo di zecca che sua madre le aveva regalato quel mattino stesso (Jennifer ne aveva uno identico). Erano già le cinque del pomeriggio. Si domandò se la madre si stesse preoccupando per la loro assenza, ma Jennifer non le permetteva pensieri del genere. Avevano diciotto anni ed era ormai il tempo delle avventure.

Fishguard è una grigia cittadina battuta dai venti. Le burrasche provenienti dal mare d'Irlanda soffiano in continuazione attorno al suo profilo ingobbito, e anche i suoi abitanti debbono starsene piegati in due per ripararsi dalle fredde raffiche di vento e di pioggia. Al centro c'è una piazzetta dove il vento sembra intrappolarsi in ogni angolo. Quando vi arrivarono, June e Jennifer andarono per prima cosa dal tabaccaio, e col denaro rimasto, meno qualche moneta per telefonare, si comprarono due barrette di cioccolata. Poi entrarono insieme in una cabina telefonica e fecero il numero di Wayne. Nessuna risposta. Allora attraversarono nuovamente Fishguard fino al parco municipale. Dato che erano quasi le sette e cominciava a imbrunire, non c'era in giro nessuno. Scorsero le sagome delle altalene, si sedettero e fecero a gara a chi andava più in alto. Fu una strana festa di compleanno: due ragazze sperdute che celebravano i loro diciott'anni in un parco deserto a quindici chilometri da casa, sedute sull'altalena a mangiare cioccolato sotto la pioggia.

Il resto della serata non fu altrettanto piacevole. Avevano speso tutti i soldi per il taxi e per l'autobus che le aveva portate a Fishguard e non avevano di che tornare a Haverfordwest. Per un po' rimasero sul ciglio della strada cercando di rimediare un passaggio, ma nessuno si fermò. Decisero allora di tornare a casa a piedi. Verso l'alba trovarono una cabina telefonica e provarono nuovamente a fare il numero di Wayne: stavolta qualcuno rispose, ma la moneta rimase incastrata nella fessura. Esauste e infreddolite, crollarono sull'asfalto bagnato e si addormentarono, ciascuna con la testa sulla spalla dell'altra.

Il mattino del giorno seguente, la domenica delle Palme, portò loro più fortuna. Per nulla smontate dalla notte passata sulla strada, quando arrivarono a casa per prima cosa telefonarono a Wayne. Lui rispose e accettò di incontrare la 'misteriosa ragazza americana' al Continental Café, ma non si fece vedere.

La settimana di Pasqua fu molto movimentata per le gemelle: il bisogno che qualcuno le notasse, specialmente un ragazzo, aveva avuto il sopravvento sulla loro abituale circospezione. Vistosamente acconciate con irsute parrucche in stile africano o vestite da ragazzi yankee in camicia a scacchi e berretto, fecero delle puntate alla spiaggia o sul molo di Milford Haven. Per la caccia ai ragazzi, che era ormai il loro nuovo modus vivendi, occorreva l'abbigliamento giusto, e June e Jennifer scoprirono che ai magazzini Woolworth, se erano abbastanza svelte, ogni tanto riuscivano a far scivolare una maglietta nei sacchetti di plastica che portavano sempre con sé. Cominciarono a ronzare attorno ai ragazzi del posto e alle loro motociclette e presero ad andare al circolo ricreativo che c'era nel centro della città, dove scovarono un telefono incustodito. Guardare sull'elenco telefonico e chiamare le persone più disparate, dal portiere del Lyons Hotel ai Buoni Samaritani, divenne il loro passatempo favorito. Telefonarono anche a Cathy Arthur, cercando di interessarla ai loro libri, ma Cathy aveva passato un brutto anno, sei mesi di malattia in gravidanza seguiti da un parto difficile: non era in grado di rispondere ai loro bisogni.

Queste scappate dalla stanzetta di Furzy Park offrirono anche qualche brivido supplementare: fu allora che June e Jennifer cominciarono a notare la polizia e a provar piacere nel credere che un poliziotto avesse notato loro mentre attraversavano la strada o uscivano dal circolo. E a forza di telefonare riuscirono anche nell'impresa di scoprire dove abitavano i Kennedy.

Il giorno dopo Bank Holiday, il 21 aprile 1981, un altro taxista ricevette una chiamata da una certa Miss Ford, che gli chiedeva di portare lei e la sorella a Welsh Hook, un paese a una quindicina di chilometri a nord di Haverfordwest, così piccolo che compare solo nelle carte topografiche militari. Un tortuoso viottolo di campagna scende giù per la collina, e sulla sinistra, proprio prima del ponte della ferrovia, c'è un vialetto privato che porta a una villetta.

Il taxi si fermò all'imbocco del vialetto. Le due ragazze erano vestite meno vistosamente che nel viaggio della settimana prima, ma anche in pantaloni e giacca a vento verde erano del tutto stonate in quel tranquillo angolo gallese abitato da un pugno di rosee ragazze e di campagnoli dalla pelle chiara. Fortunatamente per loro, non c'era nessuno a vederle arrivare. Pagarono la corsa, borbottarono qualcosa al taxista e s'incamminarono baldanzose per il vialetto.

La casa che la famiglia americana aveva preso in affitto si chiamava Cleedau Cottage, ma il nome poteva trarre in inganno, perché in realtà si trattava di una casa a due piani più consona ai sobborghi di una città americana che alla campagna deserta del Pembrokeshire. Era il genere di posto che le gemelle avevano spesso descritto nelle loro storie. June e Jennifer non suonarono il campanello, ma fecero il giro scrutando a turno dentro le finestre. In casa non c'era nessuno. Poiché la porta d'ingresso era aperta, per entrare non dovettero far altro che spingerla.

La casa non era niente di straordinario, ma per loro era il paradiso in terra. Sul camino del soggiorno facevano bella mostra alcune fotografie scattate alle Hawaii, in anticamera erano appesi dei giubbotti americani. C'era un mobile bar spalancato. June e Jennifer scorrazzarono in lungo e in largo, squittendo e ridacchiando come i topi cattivi dei cartoni animati. Andarono in cucina e si fecero dei panini col burro di arachidi, poi si versarono del succo d'arancia. Entrarono e uscirono più volte di casa per salire a turno su una bicicletta abbandonata sul vialetto; scattarono un rullino di fotografie riprendendosi a vicenda davanti alla casa, e infine salirono al piano di sopra a saccheggiare le camere dei loro eroi.

Le stanze da letto erano tre, tutte piuttosto piccole. Al centro del pianerottolo c'era la più grande, e i ragazzi si dividevano le due ai lati. La porta di una di queste era chiusa a chiave e le gemelle cercarono di aprirla a spintoni, poi Jennifer andò nella camera più grande a prendere una sedia, che sbatté ripetutamente contro la porta chiusa facendone saltar via la vernice. Ruppe anche una gamba della sedia, ma non ci badò: ora che erano arrivate al sancta sanctorum, la camera da letto che doveva appartenere a Lance e a Wayne, era ben decisa a rovistarla a fondo. La porta cedette; non era chiusa a chiave, solo bloccata. Una volta dentro si misero a caccia di lettere, foto, libri, qualunque souvenir sul quale potessero mettere le mani. Finalmente Jennifer trovò una foto di Lance e se la mise in tasca. Frugarono tra i suoi vestiti, si provarono le sue giacche e le sue magliette. Ne infilarono una nella solita borsa di plastica e tornarono in soggiorno dove si misero comode a guardare la televisione. Godevano un mondo all'idea di trovarsi in casa d'altri.

Si udì il rumore di un'auto sul vialetto. Versando il succo d'arancia e lasciando una scia di briciole, June e Jennifer sgattaiolarono fuori dalla finestra sul retro. Ma era troppo tardi: George Kennedy e la sua nuova moglie Diane fecero in tempo a vedere la gamba di una di loro che spariva. Quando affrontarono le due negrette identiche che se la filavano per il vialetto non riuscivano a credere ai loro occhi. Le invitarono a entrare.

« E ora mettiamo in chiaro una o due cosette. È forse una di voi due signorine che ci ha telefonato più o meno ogni sera facendoci fare una vita d'inferno? ». Non ci fu risposta. « Da dove venite, voi due? Non vi ho mai viste in giro per la base ».

Le ragazze avevano l'aria spaventata, come se temessero le botte, e i Kennedy ne ebbero pietà. Offrirono loro del caffè e cercarono di farle chiacchierare.

Quella era la seconda volta che George Duane Kennedy veniva destinato alla costa occidentale del Galles: era arrivato fra i primi quando, nel 1974, era stata istituita la base militare di Brawdy. La marina statunitense aveva scelto quella remota località per farne la sua base costiera occidentale di maggior importanza, perché i grandi tratti di litorale deserto, così prossimi alle profonde acque del mare d'Irlanda, ne facevano il posto ideale per avvistare sommergibili russi. George Kennedy aveva il grado di sottufficiale e la sua seconda moglie Diane, sui venticinque anni, minuta, con lineamenti orientali ereditati dalla madre giapponese, era impiegata alla base. Era innamoratissima del suo bel marinaio e il prezzo che aveva dovuto pagare per averlo erano quattro figliastri amanti del divertimento che avevano pochi anni meno di lei.

Jerry, Lance, Wayne e Carl erano tutti nati a un anno di distanza l'uno dall'altro. La loro madre, un'indiana Cherokee, che era con loro durante il primo soggiorno alla base di Brawdy negli Anni Settanta, si era suicidata facendosi saltare le cervella mentre tre dei suoi ragazzi erano in casa. Un atto così violento aveva avuto le sue ripercussioni: i ragazzi erano cresciuti con un'arroganza e un'indifferenza nei confronti della società che li rendeva incuranti dei sentimenti altrui e assolutamente egocentrici. George, da parte sua, concentrava tutta l'attenzione sulla sua nuova moglie e lasciava che i ragazzi se la sbrigassero da soli, senza una vera guida e con poca o nessuna disciplina. Lui e Diane erano abituati ad avere la casa saccheggiata da adolescenti balordi. «Quando si hanno dei ragazzi come i nostri è impossibile dire se sono stati loro oppure degli estranei a versarsi da bere o a fracassare qualcosa» dice Diane Kennedy. Erano anche abituati alla polizia locale, che sempre acciuffava l'uno o l'altro dei ragazzi per qualche infrazione alla legge.

I Kennedy intanto trovavano impossibile far conversazione con le loro silenziose scassinatrici e, esaurita la tolleranza, chiamarono un taxi che le riportasse a casa, non prima di aver detto loro che non c'era motivo che tornassero, perché tutta la famiglia, a eccezione di Jerry, era in procinto di partire per una vacanza di quindici giorni alle Canarie. George e Diane pensavano che non avrebbero mai più rivisto quelle due strane ragazze.

Ma June e Jennifer quando si mettevano in testa qualcosa non mollavano. Il giorno seguente il medesimo taxi le riportò a Welsh Hook. Questa volta la porta d'ingresso era chiusa a chiave, ma loro trovarono una finestrina sul retro attraverso la quale poterono entrare, dopo di che andarono difilato in camera di Wayne e trovarono il suo diario. June scrisse una poesia nel libro di poesie del ragazzo e prese anche in prestito *Il giovane Holden* di Salinger.

Due giorni dopo visitarono nuovamente la casa.

Pioveva forte e per strada si fermarono a comprare pesce fritto e patatine. Fradicie di pioggia, vagarono per la strada che risale la collina dopo la marcita che si stende vicino al fiume Cled in fondo al giardino dei Kennedy. Giunte in cima videro una chiesetta del dodicesimo secolo che sorgeva in mezzo a un piccolo, spoglio cimitero con le antiche tombe di famiglia punteggiate da ciuffi di narcisi selvatici. Entrarono dal cancello del cimitero e aprirono il portone della chiesa. Era minuscola, con dieci file di panche su ciascun lato, un pulpito di pietra, un presbiterio con un breve ordine di stalli per il coro e un semplice altare sotto una finestra con una vetrata dai colori sbiaditi. Faceva un gran freddo. Cercando lungo le pareti, però, non tardarono a trovare un interruttore che accendeva il riscaldamento. Scaldandosi i piedi contro i tubi, sedettero sui cuscini degli inginocchiatoi a mangiare pesce e patatine.

Tornarono sotto la pioggia verso la casa, e questa volta decisero che sarebbero entrate. Presero un mattone, mandarono in frantumi una finestrella della serra, ci si arrampicarono, accesero le luci e si considerarono a casa propria. Si servirono di sherry e caffè, lessero le lettere di Wayne e come investigatori al soldo di qualcuno riunirono prove su prove circa la vita di Wayne e di Lance, il fratello assente. Scoprirono lettere d'amore scritte da molte ragazze, fotografie e diari che non esitarono a leggere. Usarono il telefono per chiamare parecchia gente, compreso Tim Thomas, lo psicologo di Eastgate, che ricorda un messaggio sconclusionato di una delle ragazze.

Un giorno dopo l'altro June e Jennifer si facevano portare in taxi a Welsh Hook e lì ronzavano attorno a casa Kennedy, spiando Jerry che era rimasto solo. Una volta lui le vide e le invitò a entrare, ma loro, memori del vetro rotto, se la diedero a gambe rifugiandosi nella chiesa sulla collina.

Era sempre meno il tempo che trascorrevano a casa loro, e il denaro che ricevevano dalla Previdenza lo spendevano perlopiù per andare e tornare da Welsh Hook. Il resto del tempo lo passavano a ciondolare per la città e a osservare le bande di adolescenti, senza però mai unirsi a loro. Aspettavano, a volte per ore, a un angolo di strada o dalle parti di Merlin Bridge, in fondo a High Street, sperando di vedere i ragazzi Kennedy. Una volta videro Wayne e lo salutarono con la mano, ma lui passò oltre. Temevano sempre che venisse a sapere che erano state loro a entrare in casa sua e a rubare le sue cose. Avevano bisogno di possedere qualcosa che appartenesse a quei ragazzi, foto, libri, qualunque oggetto che desse un'impronta di realtà ai loro sogni. Cominciarono a disperare e nei loro diari annotarono la loro intenzione di suicidarsi. Fu una fortuna che, contrariamente al solito, non fossero riuscite a porre in atto il loro proposito, perché il mattino seguente le loro preghiere vennero esaudite. Il 30 maggio 1981 June scrisse nel diario: « Ehi! Sono ancora viva e vegeta. Finalmente sono venuti a trovarci Wayne e Jerry. Gli ho telefonato e gli ho detto di essere qui per le 7.30. Loro invece si sono fatti vivi alle 10.30! Mi ero appena messa il pigiama quando ho sentito bussare forte alla porta ... ».

Ci volle un po' di tempo prima che June e Jennifer fossero pronte a ricevere i due ragazzi, poi, lentamente, aprirono la porta. Gloria e Aubrey erano andati a trovare Greta a Milford Haven e June rimase goffamente sulla soglia finché Jerry le chiese da bere. Allora lo portò in cucina a prendere un bicchiere d'acqua. L'incontro fu abbastanza innocente. June e Jennifer parlarono poco e tutti e quattro rimasero seduti in soggiorno a guardare un western alla televisione. Ogni particolare della serata rimase impresso indelebilmente nella mente delle gemelle, ogni gesto fatto dai due ragazzi, ogni parola pronunciata fu custodita amorevolmente e annotata sul diario. June sfiorò accidentalmente Wayne. « Deve succedere ancora » scrisse. « Lo amo da morire ». Il rumore di una macchina mise frettolosamente fine alla romantica serata.

Il giorno dopo incontrarono i ragazzi Kennedy nella galleria di negozi nel centro di Haverfordwest, e questi promisero di vender loro un po' di marijuana e proposero di incontrarsi nel pomeriggio a Welsh Hook. L'avventura era incominciata. Il taxi imboccò il vialetto dei Kennedy e ne uscirono due incredibili creature: con le sigarette che pendevano dalle labbra dipinte, stringevano in mano una bottiglia di vodka ciascuna e Jennifer il mangianastri stereo. Indossavano strati su strati di giacche e magliette, e portavano i calzoni infilati dentro gli stivali. « Pareva che avessero addosso tutto il loro guardaroba » ricorda Diane Kennedy.

Si trattennero un po' in casa mentre Wayne si preparava, poi il terzetto scese giù al ponte dove si incontrò con due ragazze del posto, Blodwyn e Sue, che guardarono le intruse con sospetto. Avevano tutt'e due messo gli occhi su Wayne e non gradivano l'attenzione che lui prestava alle nuove venute. La conversazione era forzata e l'*impasse* fu superata solo con l'arrivo di Jerry, che portava una bottiglia di solvente e dei fazzoletti di carta.

«Ehi, dammi qua» disse Wayne, e dopo che lui e suo fratello ebbero spinto senza tanti complimenti le loro due nuove amiche dentro una vecchia Cortina arancione parcheggiata di fronte al ponte, diede alle gemelle la loro prima lezione di sballo, e con successo: aspirando dai fazzoletti di carta, June e Jennifer cominciarono ad avvertire il miracolo della liberazione. Cominciarono a ridere e persino a parlare. Jennifer scrisse:

«2 giugno 1981. Che tu ci creda o no, Wayne mi ha BACIATA. Sì, e anche con un bel po' di passione. (Io mi ero messa il profumo). Dopo che mi ha dato dei baci violenti sulla bocca, io gliene ho dati di caldissimi, e lui mi toccava dappertutto. È stato bello, il momento più fantastico della mia vita. (Penso che in realtà Wayne mi abbia baciata perché voleva un tiro dalla mia sigaretta)».

Il taxi che ogni pomeriggio scaricava le gemelle e ogni sera tornava puntualmente a prenderle alle 10.30 divenne uno spettacolo abituale nel paesino di Welsh Hook. A volte June e Jennifer trovavano buona accoglienza, ma spesso le mandavano a aspettare al ponte o in un granaio di fronte alla casa dei Kennedy che serviva da magazzino. Wayne badava bene a non lasciarsi coinvolgere troppo – «Bianchi e negri che fanno comunella non sono ben visti da quelle parti» – e cominciò a tenersi alla larga dalle sbronze di gruppo. Ma suo fratello minore Carl non aveva pregiudizi – o scrupoli – del genere.

Le gemelle avevano diciotto anni e Carl quattordici, ma già a quell'età aveva una vasta esperienza in fatto di sesso. Era il meno simpatico dei ragazzi, viziato dal padre, trascurato dalla sua nuova matrigna e malvisto dai fratelli. Un « bel mandrinino », dicono di lui. « Va a caccia di sesso dappertutto, con chiunque ». Aveva capelli biondi e dritti, un'espressione da duro e, come le gemelle, viveva in un mondo di fantasia. Vide in loro un'occasione per divertirsi e ne approfittò. Era Jennifer che lo attirava di più, June era troppo sensibile, non le piacevano le maniere forti. Jennifer poteva prenderla a pugni e picchiarla, scaraventarla sul letto e farci l'amore – lei ci stava, e le piaceva pure.

I giorni che seguirono furono un caleidoscopio di emozioni; avanti e indietro da Welsh Hook in taxi, bottiglie di vodka, tubetti di colla e marijuana, che le ragazze compravano dai fratelli Kennedy a quaranta sterline il pacchetto. Erano perpetuamente 'fatte' e, per la prima volta in vita loro, felici. Scoprirono che erano capaci di parlare con i ragazzi, specialmente con Carl, e che a lui interessavano le loro storie di magia e di astrologia. Non aveva importanza che baciasse Jennifer e un momento dopo la prendesse a calci – lui era un vero ragazzo americano del quale entrambe si innamorarono di un amore incostante.

Cominciarono a non pensare ad altro che al sesso. Una sera, dopo una festicciola, su di giri per la solita miscela di stimolanti, dissero al taxista di dirigersi verso Gipsy Lane, un viottolo deserto in mezzo alla campagna incolta. Jennifer saltò sul sedile anteriore e gli mise le mani nei pantaloni, intanto che June, da dietro, gli accarezzava le spalle. « La vita può essere divina » scriveva Jennifer nel diario. Non si sa se il taxista la pensasse allo stesso modo.

Domenica 7 giugno era il giorno del battesimo di Helen-Marie, la bimba di Greta. Le gemelle, che non erano state invitate, chiamarono un taxi per andare a

Welsh Hook, ma la visita cominciò male. Andò ad aprire George Kennedy.

«Ancora voi due!» esclamò. «Sentite, siamo stufi di vedervi girare qua attorno. Non avete una casa? Aria, sparite!».

June e Jennifer avevano lo sguardo perso nel vuoto, come se neanche lo vedessero. Lui chiuse la porta e loro rimasero lì, una da un lato e una dall'altro.

Passarono due ore e non si erano mosse. George, che doveva uscire per andare alla base, provò pietà per quelle due ragazze sole. «Okay, venite dentro, Carl sta cenando. Ma questa è l'ultima volta. Non vi vogliamo qui attorno, capito?».

June e Jennifer trovarono Carl che mangiava un panino al prosciutto in soggiorno e si misero ad aspettare che finisse. Erano affamate, ma non osarono chiedere nulla. Si passavano in silenzio una bottiglia di brandy che si erano portate nella borsa di plastica, e ne bevevano un sorso a turno. Il tempo passava in un silenzio imbarazzato. Poi si udì il rumore del taxi. Improvvisamente Carl balzò in piedi e afferrò la bottiglia di brandy. «Mandate al diavolo quel taxi, che ci divertiamo un po'» disse allegramente. «Vi farò toccare il cielo con un dito».

Pioveva ed era ormai notte fonda quando Carl, seguito dalle due ragazze, attraversò il Cled, superò la marcita e risalì la collina in direzione del cimitero. June e Jennifer inciampavano nella sterpaglia e coi piedi bagnati scivolavano sul marmo delle tombe più recenti. Rovesciarono anche un paio di urne di pietra. Carl spinse il portale di quercia della chiesa ed entrarono tutti e tre. Accanto al minuscolo organo c'era una lucina accesa. Al principio Carl, June e Jennifer ascoltarono in silenzio la radiolina; un pianoforte suonava musica classica. Sedevano sui banchi e bevevano a garganella dalla bottiglia di brandy che si passavano ridacchiando. Carl tirò fuori una cartina, si arrotolò un po' di marijuana, accese la sigaretta e la passò. Poi prese i fiammiferi, si avviò all'altare e accese le candele.

«E adesso voglio che vi uniate a me nel rendere grazie al nostro amato Signore per la benevolenza e la misericordia che riversa su di noi, poveri peccatori. Alleluia». Carl, la voce impastata, guardava dall'alto del pulpito le due ragazze eccitate. «Amate veramente il Signore Gesù Cristo? Promettete di seguirlo fino alla fine dei vostri giorni?». La sua voce si fece più dura. «Allora, fate un passo avanti e spogliatevi».

Come aveva loro promesso, alle gemelle sembrava di toccare il cielo con un dito. In quella chiesa di campagna con le candele che ardevano sull'altare, i vasi di rose cadenti attorno al fonte battesimale e il rumore della pioggia contro le vetrate, mentre alla radio il piano continuava a suonare, si sentirono liberate dall'incantesimo che le aveva bloccate per tanto tempo. Erano discepoli che servivano il maestro, fanciulle che stavano per sperimentare i riti dell'iniziazione.

Solennemente, come le figure di un quadro vivente, tolsero a Carl la giacca, la camicia, i pantaloni. Poi si spogliò Jennifer, seguita da June. Carl le fissava. In piedi davanti a lui, seminude, parevano solo due bimbette, due patetiche bimbette abbandonate. Erano le sue spose bambine, vittime sacrificali pronte a immolarsi letteralmente sull'altare dell'amore che entrambe nutrivano per lui. Carl condusse Jennifer verso il tappeto rosso steso sui gradini del presbiterio.

June stette a guardare mentre Carl lottava per penetrare sua sorella, sulle prime senza riuscirci. Poi, con uno strattone, il ragazzo fece sdraiare anche June, ma fallì anche con lei. Allora si rivolse nuovamente a Jennifer, e questa volta ce la fece. Jennifer giaceva quasi priva di sensi sul pavimento; la testa le girava vorticosamente per effetto del brandy e della marijuana. Si sentiva ammaccata, a pezzi, ma finalmente in pace.

«Caro Diario, è stato uno dei più bei giorni della mia dolce vita. Ho perso la mia bella verginità con Carl Kennedy. Finalmente. Mi ha fatto un gran male, ma è successo. È uscito un sacco di sangue. Lo abbiamo fatto in chiesa. Scusa, Dio. La tua amica Jenny».

Per June, invece, il paradiso da dolce si era fatto amaro. La liberazione di Jennifer era la sua sconfitta: Jennifer aveva riscattato quei dieci minuti che le dividevano, ma invece del castigo aveva ricevuto una grazia. Era stata fatta donna, una donna con la sua individualità, che l'amore di un uomo aveva resa completa. June era stata lasciata indietro, incapace di liberarsi dalla sorella che invidiava e disprezzava al tempo stesso. Più di tutto, June desiderava rimanere incinta, sognava bambini e inventava tutto un avvenire per i figli e i figli dei figli. Le famiglie di bambole nelle quali aveva messo tanta parte della sua immaginazione dovevano ora diventare di carne e ossa. Ma era il sangue di Jennifer che era stato sparso sul pavimento della chiesa, era Jennifer che poteva essere rimasta incinta. La notte seguente la loro bravata June fece un sogno:

«Guardo una fila di bambole; sono bambole vudù di cera. C'è anche una bambola negra. Subito dopo guardo il mio nome inciso su una lapide. Poi mi mostrano un campo di prigionia per ragazzi. Leggo un'insegna che dice: "Alla bettola". È scuro, nel cortile. *Bambole*: insicurezza e solitudine. *Prigione*: seccature, desiderio di evasione. Sensazione di esclusione o limitazione. *Pietre*: ostacoli o paura».

Due giorni dopo la notte nella chiesa, le ragazze erano sdraiate sui letti a castello e la radio, come al solito a tutto volume, attaccò una canzone dei Rolling Stones. June voleva spegnere: quella canzone le ricordava lo smacco di non essere stata lei la gemella prescelta dai ragazzi Kennedy. Mentre allungava la mano verso la manopola, udì Jennifer che con uno scatto improvviso saltava giù dalla sua cuccetta e strappava il filo della radio. Questione di un attimo, e quel filo stava attorcigliandolo attorno al collo di June. Lo sguardo minaccioso negli occhi di Jennifer convinse June che non si trattava di uno dei loro soliti scontri rituali: era in pericolo la sua vita. Si mise a urlare e Jennifer mollò il filo. Si ritrovarono tutt'e due in lacrime.

Jennifer s'attaccò a una bottiglia di brandy semivuota che aveva nascosto sotto il letto, poi uscirono insieme a fare una passeggiata. Arrivarono fino a Gipsy Lane, dove nella prima esuberante scoperta del sesso avevano cercato di sedurre il taxista. Lungo il sentiero che conduceva all'accampamento di zingari i lampioni a vapori di sodio stavano cominciando a diventar rossi. Dappertutto c'erano carcasse di macchine, stracci e vecchie carrozzine. Era un posto deprimente, ma si intonava perfettamente al loro stato d'animo. June scriveva:

« Sta accadendo una cosa magica: per la prima volta vedo Jennifer come lei vede me. La trovo lenta, fredda, strafottente e troppo chiacchierona; ma lei pensa lo stesso di me. Ci intralciamo a vicenda. Lei non ne vuol sapere di gelosia, o invidia, o paura da parte mia: lei vuole che siamo uguali. C'è un lampo omicida nei suoi occhi. Signore Iddio, ho paura di lei. Jennifer non è normale; ha i nervi a pezzi. Qualcuno la sta facendo impazzire. Io ».

Senza più parlare, le due ragazze vagarono per il campo che si stendeva tra Gipsy Lane e il fiume, che in quel punto era poco più di un ruscello e mulinava intorno ai rifiuti scaricati dagli zingari. Dopo due giorni di pioggia scorreva rapido e in piena. June e Jennifer si arrampicarono su per il terrapieno fino al ponte, alto un metro circa al di sopra del fiume. Passava qualche macchina. June corse giù per l'argine e raccolse uno stecco portato a riva dalla corrente: furente di odio e di delusione si avventò contro la sorella mirando all'occhio – l'occhio malefico di Jennifer.

« Se mi ammazzi » si mise a cantilenare Jennifer « ti porterò via il marito e ucciderò tutti i tuoi bambini ». June temeva le maledizioni di sua sorella più ancora della sua forza. Buttò via lo stecco, afferrò Jennifer e la spinse giù dal ponte, nel fiume, poi ci saltò dentro anche lei. Vincendo la resistenza della sorella, per qualche interminabile momento le tenne la testa sott'acqua. Sul ponte passò una macchina e i fasci di luce dei fari incrociarono le acque buie illuminando le due figure avvinghiate. June trasalì, mollò la presa e trascinò a riva la gemella che boccheggiava.

« Ti voglio bene » disse June, senza più fiato.

« Anch'io ti voglio bene » rispose Jennifer, con i polmoni ancora gonfi d'acqua.

« Che Dio ci aiuti, che Dio abbia pietà di noi ». Pregando e gridando le due sorelle, mezzo affogate, caddero una nelle braccia dell'altra. Per la prima volta da che si ricordassero si diedero un bacio.

« Ti prego Signore Gesù, sono preoccupata, impaurita e sola. Dammi la mano. Conducimi in salvo sino al termine della mia adolescenza. Sostienimi, fortificami con il tuo sangue. Ho bisogno che tu aiuti Jennifer. Concedile la pace della mente, così che lei mi veda con cuore più leggero; fa' che si calmi con i ragazzi e si rispetti per quella che è, per come è fatta. Ti prego, fa' che non mi prenda alla leggera, e che non prenda alla leggera i ragazzi che incontra. Né Carl né Wayne né Peter, il ragazzo che le scrive. Ti prego, se aiuti me aiuti anche lei, io mi trovo in un difficile passo; ma col tuo aiuto sopravviverò. Prendimi nel tuo cuore. Inghiotti il mio dolore e la mia vergogna, la mia colpa, il mio complesso di inferiorità. Io non ho nessun altro. Persino la mia gemella è lontana da me. Lei non è in basso come me, ma ti prego falla scendere al mio livello e io le perdonerò tutte le ferite che mi ha inflitto, di mente e di corpo. Ha distrutto la mia fede, il mio coraggio, ma ora a me resta soltanto la forza di perdonare. Non posso mai odiarla, perché altrimenti sarebbe te che odio, Signore. Io invece l'amo con tutto il cuore. E ora, ti prego Dio, perdonaci tutte e due, perdona le tue figliole. Fa' che i prossimi diciotto anni della mia vita siano più felici dei primi diciotto. Guidami, siimi amico».

Il giorno dopo a June colava il naso per il raffreddore e rimase a letto ad ascoltare musica. Jennifer, uscita ancora una volta vittoriosa dallo scontro, celebrava il suo primo giorno di indipendenza.

Peter, uno dei ragazzi con i quali intratteneva una vivace corrispondenza amorosa, voleva conoscerla. Lei era sicura che il colore della sua pelle e il suo aspetto l'avrebbero deluso, per non parlare del suo mutismo. Sulla carta Jennifer poteva sembrare piena dei normali entusiasmi di un'adolescente, ma in un incontro faccia a faccia poteva anche essere un disastro. Tuttavia, forte della sua nuova sicurezza, prese da sola l'autobus per St David, dove Peter si trovava per le vacanze. Quando arrivò aveva ripreso a piovere e non riuscì a trovare subito l'appartamento.

Finalmente lo trovò, erano due squallide stanze in affitto in una viuzza. Scoprì che Peter era molto meno bello che in fotografia, e in più c'era sua madre, ansiosa di vedere la ragazza sulla quale il figlio aveva riposto le sue speranze matrimoniali. L'incontro non ebbe un esordio felice: la madre aveva preparato un tè elegante e aveva confezionato un pacchettino con un braccialetto d'argento da donare alla futura nuora. Anche Peter era pronto a darle il suo regalo, una scatola di legno scolpito, ma alla vista di quella ragazza trasandata che arrivava con due ore di ritardo e non diceva neanche una parola di scusa – anzi, non diceva proprio niente – rimasero entrambi costernati. Sedettero tutti e tre al tavolo, e la madre servì il tè ormai freddo facendo a Jennifer le solite domande sulla famiglia e la scuola. Jennifer borbottava qualcosa e annuiva, gli occhi bassi, la lingua come un pezzo di legno. Madre e figlio la incoraggiarono a un rapido congedo, dandole i loro regali all'atto della partenza. In serata, Jennifer prese l'autobus per tornare a Haverfordwest. June la stava aspettando.

Tutt'e due le ragazze erano ancora prigioniere del ricordo ossessivo della notte passata nella chiesa di Welsh Hook e della speranza che aveva acceso in loro. Per la prima volta, da quando tenevano i loro dettagliati libri dei sogni, questi coincidevano. Jennifer annotava l'11 giugno 1981: «Mi trovo in una capanna, che è di un genere primitivo, e sto dando alla luce un bambino. Una dura lotta». La stessa notte June sognava: «Sto aiutando Jennifer a partorire il suo bambino dalla bocca e dalle spalle. Il bambino, un maschio, è bianco, non fa neppure uno strillo ed è del segno dei Gemelli».

Adesso avevano tutt'e due il raffreddore e anche qualche linea di febbre. Ciò nonostante tornarono a Welsh Hook, ma il naso chiuso unito alla mancanza di droga e beveraggi non facilitò il contatto con i ragazzi. Rimase in silenzio anche Carl, che un po' si vergognava della bravata in chiesa. Stavano tutti e tre seduti in camera sua, annoiati e senza parole.

«Dài, ragazze, facciamoci un'altra scopata» disse, ma senza molto entusiasmo. Le gemelle scossero la testa. «E allora toglietevi dalle scatole! Sparite!». June e Jennifer corsero giù per il vialetto con la prospettiva di farsi a piedi i quindici chilometri che le separavano da casa.

Il giorno seguente spuntarono di nuovo. Carl si arrabbiò. «Cosa ci fate qui, voi due? Non vi avevo detto di levarvi dai piedi?». Anche George e Diane Kennedy non furono per niente incoraggianti. Vietarono loro di entrare in casa. «Personalmente, credo siano tutti matti» scriveva June. «Non posso fidarmi di Wayne né di Carl, sono così imprevedibili. Anche il padre e Diane sono due banderuole; tutta la famiglia è stramba».

Una settimana dopo la vita tornò nuovamente a sorridere. Carl e Wayne, stufi delle ragazze del paese che in casa Kennedy sostituivano le gemelle, incontrarono June e Jennifer in città e le invitarono da loro. Mentre Carl e Wayne pranzavano, le ragazze li aspettarono nel granaio. Era buio. Un uccello intrappolato sbatteva le ali contro le finestre rotte. Il mangianastri stereo che le gemelle si portavano sempre dietro suonava a tutto volume i successi dell'estate 1981. June e Jennifer, tutte e due ubriache di vodka mista a brandy, ballavano eccitate al ritmo degli Stylistics. Accadde tutto molto in fretta. June si tolse camicia e calzoni, Carl la prese al volo e caddero tutti e due sul pavimento. Questa volta fu il sangue di June a spargersi tra la polvere e i trucioli del granaio. «Voglio un figlio da te. Ti amo!» gridava June nel dolore.

Toccava ora a Jennifer stare a guardare: «Qualche minuto di ansietà ed era bell'e finito: J. aveva perso la sua dorata verginità. (Una settimana dopo di me, comunque l'ha persa). È stata una faccenda piuttosto difficile». Per una volta faceva lei la parte di chi rimaneva a bocca asciutta, ma non si preoccupava. Era preparata a dividere l'innamorato per ciò che riguardava il sesso, ma era sicura di poter ancora soggiogare Carl col proprio fascino. June, ubriaca e disorientata, vagava fuori del granaio, mentre Jennifer e Carl sedevano fianco a fianco sul muretto. Per Jennifer era il momento di tornare in vantaggio: era spuntata la luna,

Carl offrì a Jennifer una sigaretta. Lei aspirò e le venne da tossire. Risero entrambi, fumarono, chiacchierarono e contemplarono il cielo notturno. «È stato così romantico» scriveva Jennifer. «Carl e io eravamo in perfetta sintonia. Il fumo della mia sigaretta spirava bramoso nell'oscurità».

«Non avevi mai fumato?» disse Carl. «Fai spavento».

Nelle settimane che seguirono le gemelle attinsero a tutte le riserve di romanticismo cui potevano far appello. Riandarono ai libri che avevano letto, trascrissero parole di canzoni ed esaminarono le loro riviste per adolescenti. Seguirono i consigli di bellezza, si misero a dieta e presero a strofinarsi la faccia col vibratore per far risaltare gli zigomi. Erano pronte a tutto pur di piacere al loro innamorato. Ma Carl cominciava a stancarsi: aveva quattordici anni e una «perfetta sintonia» con loro due era l'ultima cosa che aveva in mente.

Una sera di giugno inoltrato stavano tutti e tre guardando la televisione nel salotto di casa Kennedy. George e Diane erano usciti. Tutt'a un tratto Carl afferrò Jennifer e, a pugni, la cacciò fuori di casa al buio. June sentì le botte e le grida. Terrorizzata, cercò di telefonare ai genitori, ma non riuscì a parlare. Carl tornò dentro e le strappò di mano il telefono. «Ma perché non la piantate di romperci le palle e non ve ne andate al diavolo?».

La zuffa fu sedata dall'arrivo di Wayne. Non salutò nemmeno le gemelle, accese la televisione, e ironia della sorte, tutti e quattro guardarono una trasmissione sulla lotta libera. Poi Carl si alzò a fare un po' di caffè e ne offrì una tazza anche a Wayne. Come al solito le gemelle furono ignorate. Quando arrivò il taxi, Wayne borbottò un «Ciao» senza distogliere gli occhi dal video. Carl non le degnò di un'occhiata.

June e Jennifer, che non avevano mai sperimentato la tenerezza e nemmeno la considerazione nei rapporti umani, non ci trovarono niente di strano, proprio come quando le facevano aspettare o le prendevano a pugni e calci. L'amore doveva essere così. Mentre erano sul taxi che le riportava a casa, June alzò lo sguardo al cielo dove brillava la luna piena. «S'intonava al mio stato d'animo di quella sera. Focoso e combattivo».

Come drogate, il giorno dopo tornarono dai ragazzi. Jennifer si teneva una mano sul viso dove le botte di Carl le avevano lasciato un antiestetico livido. Jennifer scrisse:

«Adesso ho indubbiamente l'animo in pace. Carl, il mio ragazzo, non sa quanto è stato buono con me. Le sue braccia che accarezzavano le mie. Le sue labbra che sfioravano le mie. Sentivo l'intensa eccitazione dei suoi occhi mentre studiavano lentamente il mio corpo. In quel momento mi sentivo una ragazza bellissima. Sapevo che lui era infatuato di me, del mio aspetto e del mio stile misterioso».

«Perché cavolo ti metti quella stramaledetta parrucca? Sei un orrore!» gridò Carl un paio di giorni dopo mentre se ne stavano tutti e tre seduti sul ponte in silenzio. Strappò la parrucca dalla testa di Jennifer e la gettò giù dal ponte, mandandola a cadere sul prato sopra allo sterco di una mucca. Allora corse dov'era caduta, frugò nella tasca del giubbotto, trovò dei fiammiferi. Impietrita, Jennifer rimase a guardarlo mentre accendeva un fiammifero, poi un altro, e li metteva in circolo attorno alle nere ciocche di capelli, facendo la parodia di un rituale magico. La parrucca cominciò a bruciare lentamente. Allora, eccitato dal puzzo di capelli bruciacchiati, Carl lanciò dei fiammiferi contro Jennifer e June.

«Quella parrucca mi faceva carina» annotò Jennifer. «Carl voleva dire che senza ero meglio. Era un complimento». Le fiamme portarono Carl al parossismo. Traversò la strada, si precipitò nel granaio e trascinò fuori una balla di fieno da aggiungere al rogo. Rimasero tutti e tre a guardare. La faccia delle gemelle splendeva al bagliore delle fiamme. Parlarono di furti e di rapine, si raccontarono storie di sesso e di violenza, e si baciarono e chiacchierarono in maniera del tutto naturale. «Serbavo tutta la mia vita, tutte le mie parole per Carl» rammenta Jennifer. Esaltata dalle fiamme, dalla violenza e dal desiderio di Carl di fare la lotta con lei, esultava. «Toccavo il cielo con un dito. Carl e io stavamo insieme. June era molto, molto distante. Tutta sola. Il cielo si fece buio. Fu una strana notte... Ogni cosa era a suo modo innocente. Un'amicizia, quasi una storia romantica. È stata la mia primissima esperienza d'amore».

Gli ultimi giorni della loro estate con i Kennedy trascorsero in un turbine di passione, ricambiata perlopiù con i pugni, talvolta con aggressioni sessuali al limite dello stupro. Ma Jennifer, purtroppo, aveva ormai perso completamente il senso della realtà. Tutti gli anni di solitudine avevano trovato sbocco in una telenovela nordamericana. Anche June era rimasta soggiogata da quel nuovo modo di vivere, benché non potesse fare a meno di domandarsi perché di loro due fosse lei l'esclusa. Si consolava dicendosi che era a causa della sua natura più sensibile, e che Wayne, che era il ragazzo che entrambe realmente amavano, si interessava soprattutto a lei. A volte, mentre Jennifer e Carl si rotolavano ubriachi per terra nel granaio o sul letto di lui, si vedeva un lampo improvviso. I due si voltavano e vedevano June accoccolata davanti a loro con la sua Instamatic. Fortunatamente per i Kennedy, nessuna delle gemelle era molto portata per la fotografia.

La romantica fiaba si avvicinava alla fine. Il 6 luglio

le gemelle si fecero un turbante con qualche cintura di stoffa e scesero in città a riscuotere il sussidio di disoccupazione. Decisero però di non spenderlo, e si avviarono a piedi in direzione di Fishguard con l'intenzione di fare l'autostop. Si fermò un camion. Seduta accanto all'autista nella cabina di guida, June abbassò lo sguardo e notò che portava calze a rete e scarpe da donna. Lui cercò di attaccar discorso mostrando loro le sue giarrettiere, ma nemmeno questo le incoraggiò. Le scaricò a qualche chilometro da Welsh Hook.

Mentre percorrevano il vialetto dei Kennedy, June e Jennifer si videro la strada bloccata da un furgone da trasloco. George Kennedy era stato destinato in Virginia, e sua moglie e i quattro figli partivano con lui. Le gemelle erano decisissime a rendere memorabile quell'addio. Non osando avvicinarsi alla porta d'ingresso, se ne andarono ad aspettare al ponte.

Passarono alcune ore e le raggiunse solo Jerry. Poi uscì di casa Carl. Era di pessimo umore, deciso a menar le mani. Strappò a Jennifer il borsellino. «Mi prendo quei sei bigliettoni che mi devi» disse. Jennifer non ricordava di dovergli qualcosa. Jerry disse al fratello minore di restituire i soldi. Non tardarono a fare a botte. Entrò in scena Wayne e tutti e tre si rotolarono per terra prendendosi per il collo. Poi, ignorando le gemelle, si avviarono verso casa. Per un po' June e Jennifer ronzarono lì attorno, sbirciando dalle finestre e aspettando davanti alla porta. Alla fine comparvero Wayne e Jerry che resero loro la maggior parte dei soldi rubati. Carl, dissero, aveva buttato nel water le quindici sterline che mancavano. Le gemelle chiesero loro se potevano avere la giacca di Carl o uno qualsiasi dei suoi indumenti. Wayne ritornò con una vecchia giacca scolastica. Umilmente June e Jennifer chiesero altri souvenir.

Impietosito, Wayne le invitò a entrare mentre lui e i suoi fratelli mangiavano. Fu un'ultima cena inverosimile. I tre ragazzi mangiavano le loro bistecche con le patatine e le gemelle li stavano a guardare. Vedendo l'attesa dipinta sulle loro facce, Wayne gettò a ognuna una patatina, e loro aprirono la bocca come uccellini mezzi morti di fame: erano circa le dieci e mezzo, l'ora in cui doveva arrivare il taxi, e loro non avevano mangiato nulla per tutta la giornata. Ma la fame contribuì a soffondere di un mistico alone la loro estrema comunione con i ragazzi Kennedy. Le due ragazze erano assorte in uno scambio rituale di ricordi; si imprimevano nella mente ogni sguardo, ogni parola, ogni gesto. June regalò a Wayne il Seiko d'oro che aveva ricevuto il giorno del suo diciottesimo compleanno: «Starà al polso di qualcuno che amo» scrisse. Wayne lo posò in disparte sul davanzale e le offrì in cambio la sua giacca a vento blu.

«Però questa non è gratis» le ricordò. «Dov'è il grano che ti abbiamo restituito?».

June gli porse una banconota da cinque sterline e indossò la preziosa giacca. Pensava di aver fatto un affare fantastico. Jerry scovò una vecchia foto tessera e un paio di calzini scompagnati, e Wayne una fotografia che avevano fatto la prima volta che si erano visti a casa loro, due mesi prima. June e Jennifer regalarono ai ragazzi ciocche dei loro capelli e Carl contraccambiò con una maglietta che June giurò di non lavare mai perché era impregnata del suo sudore. June, che agognava di toccare l'idolo che non era mai riuscita a conquistare, si alzò e andò a baciare teneramente sulle labbra Wayne, che aveva ancora la bocca piena.

«Addio, Wayne» mormorò dentro di sé. «Ma non per sempre. Sì, mio bellissimo Wayne, io avrò il tuo corpo e tu avrai il mio. Ti prego non lasciarmi. Non ancora. Voglio sentire i tuoi capelli sotto le dita, vedere il sorriso sul tuo viso con quelle belle fossette da bambino. Voglio vedere quelle fossette in tuo figlio...».

«Puoi prenderti il mio piatto, dopo, se ci rimane qualcosa» disse lui, masticando a quattro ganasce.

Poi June si rivolse all'imbronciato Carl e baciò anche lui. Scrisse nel diario:

«Il pensiero di lasciarti mi fa scorrere dentro brividi di paura e di tristezza. Anche se siamo nemici, tu sei il ragazzo che ha infranto la mia verginità. Carl Christopher Kennedy, io ti ho succhiato il pene e tu mi hai penetrata. Ti ringrazio per avermi fatto male. La mia felicità arriverà soltanto quando riuscirò a toccarti ancora una volta; molte estati passeranno, molti 6 di luglio arriveranno e se ne andranno, tu sarai sempre nel mio cuore. L'estate dell'81 sarà ricordata per la sua vittoria, per la sua riuscita, che mi ha ripagato di tutti gli altri anni che ho sciupato».

Il taxista suonò impaziente il clacson. Erano più di dieci minuti che aspettava e il tassametro girava. I ragazzi Kennedy erano nervosi, perché sapevano che da un momento all'altro il padre e sua moglie sarebbero rientrati. Le gemelle stavano parlando di suicidarsi tutti assieme. Si stava facendo imbarazzante.

Non sarebbe ora che ve ne andaste?» disse Wayne. «Carl, accompagna le tue amiche alla porta».

Carl alzò lo sguardo. Non ce le hanno le gambe?» disse.

June e Jennifer si avviarono da sole verso la porta. «Arrivederci, ragazzi» gridarono. «Divertitevi al sole della Virginia».

«Be', certo» rispose Wayne. «Ciao».

Salirono in taxi e guardarono per l'ultima volta Cleedau Cottage, col vialetto illuminato dalla finestra della cucina. Superato il granaio, risalirono la collina e passarono accanto alla chiesa, che si intravedeva appena nell'oscurità e che ricordò a tutt'e due il loro amore. Perderlo significava purificarlo. Jennifer scrisse:

«Guardando a questi mesi posso dire che sono stati meravigliosi. Sono la chiave per comprendere la mia vita. Tutto ciò che è accaduto è stato magico. Ha risvegliato qualcosa dentro di me. È come se Dio mi avesse dato un'occasione, un'occasione per provare chi sono veramente. Ho una festa di ricordi ora, ricordi delle buone cose che abbiamo condiviso, ricordi che non moriranno mai. Adesso i miei giorni saranno vuoti, lo sento».

VI
POSTUMI

> Adesso J. e io non siamo che desolazione, non cerchiamo che spazi aperti, deserti. Un inconscio anelante amore e sesso che prima non c'era. I postumi, la convalescenza e poi una nuova fase – J. e io ce ne stavamo nel nostro guscio. Ci occorreva un po' di riposo.
>
> JUNE GIBBONS

La furia del mare investiva gli scogli e la sabbia di Broadhaven Bay, e sulla spiaggia deserta cadeva una pioggerella sottile mentre i clienti dell'albergo iniziavano ad affollare il bar per il drink serale. Alla luce estiva del tramonto, si scorsero due figurine scure seminude che correvano verso le bianche creste delle onde. Sulla sabbia umida c'erano due mucchietti di vestiti e accanto a quelli, mescolate alle alghe, le ciocche sparse di due parrucche, una castana e una nera. «Che meraviglia!» pensava Jennifer. «Voglio che le onde mi si frangano addosso. Voglio che mi picchino, che mi riempiano di lividi. Ho la sensazione di vivere di nuovo con esilarante violenza». Dato che nessuno aveva insegnato loro a nuotare, le gemelle dovevano accontentarsi di sguazzare tra gli spruzzi.

Dopo la partenza dei Kennedy, June e Jennifer avevano preso ad andare alla spiaggia o sulle colline, alla ricerca di spazi vasti e solitari. Il 9 luglio 1981 presero una valigia, ci misero dentro le loro Bibbie, i diari e qualche vestito e partirono per quello che Jennifer definì più tardi il loro «viaggio verso l'ignoto». Ma non andarono molto lontano: trascorsero tutta la giornata in piedi accanto alla rotonda della tangenziale, a qualche centinaio di metri da Furzy Park. Altre volte percorrevano Gipsy Lane fino al ponte sul fiume dove una notte si erano quasi affogate a vicenda. La gente si abituò a vederle girovagare per il quartiere in cerca di ragazzi, non importa quali, purché riempissero il vuoto doloroso lasciato da Jerry, Wayne e Carl. Cominciarono anche a scorrazzare su qualche bicicletta 'presa a prestito' fra quelle lasciate incustodite nel quartiere della base navale. Il 6 luglio (« un giorno che non dimenticherò finché la vita mi terrà stretta ») Jennifer annota come quella sera volessero a tutti i costi prendersi una bicicletta. « Sarebbe stato meglio che quell'idea non mi fosse mai entrata in testa in quella notte ossessivamente tranquilla. Né io né J. potevamo immaginare la temibile prova che avanzava verso di noi come un silenzioso rampicante della Virginia ».

« Ehi, tu, vieni un po' qui ». Una macchina frenò di colpo accanto a Jennifer, e una ragazza americana con i capelli biondi e gli occhiali scuri spalancò la portiera. Jennifer non ci fece caso e seguitò a camminare; June era avanti e pedalava sulla bicicletta bianca nuova. La lasciarono gridare. Poco dopo un furgoncino bianco si affiancò a June e le si fermò davanti facendo stridere gli pneumatici. Ne uscì un ragazzone con gli occhiali che si impadronì della bicicletta e si mise a esaminarla. Poi, dopo aver lanciato un'occhiata al compagno che guidava il furgone, chiese a Jennifer che lottava per impadronirsi del manubrio: « È tua questa bicicletta? Sei proprio sicura? ».

Jennifer si rese conto che non c'era bisogno di rispondere.

« Che ne direste voi due di venire a casa con noi? Non vi consiglio di scappare: sono molto più veloce di voi ». Il ragazzo accennò con lo sguardo al guidatore del furgone. « E anche lui ». Prima di arrivare al vialetto d'ingresso, June e Jennifer scorsero la ragazza bionda che le aveva accostate per prima, sua madre e un ragazzo più piccolo che sembrava suo fratello; tutti si avvicinarono e le interrogarono.

« State tranquille che i poliziotti saranno qui subito » disse la donna più anziana, poi, guardando la faccia di Jennifer che spuntava di sotto al berretto, chiese alla figlia: « È lui il ragazzo? ».

« Un ragazzo, io? » pensò Jennifer. « Non mi sarebbe importato se mi avesse preso per una scimmia o per un coniglio, perché ho una mente complessa, complessa come la galassia di stelle che, lo sapevo, dall'alto mi stavano guardando impietosite. Era June *la ragazza*, anche se ero io a portare la parrucca nera e il giubbotto rosso e blu. Dovevo sembrare, diciamo, uno di quei bei ragazzi indiani ».

La ragazza bionda notò il nome sulla giacca. « Si chiama Lance » annunciò.

Il ragazzo che guidava il furgoncino le spinse dentro casa. « Fiutavo un alto tasso di pregiudizi » osservò Jennifer. Furono condotte in cucina, dove sedettero sotto una debole luce gialla. La madre, una donna tonda con lunghi capelli castani, « uno di quei tipi che se ne stanno a casa a sfornar torte e a far collezione di anticaglie », offrì loro una Coca-Cola. « Pensai che fosse matta. Si può essere tanto ingenui da voler offrire in casa propria una bibita a qualcuno che è sospettato di un reato? » si chiedeva Jennifer, inorridita. « Non avevamo certo l'intenzione di accettare quella bibita ».

La polizia tardava. La ragazza bionda, che ormai si annoiava, se ne andò a letto, seguita dalla madre. Scomparve anche il ragazzo più giovane – era sua la bici rubata –, lasciando le gemelle in balìa del fratello maggiore. « Cosa siete, indiane, pakistane? Adesso vi spezzo un braccio ».

«Non penso che gli piacciano gli stranieri» osservò Jennifer fra sé e sé.

Un'ora dopo arrivò un agente, un giovanotto con i baffi e la pelle liscia. «I vostri nomi» chiese ripetutamente. La madre, che era tornata, gli disse che il ragazzo si chiamava Lance. «Su, Lance,» ripeté il giovane poliziotto «raccontami come è andata. Come altro vi chiamate?». Alla fine June e Jennifer scrissero che si chiamavano Lance e Lana Smith.

Sedute dietro nell'auto della polizia, sentirono che il poliziotto faceva rapporto via radio alla centrale. «Presunto furto di una bicicletta, che è stata recuperata. Non aprono bocca».

«Sono le gemelle Gibbons» disse la voce all'altro capo. «Due femmine. Non c'è nessun ragazzo. Al 35 di Furzy Park. Portatele a casa». L'ispettore in servizio quella notte non aveva nessuna voglia di interrogare quel duetto di mute. «Uffa!» scriveva Jennifer la notte stessa. «È tutto finito. Il Signore non può che perdonarmi delle mie abitudini gregarie. Inciampare nella legge può lasciare una cicatrice sorprendente nell'animo di chiunque. So che la lascerà nel mio, ma questa esperienza costituisce per me un altro passo verso quella saggezza per la quale tutti costantemente lottiamo in questo mondo inquinato dal crimine».

Ma la cicatrice non era poi troppo profonda. Il giorno dopo Jennifer scriveva: «Dopo lo sfortunato incidente di ieri sono senza bicicletta. Questo non mi impedirà del tutto di godermi i piaceri della vita. Ho passato gran parte della giornata a esercitarmi con il mio skateboard nuovo». Ma quei piaceri di Jennifer erano fragili e non condivisi dalla gemella, che si struggeva ancora per i Kennedy. June si interessava solo svogliatamente all'iperattivismo di Jennifer e cercava di consolare mangiando la sua interiorità tradita. «Eccomi all'abbuffata. Segno di depressione incurabile. Com'è possibile che la vita continui? » scriveva.

Fu la prima di una lunga serie: le due ragazze facevano il giro dei negozi e con il sussidio di disoccupazione, che non serviva più per le corse in taxi a Welsh Hook, riempivano borse di plastica con tortini di carne, patatine, cioccolatini, biscotti, dolci e lattine, attente a non comprare troppa roba in nessun negozio per non destare sospetti. Camminavano lente, goffe, June con la giacca scolastica di Carl Kennedy e Jennifer con il giubbotto di Wayne, l'una e l'altro troppo grandi per loro che erano così esili e piegate dal peso di tutta quella grazia di Dio. Sicure che i passanti sapessero che cosa avevano nelle borse, ne evitavano gli sguardi tenendo gli occhi fissi al marciapiede, e sentendosi in colpa cercavano un posto deserto, a volte nell'ippodromo abbandonato vicino a casa, oppure nel camposanto dietro la chiesa di St Mary, nel centro della città. Qui, appoggiate alle pietre tombali, protette da sguardi estranei da un muretto, vuotavano le borse e banchettavano fino alla nausea. «Non era il posto ideale per rimpinzarsi; avremmo dovuto osservare il lutto, semmai» confidava Jennifer al suo diario.

Infatti, erano in lutto. Le esperienze dell'estate 1981 erano state una liberazione, ma al tempo stesso costituivano una nuova, più pesante catena. Jennifer sentiva ancora l'ebbrezza di essere stata la prescelta di Carl, quella che, sola, aveva brillato dalla galassia gemellare. June invece, rendendosi conto che i suoi ricordi erano meno ricchi di romanticismo di quelli di Jennifer, era depressa. Avevano bisogno di trovare altrove un'alternativa alle emozioni perdute. Cominciarono a seguire i ragazzi del posto, e con del fieno lasciato da un trattore nel campo vicino al parco giochi si costruirono una tana nella quale speravano di attirare qualche biondo giovanotto. Amavano vedersi come le prostitute del quartiere, ma se un ragazzo faceva tanto di accettare le loro avances silenziose restavano scioccate.

Un giorno, subito dopo il fattaccio della bicicletta, incontrarono un compagno dei tempi della scuola. Non lo salutarono, ma si misero a camminare lentamente sperando che lui le seguisse. Col giovane a rimorchio, si avviarono verso il parco giochi. «E cosa vidi?» scrisse Jennifer.

«Lui, che se ne stava accanto al casotto. Il suo maglione rosso si vedeva subito nel cielo del crepuscolo. Stava appoggiato al muro come un estintore. Guardai ancora. Dio, stava venendo verso di me. Allora ho pensato: è sicuramente il mio magnetismo. Il codice segreto di questo magnetismo è quanto di più grande posseggo quest'estate. È come stregare qualcuno. Alla fine ha avuto il coraggio di raggiungerci!».

Ma, come al solito, quando la gente si avvicinava troppo le cose non funzionavano. June e Jennifer non riuscirono a stabilire un contatto e rimasero sedute in silenzio mentre l'ex compagno cercava di chiacchierare.

«Non potevo proprio sopportare di guardarlo negli occhi. È il mio guaio. Per quanti sforzi faccia non riesco a guardare nessuno. June non ha problemi, o almeno sembra. Siamo proprio due individui diversi. Io ho i miei modi, lei i suoi. Perlopiù io la gente la considero nemica. Non so come, loro mi guardano sempre con freddezza, come se non esistessi, mi spiego? Mi fanno sentire strana, diversa, la ragazza che nessuno ama. A me manca proprio quel che si dice il calore. Di solito io non la mostro, la mia freddezza, ma si manifesta in modi inattesi. Supponiamo per esempio che un ragazzo o una ragazza che mi passa accanto per strada mi sorrida. Forse che io rispondo con un sorriso? Be', sì, ma non esternamente. Io *penso* di sorridere, ma non sorrido, perché di solito vedo svanire in un lampo il sorriso amichevole, anche se naturalmente non ho fatto apposta a gelarlo».

Benché June e Jennifer non aprissero bocca, il ragazzo rimase seduto accanto a loro accendendo sigarette a entrambe. Quando però propose loro di toccarle un po', cercarono di filarsela. «C'è mancato un pelo» scrisse Jennifer. «Non era ancora arrivato alla lampo che già avevo cambiato idea». Una volta a casa, però, si crogiolava nel suo flirt. «Avevo più magnetismo di June. Sono stata io ad attirare John. La mia magia funzionava. Mi sentivo amata, totalmente soddisfatta, e tutto per un ragazzo che una volta era in classe con June».

Poi, i primi a essere adescati nella tana furono un ragazzo americano di colore, da poco arrivato nel quartiere, e il suo amico Damian. June e Jennifer li avevano incontrati in città un giorno che andavano a comprare brandy e colla. Completamente ubriache, gli avevano gridato dietro di seguirle. Una volta nella tana avevano acceso il mangianastri a tutto volume. A loro si era unito Garth, un altro ragazzo della banda. June capiva che tutti e tre i ragazzi erano sconcertati dalla bizzarria di Jennifer. «Non lasciarmi qui con queste due» aveva sentito che Garth diceva a Damian. «Penso che non si senta al sicuro con noi» aveva confidato alla sorella.

A mezzanotte i ragazzi si erano fatti più baldanzosi. Damian aveva invitato prima Jennifer, poi June a sdraiarsi sulla sua giacca. June annota:

«È molto fascinoso, assomiglia proprio a Carl. Le Bilance sono gente molto educata e premurosa. Ce l'ha fatta solo a metà, ma almeno l'ho sentito dentro di me. Ha un pene lunghissimo. Sa baciare magnificamente, con la lingua e tutto. Era l'una e dieci di notte quando siamo arrivate a casa e abbiamo perso il film che dovevamo vedere, ma ne è valsa la pena».

Il loro comportamento diventò troppo strano per

gli altri adolescenti. Dovunque andassero, venivano adescate, usate e poi buttate via, e benché avessero una vaga idea del perché, non riuscirono mai del tutto a capire dove sbagliassero. Non immaginavano di fare uno strano effetto con quelle parrucche cespugliose e le facce nere che si affacciavano sopra il fieno della loro tana, né di sembrare tanto bizzarre quando dalla città prendevano d'assalto la collina quasi piegate in due dalle borsone di plastica da cui usciva un tintinnio rivelatore. Pensavano che nessuno nel quartiere avesse capito chi faceva le telefonate anonime o suonava alle porte per poi scappar via in un nugolo di risate.

Dopo una grandinata di episodi del genere i giovani del posto ne ebbero abbastanza di questa persecuzione e non ce ne fu più uno che le seguisse ancora nella tana. La madre di Garth diceva che suo figlio non c'era, e quando alla fine gli tesero un agguato, lui fuggì e scomparve in un'altra casa. «Con Garth non siamo più amici» scrive June. «Ci ignora, e anche tutti gli altri. Cosa c'è in noi che non va? Perché tutti se la squagliano?». Suonarono da Damian per sentirsi dire che era fuori anche lui. Aspettarono davanti alla porta e alla fine comparve: June e Jennifer rimasero lì in silenzio, un po' 'fatte' per una recente sniffata di colla. Damian sbatté loro la porta in faccia.

Il giorno seguente le cose non andarono meglio. Garth, Damian e altri della banda di ragazzi e ragazze del quartiere navale americano erano seduti in gruppo nel campo vicino al parco giochi. Le gemelle si avvicinarono sperando di unirsi a loro, ma gli altri le ignorarono.

«Anche se ero ubriaca,» ricorda June «un barlume di come stavano le cose cominciò a insinuarmisi nella mente. Ero consapevole, percettiva, esasperatamente sensibile. Non riuscivo a spiccicare parola».

La banda si spostò da un'altra parte lasciandole lì impalate. «Io non capisco i ragazzi di oggi; specialmente quelli americani».

Le campane della cattedrale di St Paul suonavano a distesa e tutti i televisori del quartiere di Dale Road erano accesi a pieno volume mentre il principe Carlo giurava eterno amore a Lady Diana. Al 35 di Furzy Park June e Jennifer se ne stettero per un po' a guardare dalle scale, poi decisero di fare di quella giornata una giornata memorabile anche per loro.

Per prima cosa, scovarono una bottiglia di vodka e ne bevettero più che poterono, poi si misero in cerca di una nuova bicicletta – da comprare, stavolta. Trovarono quella adatta su un annuncio affisso in una vetrina, presero cinquanta sterline dal sussidio di disoccupazione e bussarono all'indirizzo indicato. La bici era da corsa, alta, bianca e azzurra e col cambio a tre velocità; apparteneva a un tredicenne lungo e magro, che si presentò insieme con un amico di poco maggiore e dall'aspetto più massiccio. La madre del ragazzo le accolse e fece loro vedere la bicicletta. «Un po' Anni Cinquanta e non da donna, ma mi sta benone» annotò June. L'affare fu concluso in fretta e in silenzio, dopo di che la madre tornò in casa con le sue cinquanta sterline, lasciando i ragazzi alla mercé delle gemelle. Per un po' i quattro se ne stettero imbarazzati sui gradini, poi le gemelle cominciarono a inseguire i ragazzi, a mettergli le mani addosso e a baciarli. Alcuni bambini più piccoli, incuriositi, vollero divertirsi anche loro.

I ragazzi si diressero verso due capannoni dall'altra parte della strada. Dentro erano bui e odoravano di muffa; erano anche ingombri di scatole e di scale, perché gli inquilini di un caseggiato lì vicino li usavano come magazzino. Il ragazzo più grande, Stan, portò June in uno dei capannoni mentre il tredicenne Steve e Jennifer entrarono nell'altro, e chiusero le porte. Stan e June tirarono da un lato alcune latte di paraffina e liberarono un tratto di pavimento non più grande di una cassa da morto. Goffamente, cominciarono a brancicarsi i vestiti e nel giro di pochi minuti June si trovò incastrata dentro lo spazio libero del pavimento. Era sdraiata sulla schiena, con la giacca attorcigliata al corpo e la cerniera dei pantaloni mezzo abbassata che le mordeva la pelle. Schegge e trucioli di legno le pungevano le spalle. Fissava il lucernario striato da sbaffi di pallido sole e il corpo le doleva, schiacciato contro il pavimento duro dal peso di lui – ma si sentiva in pace. Era sola con un ragazzo tutto per lei. Non c'era Jennifer a guardare e criticare. « Abbiamo fatto l'amore il giorno delle nozze di due persone molto speciali, i nostri futuri sovrani. Il loro giorno è stato anche il mio. Un successo personale ».

Il resto della giornata non andò altrettanto bene. Stan mise fretta all'amico nel capannone accanto ed entrambi corsero a casa a mangiare. June e Jennifer andarono in cerca di altre emozioni e, esaltate dall'esperienza fatta, si misero a correr dietro ai ragazzi della banda nel parco giochi, gli strapparono i berretti, li fecero cadere dalla bicicletta e ammaccarono anche una ruota. Stavano fuggendo dalla bicicletta che avevano danneggiato quando scorsero due dei ragazzi più anziani che venivano verso di loro. Nel sole della sera videro il lampo di un coltello.

Le gemelle avevano una gran voglia di fare a botte, ma le cose si misero male. Il coltello del ragazzo più grande colpì di striscio il collo di June. Si udì il suono di una portiera sbattuta: un uomo correva verso di loro. Era il padre del ragazzo col coltello. Separò i contendenti, ma invece di rimproverare il figlio, aggredì rabbiosamente le ragazze minacciando di chiamare la polizia. June e Jennifer borbottarono qualche scusa. «Troppo tardi» rispose l'uomo, ma poi si limitò a rispedirle a casa.

Per tutta la notte June vomitò e gridò dal dolore. I fumi di colla e la vodka si prendevano la rivincita. Anche Jennifer stette male, ma il pomeriggio seguente tornarono di nuovo nel campo sperando di essere notate. Questa volta Stan si diede da fare con Jennifer, mentre il tredicenne Steve si mise sopra a June.

«Sul sesso non ne sa più di me. Vuole sposarmi in California perché là ci si può sposare a quattordici anni. È proprio fuori di sé. Io mi sento come una mamma per lui, con quei ditini che mi grattano il collo. Mi bacia troppo sulle labbra, sul collo, sulla faccia. Gli ho detto che ero una squillo, che faccio pagare 5 sterline per il servizio completo, 2 per pomiciare e 20 se rimango incinta».

«Adesso devo andare» disse Steve, tirando su la lampo dei calzoni. «Oggi ci sono i fagioli coi crostini».

E piantò June stesa sull'erba. «Fa un po' ridere una frase del genere dopo aver fatto l'amore, ma ho sentito che può metter fame... Steve è così semplice» pensava June.

Se Steve era semplice, loro non erano molto più sofisticate. Con un'esperienza prevalentemente libresca e senza nessuno con cui parlare, June e Jennifer avevano dell'amore e del sesso un'idea distorta e ingenua. Volevano essere notate dai ragazzi, ma scoprirono che saltarsi addosso in un capannone o dietro il parco giochi non portava a quel genere di amicizia cui anelavano. «Che cos'ho che non va?» s'interrogava June.

«Non mi sento portata per il sesso. Penso che sia repellente, una perdita di tempo. È spregevole e crudele. Non lo capisco. Sto lì sdraiata e lascio che succeda. Io voglio storie romantiche, legami affettuosi. Ma voglio anche dare ai ragazzi quello che vogliono. Quando si tratta di soddisfarli ho paura di respingerli o di ferire i loro sentimenti. E allora che mi prendano, mi usino, si rimpinzino ben bene. I ragazzi usano il mio corpo, e basta; non vogliono che nessuno lo sappia. Non vogliono che io sia la loro ragazza. Sarà il mio colore? Sarà sfortuna? O semplicemente il modo in cui mi vede l'altro sesso?».

Quella loro vita per le strade e nel campo cominciava a deludere anche Jennifer. Ma che alternative c'erano? Assieme a June aveva provato a riprendere a scrivere con la strenua dedizione di una volta. Si era anche vista offrire un contratto dalla New Horizon, che acconsentiva a stampare il suo nuovo romanzo breve, *The Taxi-Driver's Son* [Il figlio del taxista], per la somma di quattrocentottanta sterline, e aveva inoltre cominciato a scrivere qualche racconto. A June erano arrivate le bozze di *Pepsi-Cola Addict* appena un po' rivedute, ma anche questo non bastò a ridestare in lei l'entusiasmo, priva com'era ormai della capacità di concentrazione necessaria per scrivere. Scoprivano entrambe che la loro mente veniva continuamente trascinata nel passato dai ricordi della loro storia d'amore. E d'altra parte non avevano idea di come fare a mettersi in contatto con i Kennedy. Jennifer aveva scritto, per la verità, a Wayne Kennedy all'indirizzo che lui le aveva dato, ma parecchi mesi dopo la lettera le era tornata indietro con la scritta: «Destinatario sconosciuto. Rispedire al mittente».

Decisero allora di trovarsi un lavoro, e cominciarono a scorrere i giornali locali in cerca di qualcosa che potesse fare al caso loro. Fu June a ottenere il primo risultato: parlò al telefono con la direttrice commerciale di una ditta che vendeva indumenti per donna e bambino per mezzo di riunioni a casa di questa o quella casalinga, sull'esempio della Tupperware e della Avon. June pensò di avercela fatta, perché la donna le fissò un appuntamento per il martedì successivo per discutere i particolari. Ma fu presa dal panico. «Devo disdire questo lavoro che ho avuto (o che penso di aver avuto). Bisogna che telefoni per disdirlo. È troppo stressante. Non avrei mai la sicurezza necessaria». Jennifer, dal canto suo, cercò di fare un lavoro d'altro genere, la raccolta dei tagliandi Littlewood. Ma anche quello si perse per strada.

Poi sentirono parlare di un lavoro in una fattoria a qualche chilometro di distanza, dall'altra parte di Pembroke Dock. Partirono in pompa magna sul nero taxi londinese di Haverfordwest, tenendo assiduamente d'occhio il tassametro per essere sicure di poter pagare, e alla fine, dopo aver smarrito la strada un numero imprecisato di volte, trovarono la fattoria. «Jenny e io abbiamo bussato alla porta» ricorda June, poi guardarono dentro la finestra. «C'era Mr Evans che cenava. Sua moglie, sentendo che arrivavano visite, saltò su dalla sedia a dondolo. Lui ha l'aria del maschilista alla Oliver Reed. Ha detto che Jenny non gli garbava molto perché era una femmina, e che doveva ancora vedere degli altri ragazzi». Poi, Mrs Evans si ricordò improvvisamente delle gemelle perché conosceva il suocero di David. Allora chiese notizie del piccolo Lee e la conversazione si fece più rilassata. Il lavoro si profilava all'orizzonte. «Va tutto a gonfie vele» confidava June al suo diario.

«La paga si aggirerebbe sulle 50 sterline a settimana, però i mezzi di trasporto sarebbero un problema. Mi sono affezionata moltissimo all'idea di lavorare in una fattoria, forse perché mi piace l'isolamento della vita all'aria aperta. Adoro mettermi gli stivali di gomma e le giacche pesanti. Adoro il duro lavoro fisico. Mi piace l'idea di fare qualcosa di diverso dai soliti noiosi lavori d'ufficio».

Evans disse che il giovedì successivo avrebbe telefonato per comunicare loro i risultati del colloquio. Non si fece più vivo.

Ormai il comportamento delle gemelle cominciava ad attirare l'attenzione. Nel quartiere le lettere e le scampanellate a vuoto stavano diventando una grossa seccatura. Quelle due ragazze erano strambe, erano negre, e facevano andare il mangianastri a tutto volume. E certe volte sembravano ubriache. Qualcuno telefonò alla polizia e la polizia andò a prelevarle nel campo vicino al parco giochi. « Due ispettori di polizia ci hanno fatto delle domande sulle sniffate di colla e hanno trovato delle bottiglie di liquore. Siamo andate addirittura al commissariato per fare due chiacchiere » annota Jennifer. Poi, i vicini reclamarono con Gloria per la musica a tutto volume e per la banda di teppisti con la quale le gemelle facevano comunella. Avevano anche sentito uno di loro gridare: « Quanto fate pagare? ».

Sembra che Gloria e Aubrey non abbiano fatto molto caso alle lamentele, né ai segnali di pericolo. Gloria trascorreva molto tempo nella casa di Pembroke ad aiutare Greta ad accudire la bambina, e quindi era all'oscuro di ciò che succedeva a Furzy Park durante la giornata. La sera, quando lei e Aubrey erano in casa, le gemelle rientravano quasi sempre a un'ora ragionevole. Attribuì quindi le lamentele principalmente a pregiudizi razziali. Per i loro genitori June e Jennifer erano ancora due ragazze che vivevano come recluse al piano di sopra, senza parlare con nessuno e passando alla macchina da scrivere ogni giorno che Dio mandava in terra. Per Gloria era una preoccupazione che le sue figlie fossero così unite e dipendessero tanto l'una dall'altra, e fu quindi felice di scoprire che uscivano di casa più spesso e che incontravano gente.

La loro vita sociale però non andava affatto bene. Insistevano a scrivere lettere d'amore anonime e compromettenti a Darren e agli altri ragazzi, credendo ingenuamente che non sapessero chi fosse l'autore di quelle monellerie. Per Snig, uno dei capi della banda, prepararono laboriosamente una cartolina con un messaggio di «parole orripilanti» fatto ritagliando le lettere da un giornale e incollandole una per una. Alcuni degli altri ragazzi ricevettero biglietti minatori: «piuttosto convincenti», si vantava June. Erano furibondi. Snig e la banda minacciarono di ucciderle, se avessero mandato altre lettere. Jake, che incontrò Jennifer per strada, la prese a spintoni e le sputò in faccia. «Le storie romantiche hanno un prezzo» fu l'asciutto commento di Jennifer.

Nel frattempo June e Jennifer tentavano anche altre vie per attirare l'attenzione dei ragazzi. Prese dall'ossessione di migliorare il proprio aspetto, ordinarono per posta dei vestiti nuovi, passarono settimane cercando di scovare un tizio che vendeva autentici stivali da cowboy e alla fine riuscirono a comperarseli. Si fecero arrivare dalle Indie Occidentali una crema e un prodotto per i capelli. Per diventare più belle si servivano anche dei loro nuovi libri di magia. «Adesso io dirigo il flusso della mia mente psichica superiore per ordinare al mio angelo custode di operare attraverso la mia pelle e mettersi in contatto con i miei poteri terapeutici, così che essi possano eliminare la cicatrice che ho alla radice del naso» annotava Jennifer. «Voglio che ogni ora del giorno mostri un miglioramento, così che nessuno noti più la mia imperfezione». June, dal canto suo, decise che «la vitamina C può migliorare le mie macchie».

Inoltre emulavano i ragazzi come delinquenti in

erba. Da uno di loro seppero qual era la colla migliore da sniffare e ne comperarono un po'. «Mica troppo buona» annotava June. «Un puzzo tremendo. Comunque, ne ho comperate cinque confezioni, poi ho fregato sette o otto tubetti di solvente. Ebbene sì, hai indovinato, ero proprio sbronza. Dio ti ringrazio: la Coca mista a vodka funziona! ».

Ma la colla e l'alcol le attiravano sempre meno. Scriveva June:

«Non capisco cos'è successo, bevo un sacco di vodka e di brandy eppure sono sempre lucida e sobria. Quanto basta per sentirmi ansiosa e a disagio. Sarà il freddo, probabilmente. A quanto pare non divento mai brilla quando sento il freddo penetrarmi nelle ossa; ma qualcosa si deve pur fare. Cioè, vorrei circolare tutto il giorno avvolta in una nebbia. O mi faccio o bevo. Comincio a chiedermi se ho realmente bisogno di alcol. Sì o no? Non è che ne abbia una voglia pazza, lo uso solo perché mi aiuti a socializzare ».

Poco tempo dopo, sabato 12 settembre 1981, fecero un ulteriore passo sulla strada del crimine. Scelsero l'istituto Portfield, un centro di avviamento professionale per adulti. «Ho spaccato un vetro » affermava Jennifer « e sono riuscita a sgusciar dentro da un buco non grandissimo, poi ho aperto la porta dell'uscita di sicurezza dall'interno ». June aveva un tono meno sicuro nel raccontare tutta l'avventura: « Giornata schifosa. Siamo entrate nell'istituto Portfield. Dentro c'era un televisore stupendo. Siamo riuscite a vedere l'inizio di un film con John Wayne. Abbiamo anche sgraffignato qualche rivista. Davvero fantastico. Perché l'abbiamo fatto? Perché non c'era nient'altro da fare. Niente amici, niente con cui riempire le ore morte. Sta arrivando l'inverno e tutti gli uccelli torneranno a volare al Sud. Vorrei tanto essere con loro ».

Fu il giorno dopo questa bravata che uno dei ragazzi della banda, Garth Jones, rimase ucciso in un incidente di moto. June ritagliò e conservò il trafiletto del quotidiano locale che ne parlava, e scrisse:

«Erano esattamente le 10.05 di sabato sera. Dai Jones era alla guida e Garth viaggiava sul sellino posteriore quando sono andati a schiantarsi contro una macchina. Penso alla chiacchierata sulla morte che Garth, Damian, Jenny e io abbiamo fatto, seduti nel parco giochi una notte di luglio, senza sapere chi di noi avrebbe davvero affrontato la vita: senza sapere che il 13 settembre una vita sarebbe stata fermata – quella di Garth Jones. Non vorrei essere nei panni della sua ragazza. Io condivido il suo dolore. Sono con lei nel suo sbigottimento da cui non si sveglierà mai, neppure quando sarà sposata e alleverà un figlio che andrà pazzo per le motociclette.

«Mi domando com'era il suo viso pallidissimo sul cuscino dell'ospedale. Quali sono stati i suoi ultimi pensieri quando ha sentito l'impatto dello scontro? È almeno riuscito a lanciare un ultimo grido di dolore? E quando i barellieri hanno sollevato il suo giovane corpo sulla barella, che cosa pensavano?

«In realtà Garth Jones era nel suo mondo vero: forse c'era più pace che in questo. Era un autentico Pesci, un sognatore. I suoi occhi guardavano lontano, com'è lontano ora lui da Snig e dal resto della banda. Il cuore mi sanguina per il povero Snig, e la mia anima grida il mio dolore a Mr e Mrs Jones».

Il lutto per Garth non impedì alle gemelle di entrare una seconda volta al Portfield, venerdì 3 ottobre 1981. «Mi è venuta l'indole della criminale» scriveva June. «Sono una ladra patentata: ma non lo sono forse sempre stata? J. e io siamo penetrate nel Centro di avviamento professionale per adulti spastici Portfield. Il vetro della finestra è stato difficile da rompere – abbiamo tirato parecchi sassi finché non è andato tutto in frantumi. Non è passato nessuno, nessuno ha sentito niente. Abbiamo nascosto tra i cespugli tutta la refurtiva: una radio, degli stivali di gomma, vestiti per le bambole, riviste. Ho avuto la faccia tosta di bermi una tazza di caffè, mentre eravamo là. Che fortuna, eh? ». Ma non era ancora finita. Il giorno dopo tornarono nuovamente al Portfield e rubarono un libro di Dave Cassidy, un po' di plastilina e qualche gessetto. « Adoro fare la scassinatrice » ammetteva Jennifer. « Abbiamo fregato dei poster di cantanti, del nastro adesivo e un fischietto. E abbiamo lasciato impronte dappertutto. Sarà su tutti i giornali locali. Naturalmente mi sento in colpa, ma questo è il prezzo per essere una perfetta ladra. Credo che adesso la mia ambizione sia quella di essere una ladra, un'autentica ladra ».

Non è chiaro perché le gemelle avessero scelto l'istituto Portfield come bersaglio del loro primo furto con scasso. Naturalmente era comodo, trovandosi solo a qualche centinaio di metri da casa loro, ed era una scuola per spastici. E gli spastici le avevano sempre affascinate. È probabile che gli altri bambini chiamassero quelle strambe ragazze che non parlavano « le due spastiche ».

L'improvvisa svolta di June e Jennifer verso la delinquenza non rimase circoscritta alle incursioni in quell'unico istituto. Le ragazze si diedero infatti a un'orgia di vandalismi, seguendo e superando l'esempio della banda di teppisti dalla quale speravano di essere accettate. Un giorno, il 5 ottobre 1981, scarabocchiarono delle scritte sui muri della scuola Tasker Millward: « SNIG È UN FROCIO », « LEN È UNO STRONZO », e via di questo passo. Poi cercarono di danneggiare una cabina telefonica, ma non riuscirono né a tagliare il cavo con le forbici, né ad aprire la cassetta delle monete. Subito dopo presero di mira una motocicletta, e dopo esser montate in sella fingendo di essere Barry Sheene la rovesciarono e tentarono di tagliuzzare con delle forbicine da unghie gli pneumatici, che però resistettero. Alla fine trovarono un'auto con una portiera dimenticata aperta e presero una giacca e un vecchio blazer. «Robaccia» annunciò June, e così se ne andarono in un circolo ricreativo, presero una giacca e la frugarono in cerca di soldi. Le tasche erano vuote. «Per il resto della settimana» promise June «saranno crimini su crimini. Proprio così!».

Il crimine era la risposta al tedio che le affliggeva e l'occasione adatta per mostrare alla banda di che cosa erano capaci. Se non potevano eccellere come scrittrici, avevano almeno l'occasione di diventare famose come delinquenti. Ed era anche un modo per procurarsi delle emozioni nell'ambiente mortalmente statico di Haverfordwest. La sera in cui non riuscirono a distruggere la cabina telefonica June decise di telefonare alla polizia, tanto per divertirsi un po'. Fece il 999, le passarono la linea e disse: «Devo fare una confessione».

«Coraggio».

«Ho rubato all'istituto Portfield».

«Ah! E quando è stato?».

«Venerdì notte. Non mi prenderete mai».

«Ah no, eh? ».

«Già. E mi beccherò anche quel giradischi».

«Quale giradischi? Che tipo di giradischi?».

All'improvviso June si rese conto che il poliziotto la stava facendo parlare mentre cercavano di rintracciarla.

«Vaffanculo» esclamò con voce rauca, e assieme a Jennifer uscì di corsa dalla cabina.

Qualche minuto più tardi ebbero un altro brivido quando arrivò a tutta velocità un'auto della polizia, e poi ancora quando Jennifer ritelefonò per fare un'altra confessione. «È stato uno spasso» scrisse poi June nel diario. «Mi piacciono le emozioni. Ne ho bisogno, no?».

Sabato 10 ottobre scriveva:

« Questo è il giorno che stavo aspettando. Jake, Snig e Kevin si sono messi in contatto. Ho visto due figure dietro di me e il mio potere psichico mi ha detto chi erano. J. e io ci siamo messe a correre, ma presto in Snowdrop Lane ci siamo fermate sul ciglio della strada. Ha parlato sempre Jake. Masticava gomma e mi sputava addosso. Continuava a dire: "Io non sono matto". Per me lo è. Jake se la prendeva soprattutto con me, mi dava calci e spintoni. Be', finalmente ci parliamo. Mi rendo conto che grazie a Dio non ho più bisogno di sbronzarmi o di farmi con la colla. Quei biglietti minatorii funzionano davvero. Continueremo a mandarli ».

Incoraggiate da questi nuovi sviluppi, andarono in Bridge Street e con due bottiglie del latte vuote spaccarono la vetrina di un fruttivendolo. La sera dopo fecero il 999 per far accorrere i pompieri al ristorante cinese di quella stessa strada. Poi se ne andarono in Castle Square a tirare mattoni contro la vetrina di un negozio di abbigliamento, quasi sotto il naso di due poliziotti. « Naturalmente non ci siamo fatte beccare » si vantava June.

L'indomani ebbero un'altra notte brava. Cominciarono col telefonare per far accorrere un'ambulanza davanti alla casa dove avevano comprato la bicicletta. « C'è uno che si è rotto la schiena » spiegò June. Si godettero le sirene e il trambusto che seguì l'arrivo dell'ambulanza, poi si trasferirono in Barn Street, dove spaccarono una finestra della scuola, tentarono inutilmente di rovesciare una macchina e la ridussero « quasi a un rottame ». Subito dopo videro un'auto della polizia. « Sembrava che la macchina dei piedipiatti stesse seguendo noi. Cambiammo velocemente rotta ». Rubarono due bici fuori da un pub e riuscirono a fuggire.

Continuarono con queste imprese vandalistiche per alcune settimane, inframmezzandole con disperati tentativi di instaurare un qualche rapporto con la banda. Fecero tra l'altro un'incursione nella mensa della scuola Tasker Millward e rubarono ghiottonerie di ogni genere. Ma questi reati insignificanti procuravano un divertimento che svaniva presto: June aveva progetti più audaci. « Ho in mente di fabbricare bottiglie molotov. Ci vuole una bottiglia, della benzina e della carta, e poi la si lancia dentro una finestra. Ho preso l'idea da Snig e dalla banda. Un giorno hanno bruciato tutto il parco giochi. Diventerò presto la più grande incendiaria in circolazione!

« ... Decisamente spaccar vetrine non mi dà nessuna emozione; l'idea della molotov sembra alquanto remota. Dove cavolo è la benzina? Non c'è un bambino nei paraggi di Haverfordwest che non sappia che J. e io freghiamo biciclette. Non vale proprio la pena vivere. Non ho amici, non ho compagnia. Siamo soltanto J. e io, e lei è in uno dei suoi periodi di depressione abulica. Sta facendo una di quelle lugubri diete da fame. Voglio solo morire. Ma sul serio, stavolta. Non mi attira proprio l'idea di un Natale deprimente. Snig andrà presto all'estero. La banda si sta sciogliendo ».

Adesso la principale fonte di emozioni erano le provocazioni alla polizia. Jennifer raccontò per telefono le scorrerie nell'istituto Portfield sforzandosi di fare la voce da maschio. Il giorno seguente, 20 ottobre, fu June a chiamare la polizia:

« Fingevo di essere un ragazzo e continuavo a parlare, a parlare. Che pazza. Era come se volessi farmi prendere. Comunque un minuto dopo arriva una macchina della polizia alla rimessa degli autobus e prende J. e me con le mani nel sacco. Ci sbattono in macchina, me di dietro, J. davanti. Mi sono ritrovata al solito commissariato. Mi hanno messo in una stanza da sola. Ci sono rimasta per circa tre ore, fino all'una. La polizia non mi ha neanche dato la possibilità di parlare veramente, quindi a che scopo sforzarmi? Tutti i miei sogni se ne sono volati fuori dalla finestra. Avevo in mente di parlare come un ragazzo yankee sballato, ma perché, perché mi sono paralizzata? Dopo ho fatto una nuova esperienza: mi hanno preso le impronte digitali. Dentro di me ho riso tutto il tempo. Quei piedipiatti sono talmente comici! Adesso dovranno confrontare le impronte con quelle del Portfield. Per la verità stavamo proprio per appiccare il fuoco quella notte ma è arrivata una macchina e un ragazzo ci ha chiesto che cosa stavamo facendo lì. Io sono riuscita a metter giù la molotov. Alla fine è arrivata mia madre, e ce ne siamo tornate a casa a piedi».

Qualunque fosse la sua intima reazione di fronte a questo primo guaio serio, Gloria reagì con pacatezza. Fece una ramanzina alle figlie, e tutto andò avanti come prima.

Nei primi tempi delle scorribande delle gemelle, la polizia era pressoché convinta che i responsabili fossero dei bambini. La sequenza era tipica: scorribanda sul far della sera, furto di leccornie, scritte sui muri e sulle lavagne. «Cominciammo a pensare che non fossero scolaretti ma 'svitati', 'balordi', quando fu chiaro che quei furfanti non si davano molta pena per non essere scoperti e cominciarono a telefonarci» disse il commissario capo James. Alla polizia mi descrissero la telefonata che avevano ricevuto da un certo Michael Jones, che pretendeva di essere il responsabile delle irruzioni nell'istituto Portfield. La telefonata era stata presa dall'agente Glyn Cole, che sentì nel sottofondo delle risatine di ragazze. A un certo punto la persona all'apparecchio aveva detto: «A noi non importa andare in prigione».

«Per cosa dovreste andare in prigione?» aveva chiesto l'agente Cole.

«Per aver spaccato i vetri. Per tutte le cose di cui ci accusate. Ma noi non siamo colpevoli. E non stiamo neanche scherzando. Non ridiamo perché siamo colpevoli. È inutile andare in tribunale».

La conversazione era durata tanto a lungo da permettere alla polizia di arrivare alla cabina telefonica e arrestare le ragazze Gibbons. Il sergente Charlton, che si occupava del caso, un uomo alquanto privo di immaginazione, era al pranzo dei colombofili locali, ragion per cui le ragazze erano state interrogate dal sergente (ora ispettore) Tom Peters, che non cavò loro altro che il nome. «Non riuscii ad andare oltre. Era impossibile» disse. «Parlai con loro per quarantacinque minuti. Ridevano, più o meno apertamente, ma per il resto mantennero il più assoluto silenzio». Non sapendo più che pesci pigliare, Peters telefonò a Charlton e lo fece alzare da tavola per chiedergli consiglio. Charlton, la cui moglie era stata insegnante delle Gibbons, disse a Peters: «Non c'è niente da fare». Alla fine le ragazze vennero multate per aver abusato del 999.

Jennifer decise allora di realizzarsi come artista. Sapeva disegnare abbastanza bene e, come June, aveva illustrato i libri che aveva scritto per le bambole. Inoltre aveva scritto e disegnato alcuni divertenti fumetti. Si iscrisse quindi a un corso per corrispondenza del London Art College. (Il corso costava centotrentacinque sterline e mezzo, ma come al solito Jennifer riuscì a mercanteggiare uno sconto).

June era di umore nero. «Sono in vena di suicidarmi, ma servirebbe a qualcosa? Porto in faccia le prove recenti di quanto stia diventando penosa la vita con la mia gemella. Avrò la forza di ucciderla?». Jennifer aveva di nuovo il predominio:

«Devo ammettere che sono proprio perfida. La

mia mente è così potente... E un bel giorno prenderò il largo e sarò libera, libera da qualcosa o da qualcuno. Nel frattempo non so esattamente a che gioco sto giocando. Invece di vagabondare per la strada, dovrei fare qualcosa di più costruttivo».

Ma June e Jennifer avevano ancora il chiodo fisso degli incendi. «La mia vita di criminale va, se posso dirlo, di bene in meglio» scriveva Jennifer. «June e io siamo entrate nei campi da tennis che stanno vicino ai mille scalini. È stato facile, abbiamo rotto un vetro che era già incrinato. Be', come tutti gli scassinatori o gli incendiari – come preferisci –, siamo entrate tranquillamente e abbiamo dato un'occhiata in giro». Il loro scopo principale era di trovare la cucina e quel che c'era da mangiare. Ma erano rimaste deluse. «Non c'erano torte, né panini, solo piatti e padelle vuoti sui fornelli, acqua nell'acquaio e noi due con lo stomaco che brontolava». Decisero di spruzzare in giro del liquido infiammabile. Accesero un fiammifero e mentre il fuoco divampava se ne andarono via con tutta calma. «Be', sì, mi sento colpevole,» annotava Jennifer «ma è piuttosto emozionante».

La sera dopo, sabato 24 ottobre, June decise di dare un colpo di acceleratore alla loro attività criminale:

«È tutta la settimana che voglio dar fuoco al negozio di trattori di Snowdrop Lane. L'ho incendiato oggi – con l'aiuto di J., naturalmente. È stata la sera più fantastica della mia vita. Abbiamo scavalcato il filo spinato, il cielo si è fatto più scuro ed è cominciato a piovere: J. ha preso in mano la situazione e ha spaccato un vetro del capannone dove erano custoditi i macchinari».

Dentro al capannone faceva buio. I trattori e le trebbiatrici, che di giorno erano l'unica macchia di colore di Snowdrop Lane, apparivano ora grigi e minacciosi. June accese un fiammifero e seguì Jennifer. C'erano alcune automobili parcheggiate e un'insegna che diceva: «Pericolo. Alta tensione». Jennifer trattenne il fiato e per poco non cacciò un urlo: un paio di mani si muovevano lentamente sul davanti di un'auto. Terrorizzata, guardò meglio e vide che erano solo un paio di guanti dimenticati sul cofano. Furtivamente si diressero verso gli uffici. La porta era aperta, entrarono. Una volta dentro, l'euforia ebbe la meglio sulla paura. «Mi aspettavo proprio di sentire la voce del direttore che diceva: "Vi ho prese", ma non accadde, grazie all'atteggiamento positivo della mia mente» scrisse Jennifer. June reggeva una delle loro borse di plastica mentre Jennifer ci metteva dentro un calcolatore, un paio di auricolari, una torcia elettrica. Trovarono due giubbotti e ci ficcarono dentro anche quelli. June vide sul pavimento un bambolotto di gomma che a schiacciarlo faceva un verso stridulo e ne fu estasiata. Jennifer tirò fuori la latta di benzina che avevano portato con sé e la versò sulla scrivania e sulle sedie della prima stanza. June accese un fiammifero e appiccò il fuoco agli angoli di una lettera posata sulla scrivania. Si udì un suono come di seta strappata mentre la scrivania prendeva fuoco e le fiamme si avventavano contro il soffitto. «Ragazzi, che sensazione» pensava Jennifer. Sorridendo entusiaste, corsero nella stanza accanto a versare altra benzina sui mobili e su un grembiule appeso alla porta, al quale appiccarono fuoco.

Era questo il genere di catarsi che avevano atteso, per purificarsi e redimersi dalle loro sofferenze. Le fiamme proruppero come un grido di protesta per tutti gli anni di frustrazione che June e Jennifer avevano vissuto, ognuna incatenata a un altro essere umano il cui unico scopo sembrava quello di schernire e di distruggere, e che, sebbene identico d'aspetto, non condivideva con la gemella che l'invidia e il disprezzo.

Un passante sentì un rumore di vetri infranti e vide

le fiamme che prorompevano dalla vetrina del salone. Questione di minuti e arrivò l'autopompa. Nel trambusto nessuno notò due ragazze con le scarpe sporche di petrolio e di benzina che si allontanavano come se niente fosse stringendo delle borse di plastica rigonfie. Dapprima June e Jennifer si nascosero in una cabina telefonica, ma poi la tentazione fu troppo forte. Fuori c'erano la polizia, i pompieri, l'autoambulanza. Stava accadendo tutto come avevano previsto nelle loro 'esercitazioni', come chiamavano le loro telefonate al 999. I pompieri, muniti di respiratori, furono spediti dentro di volata. Le fiamme brillavano radiose nelle scure volute di pioggia, e sopra alle fiamme il fumo riempiva il cielo notturno. Perse nella folla, June e Jennifer si godettero il frutto delle loro gesta. Dappertutto c'erano pompieri che correvano con gli idranti e cercavano di entrare spaccando le finestre:

«Per tutto il tempo il mio magnifico fuoco continuò ad aprirsi un varco nel tetto saettando le sue lingue, e il fumo denso riempiva il cielo notturno. Era un'immagine che sarebbe vissuta per sempre nella mia mente – oh che mente peccaminosa, malvagia, egoista. So che il Signore mi perdonerà. È stato un anno lungo, doloroso, difficile. Non merito forse di dar voce alla mia afflizione?».

Jennifer aveva un atteggiamento più prosaico: «Alla fine, con questa grande impresa nella mente, June e io ce ne tornammo tranquillamente a casa».

Erano molto soddisfatte. Quando furono in camera, June posò sul suo letto il bambolotto di gomma e sorrise.

Ma i vicini le avevano viste tra gli spettatori dell'incendio e le denunciarono alla polizia. Quella domenica mattina arrivarono due ispettori a interrogarle a proposito degli incendi al negozio di trattori e ai campi da tennis. Loro non dissero niente, limitandosi a scuotere il capo. La polizia se ne andò.

«Mi sento come un'evasa» scrisse Jennifer. «Mi piacerebbe andare in prigione e so che presto ci andrò. La passione per il crimine sta impadronendosi di me. Al momento mi sento ricchissima. La mia vita è piena zeppa di bene e di male. Perdonami, Signore, per tutte le mie cattive azioni».

La settimana dopo, quando uscì il giornale locale, furono felici di constatare che le loro imprese avevano meritato la prima pagina. L'articolo diceva che c'erano stati danni per centomila sterline, che due trattori erano andati distrutti e che un pompiere aveva dovuto ricorrere alle cure ospedaliere per un taglio che si era fatto rompendo una finestra. Si accennava anche all'incendio nella palazzina del tennis. La polizia, diceva la notizia, stava cercando un piromane. «Be', certo!» osservò June. «Abita proprio qui, al 35 di Furzy Park! Non è esilarante?».

In seguito, June e Jennifer fecero un'incursione nella scuola di Barn Street, spaccando una finestra con un paletto da netball. Presero «coppe sportive d'argento, una fotografia incorniciata formato gigante e un'altra più piccola. Un elefante di avorio scuro, indumenti, una sciarpa e due borsellini. In uno c'era una catenina a forma di cuore con una minuscola chiave e le parole "Chi ha questa chiave apre il mio cuore". J. e io abbiamo fatto un po' i vandali. Io ho rovesciato tè e caffè sul pavimento. Per il momento ci siamo portate a casa soltanto gli oggetti più piccoli». Mentre tornavano a casa, passando davanti a una friggitoria June si prese uno spavento coi fiocchi sentendo una mano che le si posava con fermezza sulla spalla. «Accidenti, per poco non sono morta! Ma era solo un amico di Darren».

Il 5 novembre 1981 si scatenarono di nuovo. «Per certa gente» scriveva June «questa è la notte dei falò, ma per me – be', è stato un divertimento folle. Già, J. e io ci siamo ricascate. Siamo entrate nella scuola Tasker, e ho distrutto la mia parte. Un buon modo di calmare i bollenti spiriti, non sei d'accordo? Abbiamo rubato un respiratore subacqueo verde, una giacca a vento, un paio di attrezzi e dei libri».

Durante quegli ultimi turbolenti giorni d'autunno, prima che il resto del mondo si accorgesse di loro, i sogni che June e Jennifer facevano, intelligenti, spesso spiritosi, ci consentono di penetrare nella loro mente e mostrano fino a che punto fossero rimaste intrappolate nella loro incapacità di comunicare se non fra loro. Più si sentivano escluse dal gruppo, più si addossavano reciprocamente la colpa della propria emarginazione. Ma nessuna delle due era disposta a cedere e a lasciar libera la gemella. Avvertivano chiaramente l'impossibilità di quella situazione che le stava soffocando, e sapevano che se fosse durata troppo a lungo non avrebbero avuto altra scelta che uccidersi a vicenda. Tutti gli altri tentativi di evasione erano falliti: scrivere si era rivelato arduo, prova ne era il mucchio di lettere di rifiuto degli editori; in quanto a trovar lavoro, non erano mai riuscite ad andare oltre la prima telefonata; e, dopo la partenza dei Kennedy, gli incontri-scontri adolescenziali col sesso avevano lasciato in loro una sensazione di vuoto e di degradazione. Il fuoco si offriva come antico simbolo di purificazione, sacrificio e rinascita. Solo dalle fiamme potevano emergere come esseri umani distinti, vincenti, una nuova June e una nuova Jennifer, solo dalle fiamme le due ragazze mute che nessuno accettava potevano risorgere come donne giovani e belle.

Una notte June fece questo sogno:

«Sono nella camera da letto di qualcun altro. Da

basso ci sono delle ragazze ma quando entra la madre J. dice che con quelle ragazze non siamo più amiche. Lei esce dalla stanza. Io comincio a frugare nei cassetti e trovo uno stupendo berretto di lana col pompon. Me lo prendo. Poi, mi trovo fuori da un cimitero. Sto guardando la fossa di un uomo, ma è troppo povero per potersi permettere una bara. Lo vedo, sotto una coperta. Dei passanti mi dicono che non poteva permettersi una tomba decente. Ma io mi ricordo che ho appena vinto 5.000 sterline al concorso indetto dal giornale. Poco dopo arriva una ragazza di nome Joyce che mi chiede una sigaretta. Tutti abbiamo delle sigarette ma non abbiamo abbastanza fiammiferi. Ne accendiamo uno ma il vento lo spegne. Penso di chiederne uno a un passante ma alla fine Joyce riesce ad accendere. *Cimitero*: preannuncia notizie da qualcuno assente da molto tempo; mi annoio a morte; sto attraversando un periodo di stasi sia sociale che mentale. *Cadavere*: irrevocabilità, insuccesso, desiderio di evasione o di indulgenza. *Fumo*: indice di confusione. *Fuoco*: desiderio di evasione. 'Bruciarsi i ponti alle spalle'. *Cappello*: cappello nuovo. *Casa altrui*: perdita, sfortuna. *Camera da letto*: voglia di sesso o viaggio in vista. *Soldi*: desiderio di sicurezza. *Sepoltura*: si è inconsciamente insoddisfatti di qualcun altro. *Fumare*: pace, armonia, appagamento».

La notte prima della loro ultima azione criminosa June fece un sogno simbolico. Era un patetico grido d'aiuto che a nessuno, tranne al suo diario, era consentito di udire:

«Guardo una scena con Joan Collins e sua figlia. Joan siede sul letto e parla alla figlia dei fatti della vita. Spiega che cosa significa essere donna; il suo corpo comincia a cedere, lei si sdraia e si passa la mano sul ventre. Si rimette a sedere e abbraccia la figlia che si è messa a piangere, di sollievo o di confusione, perché sta crescendo. *Piangere*: dispiacere in amore o negli affari. *Camera da letto*: voglia di sesso. *Abbracciare*: desiderio di aiutare gli altri.

« Sto anche guardando un mucchio di foto in bianco e nero della mia infanzia. *Foto*: desiderio di espressione artistica. *Nudità*: desiderio di essere notata ».

Furono le ultime righe che scrisse sul diario. L'8 novembre 1981, alle 8.30 di sera, lei e Jennifer facevano furtivamente il solito giro serale. Scorsero un poliziotto che andava su e giù all'angolo di Jury Lane, nei pressi dell'istituto tecnico di Pembroke. Era lo spunto per agire. Quasi sotto i suoi occhi girarono dietro l'istituto e Jennifer raccolse un mattone per spaccare una finestra.

Per la strada, a qualche metro di distanza, l'agente Steven Gwyn Jones udì il rumore di vetro infranto. Dal primo susseguirsi di furti con scasso, lui, assieme ad altri agenti, era stato assegnato all''operazione piromane'. Sulle prime, alla polizia non avevano collegato le voci al telefono con le ragazze Gibbons, che ritenevano mute. Trovavano infatti difficile credere che tutti quei danni fossero opera di due ragazze così timide. Ma l'ultimo incidente, quando l'auto della polizia aveva pescato le gemelle nella cabina telefonica dopo che avevano confessato l'incursione nel negozio di trattori, aveva suscitato i sospetti del sergente Charlton, il quale, per farle cadere in trappola, aveva appostato i suoi uomini, molti dei quali in borghese, nei pressi di tutti i punti di ritrovo dei giovani del quartiere di Dale Road. Fu anche troppo facile: June e Jennifer ormai volevano disperatamente essere prese. Nel loro libro di interpretazione dei sogni i poliziotti erano figure protettive, che potevano aiutarle a evadere dalla situazione insostenibile in cui si trovavano. La prigione rappresentava la sicurezza, un luogo dove sentirsi al sicuro.

Ciò che accadde era inevitabile. Sentendo il rumore del vetro infranto, il poliziotto chiese via radio rinforzi alla centrale e girò dietro l'istituto. Gli ci volle un po' di tempo per trovare la finestra rotta, poi avvertì un rumore curioso, come uno squittio di animaletti eccitati. Alzò lo sguardo e vide il breve bagliore di un fiammifero che veniva acceso e poi si spegneva. Ne venne acceso un altro e questa volta l'agente Jones scorse una figurina che sembrava quella di un bambino: portava spessi guanti di lana e teneva in mano una borsa di plastica. Quando si accese un terzo fiammifero, scorse un'altra figurina che metteva nella borsa un righello e dei bloc-notes.

Fuori in strada una macchina si fermò. Qualche momento dopo, il sergente Charlton e i suoi rinforzi guardavano dentro dalla finestra infranta. Gli scassinatori avevano trovato una torcia elettrica e la piazzarono sul tavolo. Il gruppo di uomini stette a guardare mentre le due figurine cominciavano a spargere sulla scrivania e sui tappeti una bottiglia di qualcosa che sembrava colla. Era il momento di agire. Questione di secondi e Charlton, entrato nell'istituto, si precipitava per i corridoi in direzione dell'ufficio. Quando arrivò, June stava spruzzando dei fogli con una latta di liquido infiammabile. Due agenti l'afferrarono, mentre altri due prendevano Jennifer. In una calza di June trovarono un accendino e in una tasca dei suoi calzoni una scatola di fiammiferi. Charlton vuotò la borsa di plastica. Il contenuto era patetico: una manciata di musicassette, un po' di cancelleria e un pacchetto incominciato di mentine.

Il sergente Charlton non stava nella pelle dalla soddisfazione: aveva preso i piromani con le mani nel sacco. Da uomo che si era meritato una solida reputazione fra i delinquenti di Haverfordwest, si accinse alla cattura con vero gusto. Sapeva per esperienza che le gemelle Gibbons non sapevano o non volevano parlare, perciò condusse l'interrogatorio in un modo che la Corte definì in seguito « alquanto insolito »: scriveva una domanda, consegnava alle ragazze carta e penna e usciva dalla stanza. Prima di porre la domanda successiva tornava per prendere le risposte. June e Jennifer risposero scrivendo nome, età e indirizzo, ma, a parte la razzia al Pembroke, non confessarono nulla.

Quella sera stessa Charlton interrogò Aubrey, che cadde dalle nuvole, circa i movimenti delle ragazze. Gloria doveva avergli taciuto la loro precedente scappatella e a lui veniva da ridere: non credeva alle sue orecchie. Le gemelle nei pasticci? Impossibile. Potevano essere un po' irritanti, a volte, ma due criminali, scassinatrici, incendiarie... erano assolutamente incapaci di cose del genere. Erano troppo buone, lui l'aveva sempre detto a Gloria, non erano come gli altri ragazzi del quartiere. Charlton tirò fuori un mandato di perquisizione e chiese a Aubrey di mostrargli la camera delle gemelle. E là, sotto i letti a castello, c'erano i giubbotti, le cassette, i ninnoli, gli astucci e gli articoli da ufficio che erano spariti dalle auto e dagli edifici manomessi dalle gemelle. Charlton cominciò a leggere qualche manoscritto, poi vide accanto al letto uno dei diari rossi aperto alla pagina del giorno prima: lo lesse con grande soddisfazione, trovò il secondo diario e subito dopo tutti gli altri scritti. Il bottino venne raccolto nei sacchi della spazzatura per essere portato al commissariato.

In cima alle scale Aubrey e Gloria stettero a guardare la polizia che saccheggiava la stanza. Anche se erano i genitori, a loro non era mai stato consentito di interferire con quanto apparteneva alle loro figlie gemelle, figuriamoci poi di invadere la loro stanza. Gloria tentò di protestare, ma era troppo tardi. Contemplava la scena e sapeva che era destino che accadesse: qualche settimana prima aveva sognato che quattro poliziotti erano entrati in soggiorno e avevano chiesto delle gemelle. Poi erano entrate June e Jennifer e avevano cominciato tutti a cantare. Questa volta però le gemelle non c'erano e non cantava nessuno.

Il giorno dopo, la storia finì in prima pagina sul «Western Telegraph». Per tutta la vita Aubrey aveva temuto di uscire in un modo o nell'altro dall'anonimato, e adesso lui e sua moglie avrebbero dovuto vedersela col fatto che le loro figlie gemelle erano due delinquenti. Il 10 novembre 1981 June e Jennifer furono rinviate a giudizio. La polizia dichiarò che dovevano essere tenute sotto custodia per la loro stessa sicurezza, e che se fosse stata accordata loro la libertà provvisoria avrebbero probabilmente commesso altri reati.

VII
GIOCHI DI GUERRA

> Lei doveva morire alla nascita. Caino ha ucciso Abele: nessun gemello dovrebbe scordarselo.
>
> JENNIFER GIBBONS

«June Alison Gibbons». La vigilatrice guardò verso la porta chiusa di un camerino di legno all'altro capo della stanza. Non ci fu risposta. «June Gibbons» ripeté in tono più aspro.

La porta del camerino si aprì e June uscì. Senza rispondere, rimase in piedi al centro della sala di accettazione, stringendo la federa nella quale aveva arrotolato tutti gli indumenti, all'infuori del reggiseno e delle mutandine che ancora indossava sotto la ruvida vestaglia regolamentare a strisce blu. Non aveva la minima idea di che altro l'aspettasse. L'avrebbero rapata, magari, e poi avviata alle docce, come aveva letto nei libri che parlavano dei campi di concentramento nazisti? Chissà se tutte le donne e le ragazze del carcere di Pucklechurch dovevano spogliarsi e indossare la vestaglia anche in pieno giorno, come lei in quel momento? Doveva sembrare così brutta! Sentì un rumore di acqua corrente che veniva da un altro camerino e sopra la parete divisoria vide levarsi del vapore. Ebbe paura e si guardò attorno in cerca di Jennifer. La sua sola presenza l'avrebbe rassicurata. Ma dov'era

Jennifer? Era stata portata in un'altra sezione? June cominciò a provare un senso di panico. Avrebbe voluto gridare aiuto, ma le sue labbra rimasero chiuse.

Si udì un tintinnio di chiavi, una porta si aprì ed entrò Jennifer. Aveva ancora indosso pantaloni e maglietta e diede a June un'occhiata compassionevole. Sapeva bene come dovesse sentirsi goffa e vulnerabile la sua gemella nella vestaglia del carcere. «June Gibbons» ripeté la vigilatrice dell'accettazione. «Va' nel camerino. Mrs MacCarthy ti farà il bagno e ti laverà la testa». June non si mosse. «Forza, June». La vigilatrice si sforzava di sembrare amichevole, pensando che forse la ragazza era spaventata. « È solo un bagno. Lo fanno tutte quando arrivano qui».

June non reagiva e restava là impalata, con gli occhi bassi. La vigilatrice cominciò a perdere la pazienza. Poteva anche darsi che la ragazza fosse timida, ma in un carcere come quello di Pucklechurch, dove si avvicendavano costantemente detenute di ogni genere, non c'era tempo per le sottigliezze psicologiche. Chiamò un'altra guardia e insieme trascinarono June fino allo stanzino, la svestirono e, sollevandola di peso, la calarono nel bagno disinfettante. Non si erano mai imbattute in una resistenza così strenua, anche se muta. Dopo aver piazzato June nella vasca, fecero uscire Jennifer da un secondo camerino chiuso a chiave. Anche lei se ne stava tutta rigida, abbracciata alla sua federa esattamente nella stessa posizione della sorella gemella. Questa volta le guardie non persero tempo in convenevoli ma, sollevatala di peso, la ficcarono nella vasca dello stanzino accanto a quello di June.

Quando furono pulite e disinfettate, l'infermiera sottopose ognuna di loro alla cosiddetta 'frugata di Pucklechurch', un'ispezione intima di tutte le cavità corporali. Poi dovettero presentarsi a turno al banco dell'accettazione, dove la guardia, che aveva un'aria simpatica e ufficiale nella sua uniforme blu, prese in consegna e registrò i loro effetti personali e diede a ciascuna una federa nella quale mettere lenzuola, salviette, una camicia da notte e un paio di pantofole. Poi rivolse loro il solito discorsetto di benvenuto. Il suo compito principale, disse, era quello di assicurarsi della loro identità e riempire i moduli specificando il parente più prossimo e l'anamnesi clinica. Dal momento che le ragazze non rispondevano, non le riuscì di cavarne alcuna informazione e si vide costretta a lasciare i moduli in bianco. Si sarebbe messa in contatto con il loro avvocato o con la polizia. Terminato il 'colloquio', consegnò a ciascuna un libretto verde con il regolamento carcerario e i diritti del detenuto e carta e busta per la loro prima lettera. « Noi qui siamo severi ma imparziali » avvertì. « Se avete problemi o lamentele potete chiedere un appuntamento con la capoguardia ».

June non rivolse a Jennifer neppure un'occhiata. In un certo senso, che ci fosse qualcuno a prendersi cura di loro e a proteggerle dal disordine della loro vita era ciò che avevano sperato. E anche quella guardia non era poi male, aveva sorriso loro in maniera proprio gentile. Quello che le spaventava di più era il pensiero di essere messe in celle separate. Scortate da due vigilatrici apparentemente di grado inferiore, alla cui cintura tintinnavano sinistri mazzi di chiavi, June e Jennifer vennero sospinte lungo un corridoio.

Anche tenendo gli occhi bassi, si accorgevano di come le guardavano le altre ospiti del carcere quando gli passavano davanti. Chi erano quelle donne? Assassine, prostitute? Spacciatrici? Era in un posto come quello che avrebbero incontrato Myra Hindley? Dalle finestre del corridoio videro filari di alberi, e guardando con la coda dell'occhio scorsero, al di là della propria immagine riflessa nel vetro, un giardino recintato. Poi, appena una delle guardie aprì con una chiave la porta della sezione A, quella di valutazione, si trovarono di fronte un autentico pandemonio.

Il frastuono regnava sovrano. La filodiffusione trasmetteva un'assordante musica reggae, decine di ragazze chiacchieravano e gridavano. Era l'ora del bagno, e c'era chi cantava e chi batteva sulle porte degli stanzini. « Datti una mossa! Piantala di ficcarti le dita in quel posto e vieni fuori! ». « Chiudi il becco, stronza, o te le infilo nel culo e te lo rompo ».

June e Jennifer erano terrorizzate. Si erano immaginate di starsene sedute insieme in una cella tranquilla, ad ascoltare nient'altro che i propri sussurri, e invece tutte quelle ragazze, quelle donne, chiacchieravano in maniera così volgare, e ridevano e urlavano. Non sarebbero mica rimaste alla mercé di quel forsennato branco di lesbiche? E le vigilatrici? A June balenò il sospetto che una di loro le stringesse il braccio un tantino troppo forte. E non faceva apposta a strusciare i fianchi contro il suo corpo snello?

Una guardia aprì una porta chiusa a chiave e le spinse nella stanza. « Adesso, sistematevi. Potete farvi il letto e vestirvi da notte. Mrs MacCarthy vi porterà la cena ». Jennifer stava dietro June, come anni prima quando si mettevano in fila indiana davanti al direttore o davanti all'impiegato dell'ufficio postale. « Se dovete fare la pipì, c'è un vaso da notte dietro la porta ».

La porta sbatté e le gemelle udirono la chiave girare nella toppa. Non si mossero, ma osservarono attentamente la loro nuova dimora. Al primo sguardo sembrava molto piccola e squallida, ma sempre meglio delle celle dei commissariati di polizia in cui erano state rinchiuse fino ad allora. C'erano due letti a castello che sembravano per bambini, ma non erano molto diversi dai loro a Furzy Park. La stanza aveva u-

Le gemelle, nuovo acquisto della famiglia Gibbons. Da sinistra: David, Aubrey con in braccio Jennifer, Gloria con in braccio June, e Greta. Aden, 1963.

« Chissà se guardavano le nostre faccine da cherubini e vedevano ... il desiderio di distruzione che ci stava davanti? ». Le gemelle all'età di due anni.

June e Jennifer a sei anni con la sorellina Rosie.

Jennifer fa a June il segnale segreto.

Le nozze di Greta, aprile 1978: «Abbiamo guastato la festa» (June).

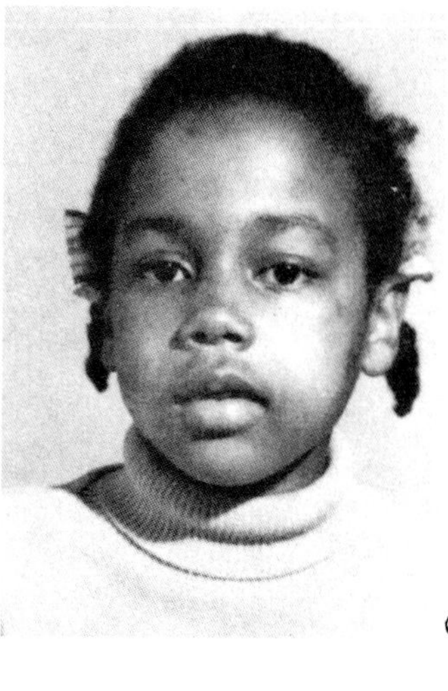

June e Jennifer a dieci anni alla scuola elementare di Braunton, nel Devonshire, e uno dei loro numerosi disegni di gemelle.

June e Jennifer a Eastgate nel 1977.

Furzy Park, il quartiere RAF di Dale Road: « Un posto con pochi alberi e ancor meno fiori ».

June al parco giochi.

Jennifer in posa per la gemella.

L'ultima pagina di *She Loves Me, She Loves Me Not* (Mi ama, non mi ama) di Jennifer.

June e il suo sorriso «da diva».

Jennifer in un momento di euforia.

Jennifer in veste di scrittrice.

June. «Il mio inconscio ha notato i ragazzi. E anch'io».

« Incontro con l'autore »: June nel marzo 1980.

Estate 1981. June e Jennifer in casa loro con i ragazzi Kennedy. *Sopra a sinistra*: Wayne Kennedy. *Sopra a destra*: Jennifer fatta di vodka e colla. *Sotto a sinistra*: June e Jennifer nella stanza di Wayne. *Sotto a destra*: June innamorata.

La casa dei Kennedy a Welsh Hook.

La « tana » dove le gemelle attiravano i ragazzi del posto.

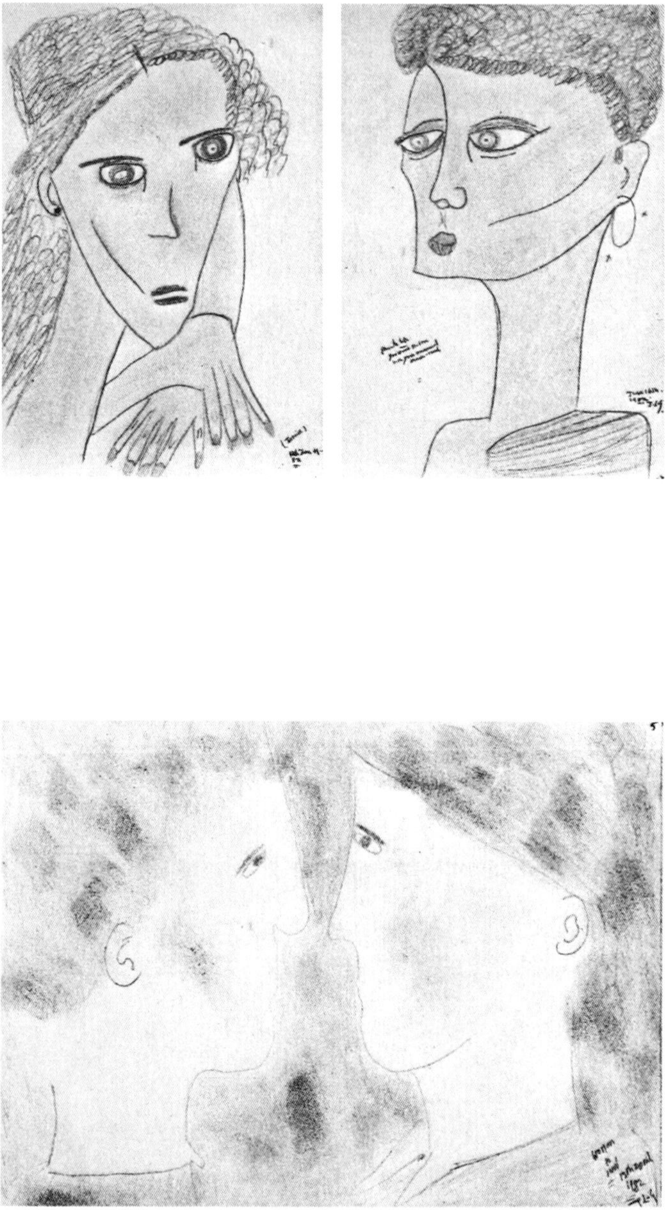

Disegni fatti da Jennifer a Pucklechurch.

Aubrey e Gloria al processo: « Non si deve dare tutta la colpa a questi genitori » (June).

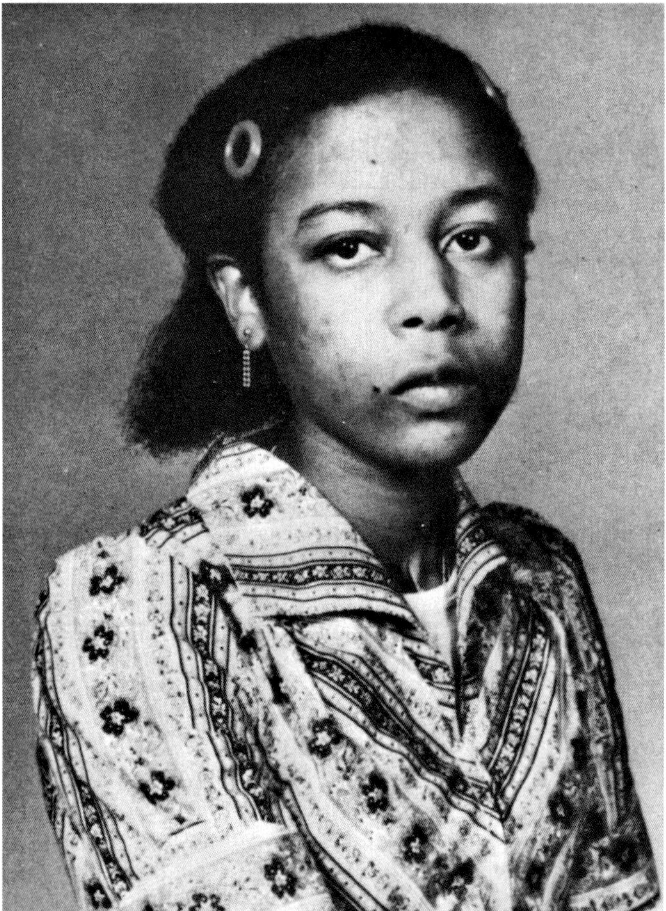

Jennifer a Broadmoor, 1982.

Pagina a fronte: June a Broadmoor, 1982, e una fra le molte lettere delle gemelle a Marjorie Wallace.

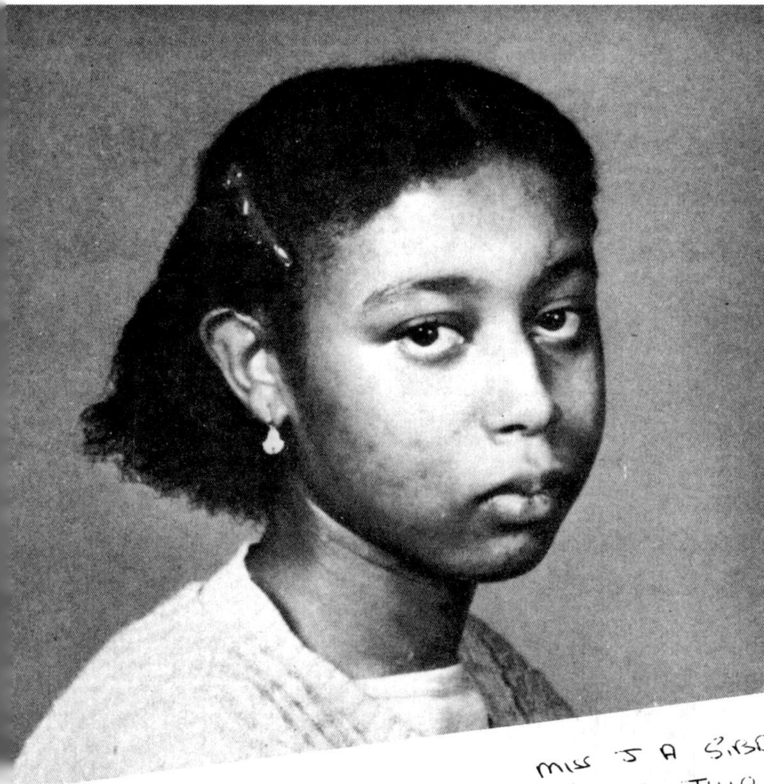

(P1)

Miss J A Gibbons,
Lancs Two.
Broadmoor.
Hospital.
Crowthorne.
Berkshire.
RG. 11. 7EG.

Weds. November 24th 1982

– Marjorie,
hello; how are you? It was nice of you to visit on Sunday. hope you had a pleasant journey home. I am alright at present. I'm going around in a kind of "limbo" trying to think what kind of stories to write. It doesn't really matter what the story is about, just so long, it is written in a sensible style. To get my sleepy brain's writing again, I believe, I need, those two little more boosts; then, I might find myself writing. From midnight, until dawn: quite a bit of reading: when, ... in puzzle-churn...

July 28th 1982 (Wednesday.)

Dear Diary, I feel mentally depressed. Why can't my life ever be perfect. That's just it, life never is.

Una pagina dei diari che Jennifer teneva in carcere.

na finestra con i serramenti di acciaio, e un riquadro più piccolo che si poteva aprire, se non altro di qualche centimetro.

Sotto la finestra passava un grosso tubo del riscaldamento centrale, e a circa mezzo metro dal letto, contro la parete opposta, c'erano un armadietto, un tavolo e due panchetti. Nell'angolo videro una fila di recipienti di vari colori e misure. Quello col coperchio sembrò loro il vaso da notte; si domandarono chi mai potesse usarlo. Nessuna delle due si mosse, né parlò. Jennifer si guardò alle spalle: la porta, che aveva un'aria così comune, era assolutamente liscia, tranne che per uno spioncino, e non aveva maniglia: non c'era scampo. Rimasero là, con indosso la vestaglia a strisce, ad aspettare il loro destino.

«È più di un'ora che non si muovono. Non sembrano neanche vive». Mrs Junor guardava dallo spioncino e discuteva delle nuove arrivate con la vigilatrice notturna che era appena montata in servizio. «Gli ho portato un vassoio con la cena mezz'ora fa, ma non l'hanno neanche toccato. Non mi hanno mai risposto. Forse sono sorde, o non capiscono. Sappiamo così poco di loro».

Le due donne andarono a completare il loro rapporto. Smontando, Mrs Junor ebbe la curiosità di vedere che cosa fosse accaduto a quelle due gemelle negre. Guardò dallo spioncino e vide che erano ancora là, in piedi, una dietro l'altra, e tenevano goffamente tra le mani le loro federe. Era sicurissima che da quando le aveva lasciate non avevano mosso un muscolo, né spostato il peso da un piede all'altro. Era un mistero. Sembravano due invitate alla festa della Bella Addormentata colte improvvisamente dal sonno.

Mrs Junor decise di intervenire e chiamò a rinforzo una vigilatrice notturna. «Non potete stare alzate tutta la notte. Perché non vi mettete a letto e non vi fate una bella dormita?». Silenzio. Le due donne tolsero le federe dalle mani delle ragazze, ne tirarono fuori le lenzuola e fecero i letti. Poi issarono Jennifer, sempre rigida, nella cuccetta di sopra e misero June in quella di sotto. Al momento di lasciare la stanza Mrs Junor si girò e le vide che giacevano immobili come statue, tutt'e due con la testa sollevata dal cuscino esattamente alla stessa angolazione. Mrs Junor era una brava donna, madre di famiglia; quelle due ragazze non assomigliavano a nessuna delle detenute di cui si era presa cura nella sua lunga carriera nelle prigioni dello Stato. Parevano così piccine, con quei lineamenti minuti... più che giovani criminali sembravano bambine sordomute. Non poteva lasciarle in quella posizione penosa. Allungò una mano verso la gemella sulla cuccetta superiore e le fece appoggiare la testa sul cuscino; ma la ragazza continuò a tenere gli occhi aperti, con lo sguardo fisso davanti a sé. Con un gesto di pietosa tenerezza, Mrs Junor le abbassò le palpebre. Rabbrividì e si chinò a fare lo stesso all'altra ragazza. Era come preparare i morti.

La mattina dopo, di buon'ora, June e Jennifer furono svegliate da un gran fracasso: qualcuno picchiava sui tubi. C'erano anche altri rumori, porte che si aprivano, gente che gridava, carrelli che passavano fuori della porta. Le ragazze della stanza accanto erano curiose di sapere chi erano le nuove venute.

«Come vi chiamate? Potete parlare attraverso i tubi. C'è un tale casino che non sentirà nessuno». Ma June e Jennifer stavano a letto immobili.

Venne aperta anche la loro porta ed entrò di corsa una guardia sconosciuta vestita con la solita uniforme blu. Vide che erano ancora in vestaglia e andò dietro la porta a sollevare il coperchio del vaso da notte.

«Com'è che è vuoto? Spero bene che non abbiate bagnato il letto! Dovrò dirlo al capo e lei vi farà rapporto». Ma il letto delle gemelle era asciutto. Quando June e Jennifer si sentivano minacciate, sembrava che le loro funzioni corporali si bloccassero. Avevano un'enorme forza di volontà. «Bene, voglio che vi alziate immediatamente. La guardia Barry vi mostrerà dove andare a lavarvi. E voglio che questa stanza sia spazzata e spolverata prima di colazione».

Una volta messe in moto, June e Jennifer seguirono Miss Barry in una stanza in fondo al corridoio, dove c'era puzza di orina e dove scorsero alcune ragazze in camicia da notte di nylon rosa o a fiori che vuotavano i secchi di plastica in un lungo condotto. Poi furono portate in un'altra stanza con una tinozza e ricevettero del sapone.

«Per le 8.10 tutte in stanza per l'ispezione» gridò la guardia Barry.

Pucklechurch è uno dei quattro carceri femminili inglesi che accolgono anche le detenute in attesa di giudizio, e la sua area di competenza comprende tutta l'Inghilterra sud-occidentale e il Galles meridionale. Vi sono settantatré fra donne e ragazze, custodite da personale femminile. Il carcere ospita anche ragazzi al di sotto dei ventun anni, già condannati. La sezione femminile è divisa fra detenute in attesa di giudizio e circa venticinque già condannate. È una costruzione moderna, circondata da un alto recinto sormontato da filo spinato. I bassi edifici si trovano in mezzo a giardini ben tenuti e cortili in macadam per l'ora d'aria e, benché le diverse sezioni siano raggruppate insieme, i detenuti di ognuna di esse sono mantenuti rigorosamente separati, particolarmente i maschi dalle femmine.

In un carcere di questo genere i giorni seguono un'inflessibile routine. Alle 7.45 del mattino vengono aperte le porte delle celle e ai detenuti viene ordinato di vuotare il vaso, lavarsi, rifare il letto, spazzare la propria camera e, come June e Jennifer avevano avuto modo di scoprire, essere pronti per l'ispezione delle 8.10.

Con la colazione June e Jennifer dovettero affrontare un nuovo cimento, quello che più temevano: furono scortate in uno stanzone, ricevettero due vassoi e vennero sospinte in una fila di ragazze in coda. Assalita dai ricordi dei tempi di scuola, June fu presa dal panico: avrebbe dovuto mangiare davanti a tutte quelle ragazze. Guardò verso l'uscita, pensando di fuggire, ma davanti alla porta, a braccia conserte e gambe divaricate, stava una vigilatrice giovane e ben piazzata. Guardò allora le finestre, ma non avevano l'aria di potersi aprire. E se ci avesse scagliato contro il vassoio? Dopo tutto, se era vero che era esperta nell'entrare con la forza in un edificio, perché non sarebbe stata capace di uscirne? Le finestre sembravano spesse, erano fatte probabilmente di vetro speciale antiproiettile. June vide che c'erano altre tre guardie appostate nella stanza, e che stavano tenendo d'occhio lei e Jennifer, immobili davanti al banco del self-service.

Le detenute in coda dietro di loro cominciavano a dar segni di impazienza e si misero a urlare oscenità. Cosa stava aspettando Jennifer? Perché non faceva la prima mossa? Toccava a lei. Dalla filodiffusione arrivava il notiziario. Il caldo nella stanza era opprimente, e c'erano tutti quegli occhi che le fissavano. Il vassoio di June cadde a terra di schianto e le ragazze sospesero per un attimo il loro chiacchiericcio e le guardarono. La guardia che stava vicino alla finestra raggiunse rapidamente la collega, e quando June partì a testa bassa in direzione della porta erano là pronte a riceverla.

Alle nove, a meno che la temperatura esterna non

sia sotto zero, i detenuti vengono fatti uscire nei cortili. A norma di regolamento, quelli in attesa di giudizio hanno il diritto di rifiutare sia l'‘aria’ sia la socializzazione, ma le guardie sono restie a conceder loro questo diritto. Marciare attorno al cortile per almeno mezz'ora fa fare ai detenuti un po' di ginnastica. Per il resto della mattinata hanno la facoltà di frequentare lezioni di vario genere: stenodattilografia, nozioni di pedagogia, applicazioni tecniche, inglese.

Alle 11.45 viene servito il pranzo e alle 12.15 gli ospiti del carcere sono nuovamente rinchiusi nelle loro stanze per permettere al personale di fare l'appello e andare a sua volta a mangiare. Restano di turno tre guardie. Quando, alle 13.30, torna il personale, si riaprono le porte e se qualcuno ha delle visite può andare in sala colloqui. Ci sono lezioni pomeridiane in aula e nella moderna palestra adiacente alla cappella. C'è poi un'altra mezz'ora d'aria, seguita dalla cena. Fra le 17.15 e le 18 tutti vengono nuovamente rinchiusi in cella fino al momento della riunione serale, una riunione ‘familiare’ in cui i detenuti possono chiacchierare o leggere, guardare la televisione o una videocassetta. La giornata termina alle 20.45 con l'ultima distribuzione di medicine, dopo di che le celle vengono chiuse per tutta la notte.

Per June e Jennifer le prime settimane di permanenza furono un vero tormento. Pucklechurch non era affatto quel porto tranquillo che avevano immaginato, era invece un luogo pieno di nuovi orrori. Loro che avevano sperato di essere lasciate in pace in una cella tranquilla a riflettere sulla propria vita erano invece costrette a stare con le altre ospiti: dovevano ‘socializzare’, passeggiare in cortile anche col tempo avverso e, peggio di tutto, erano tenute a mangiare in pubblico.

A June e a Jennifer l'appetito non mancava, e il cibo del carcere, preparato nell'ala maschile da una squadra di detenuti e portato con carrelli riscaldati nell'ala femminile, le attirava, ma non si decidevano a mangiarlo. Dopo il colpo di testa di June diventarono miti e obbedienti, ma non fu possibile convincerle ad andare a prendersi il pasto al banco del self-service, e quando il personale metteva loro davanti un piatto loro lo ignoravano. Come capita con tutti i detenuti che rifiutano il cibo per parecchi giorni, furono ben presto trasferite all'infermeria, un edificio a due piani dove furono trattenute in osservazione.

Il loro disturbo alimentare era assai più complesso del semplice rifiuto del cibo. Esse soffrivano di anoressia e di bulimia nervosa, alternavano cioè periodi in cui pativano volontariamente la fame ad altri in cui si ingozzavano di cibo per poi costringersi a vomitarlo. Nell'infermeria del carcere inventarono un nuovo gioco nel quale una digiunava mentre l'altra mangiava regolarmente per due. Poi, a un certo punto, i ruoli si invertivano. Capitava però che al momento del cambio scoppiassero dei disaccordi: June e Jennifer facevano a gara a chi sembrava più snella, a chi aveva gli zigomi più sporgenti e gli occhi più dilatati dalla fame. Se una delle due pareva dimagrita, l'altra diventava invidiosa e scoppiava una lite che, se irrisolta, voleva dire due piatti intonsi accanto alla porta della cella. June e Jennifer si servivano inoltre dell'acqua sia come espediente dietetico sia come purgante, giungendo talvolta a berne tanta da essere costrette a starsene a letto piegate in due dal mal di pancia e a vomitare.

Acqua, cibo, fuoco. Si servivano di ogni simbolo disponibile per vivere fino in fondo la loro intima disperazione, mangiando tutto doppio oppure gettando il cibo nei vasi da notte o attraverso il pertugio della finestra. A somiglianza di molti detenuti, usavano lo sciopero della fame come simbolo di resistenza. Ben presto però lo rivolsero l'una contro l'altra: il cibo divenne la loro arma reciproca. Certe mattine, il personale dell'infermeria le trovava che si coprivano la faccia con le mani sporche di sangue per i graffi che si erano fatte durante una lite notturna causata dal cibo.

Il personale, che non era stato sufficientemente informato sui loro problemi, decise di separarle. A Natale del 1981 June era stata riportata alla sezione di valutazione e guardava furibonda, al di là del giardino, la finestra dietro la quale la sua gemella si godeva il lusso di vivere e mangiare da sola nella loro vecchia stanza d'infermeria. Le camere nelle quali ciascuna di loro veniva sistemata diventavano un grave motivo di attrito. Quando stavano insieme, June e Jennifer litigavano per stabilire quando toccasse a ciascuna mangiare per due, e quand'erano separate non si davano pace, nell'ansia che l'altra rompesse il patto, mangiando quando avrebbe dovuto digiunare, digiunando quando avrebbe dovuto mangiare, o godendo di certi privilegi o di una libertà che l'altra non poteva condividere.

Fu l'inizio di un altro periodo di intensa creatività. Jennifer frequentava le lezioni di disegno nell'aula di terapia occupazionale, e tutte e due cominciarono e riempire quaderni su quaderni dei loro sogni e delle loro poesie. Nei pochi momenti di tregua della loro lotta intestina presero a riflettere sulla propria vita e sul proprio avvenire:

On the wall shadows perform
Quietly displaying dark motions
Of a group so dim
Yet with expiting visions.

Gliding smoothly figures unwind
While others continuously whisper

Rising waves of stories which bind
Together a legion, born only out of disaster.

Predictions spelled out for a lingering fate
Only they know: secrets, dangers.
Enveloped in arrival of each date.
For they are your astrologers.

Silently shadows perform
Shimmering in welcome moonlight.
Silently shadows perform
Throughout the sleeping night.[1]

Jennifer Gibbons, 21 gennaio 1982

Gli unici avvenimenti che spezzarono la routine dei primi tempi in carcere furono una serie di rinvii della loro comparizione in tribunale e una visita del legale di June. Michael Jones era un giovanotto che lavorava nello studio Eaton-Evans e Morris di Haverfordwest ed era stato consigliato alle gemelle dalla polizia; prima di essere trasferita a Pucklechurch June si era incontrata con lui un paio di volte. Sia lei che Jennifer erano assistite legalmente, ma Jennifer, nell'ipotesi di un conflitto di interessi tra le sorelle, aveva un legale diverso: Ivor Rees, di un altro studio di Haverfordwest, Prince e Figlio. Su insistenza di June, però, venne chiesto che anche Jennifer presenziasse alla visita,

1. «Sul muro recitano ombre / mostrando chete movimenti oscuri / di una sorta così fioca / ma con visioni che si estinguono. // Figure si snodano scivolando leggere / mentre altre sussurrano di continuo / sollevando onde di storie che legano / assieme una legione, nata soltanto dalla sciagura. // Predizioni fatte a un destino che indugia / e che solo loro conoscono: segreti, pericoli. / Avviluppati nell'arrivo di ogni data. / Perché sono loro i vostri astrologi. // Ombre silenziose recitano / luccicando nella gradita luce della luna. / Ombre silenziose recitano / per tutta la notte addormentata».

e Michael Jones si accollò il grosso del lavoro in favore di entrambe.

Il suo arrivo alla prigione costituì una sorpresa e un nuovo cimento. Le ragazze furono condotte nell'ufficio della capoguardia, ma una volta là decisero che non ce l'avrebbero fatta a incontrare personalmente il loro legale. Tramite le solite trattative a base di farfugliamenti e bigliettini, convinsero la capoguardia ad accettare che l'incontro si svolgesse secondo un nuovo copione, vale a dire per telefono. Quel pomeriggio erano di servizio Miss Barry e Mrs MacCarthy, le quali trasecolarono ascoltando di nascosto il colloquio. June parlava al telefono nell'ufficio della capoguardia, mentre Jones rispondeva a quello dell'ufficio attiguo; i due erano però tanto vicini che li si poteva udire come se fossero stati in un'unica stanza. Nessuna guardia aveva sentito June e Jennifer parlare speditamente prima di allora; avevano sempre creduto che fossero mute o quasi. La chiarezza e la lucidità di quel colloquio condotto in tandem furono una rivelazione. Dai resoconti delle gemelle e dai ricordi delle guardie, si svolse pressappoco così:

June: «Quanto crede che ci daranno?».

Jones: «Difficile dirlo. Dipende da come vi comporterete».

Jennifer: «Crediamo sia nostro diritto riavere da lei e dalla polizia quello che ci appartiene. La prego quindi di restituirmi i diari».

Jones: «Vedrò cosa posso fare».

June: «Esiste qualche farmaco che possono somministrarci o qualche trattamento, tipo ipnosi, cui possono sottoporci?».

Jones: «Sì. Ne parlerò a un certo dottor Spry. Ma prima vorrei sapere se avevate un motivo particolare per appiccare quegli incendi. Perché l'avete fatto?».

Jennifer: « L'abbiamo fatto solo per potercene ricordare... June e io vorremmo che ci venissero restituite le lettere dei ragazzi che ci scrivevano ».

Jones: « Sì, vedremo di ridarvele. Altre domande? ».

Jennifer: « Può dirci che cosa sta succedendo dietro le quinte? Sono più di due mesi che siamo qui. Cosa pensa il giudice del nostro caso? ».

Jones: « Al giudice interessano di più i vostri progressi delle vostre azioni passate. Se volete che vi aiuti a uscire da Pucklechurch è molto importante che cominciate a parlare. La prossima volta che verrò spero che acconsentirete a incontrarmi di persona ».

June: « Io parlerò con lei se lei mi aiuterà. Vorrei che mi facesse tornare con mia sorella nell'infermeria ».

Jones: « Farò quello che posso. C'è qualcosa che desiderate ricevere? ».

June: « Sì, grazie. Qualche libro di D.H. Lawrence e degli altri quaderni ».

Dall'ufficio della capoguardia provenne una risatina soffocata mentre le due cospiratrici posavano il ricevitore. June e Jennifer erano entusiaste delle loro manovre: nessun patto era stato infranto e le trattative erano andate piuttosto bene. Miss Barry e Mrs MacCarthy si allontanarono per il corridoio, ancora sbalordite da ciò che avevano sentito. A quanto ne capivano, avevano parlato entrambe le ragazze. Chi erano mai quelle gemelle? Perché nessuno aveva detto loro che sapevano parlare a quel modo, anzi che erano in grado di rigirare quel giovanotto a loro piacimento? Si prendevano forse gioco delle guardie e del carcere? Come già era accaduto a Eastgate, il personale cominciò a sentirsi imbrogliato.

Durante i mesi che seguirono June e Jennifer misero a dura prova le guardie, non con un comportamento apertamente scorretto, ma con la crescente resistenza che opponevano al regime carcerario. Vennero mandate dal direttore, subirono sanzioni disciplinari per parecchi giorni di seguito, furono separate e rimesse insieme, inviate insieme o singolarmente in infermeria, e insieme o singolarmente riportate nella medesima stanza o in stanze separate nella sezione A o B1, che è quella delle detenute in attesa di giudizio. Ma nessuno stratagemma sembrava funzionare: se stavano assieme nella loro stanza, capitava talvolta che chiacchierassero, ma ogni volta che erano costrette a mangiare in sala mensa o a unirsi alle altre detenute in cortile o nella sala comune, si chiudevano come ricci e si difendevano camminando con passo lentissimo, gli occhi fissi sul pavimento e un braccio a far scudo alla testa. Se una teneva davanti alla fronte il braccio destro, l'altra teneva il sinistro. Quando si stancavano cambiavano braccio, ma il movimento era eseguito in perfetta sincronia, con la precisione del Cambio della Guardia.

Nella sala comune, poi, sempre col braccio alzato, si mettevano una di fronte all'altra al tavolo più vicino alla parete. Soltanto quando qualcosa non andava per il verso giusto, quando non potevano avere il tavolo dove si sentivano 'al sicuro', oppure se volevano ottenere qualcosa, lasciavano perdere questi atteggiamenti e avvicinavano una guardia.

Anche in questi casi però non parlavano, ma indicavano col dito e farfugliavano, così che ci voleva un po' per capire di che cosa avessero bisogno.

Alcune delle guardie s'incuriosirono e presero a spiarle quando stavano in stanze o sezioni diverse, per vedere se il loro comportamento sincronizzato dipendesse dalla trasmissione di segnali. Scoprirono che anche quando non erano in grado di sorvegliarsi o di passarsi dei messaggi, le gemelle stavano sedute nella medesima posizione, facevano la medesima cosa, contemporaneamente ma in luoghi diversi. Se in infermeria Jennifer leggeva, anche June, nella sezione di valutazione, leggeva. Se Jennifer scriveva, scriveva anche June. Non solo facevano la stessa cosa, ma si mettevano anche in posizione speculare, come le statuette reggilibri africane. Sembrava che ci fosse in loro qualcosa di sinistro, quasi fossero una sola mente divisa fra due corpi. Meglio lasciarle perdere.

La spiegazione era probabilmente molto semplice: le due ragazze trascorrevano moltissimo tempo a leggere e a scrivere e avevano una tale esperienza di vita in comune che assumevano automaticamente posizioni 'standard'. Il personale di Pucklechurch, già spiazzato dal loro comportamento eccentrico, trovandole sempre intente a fare le medesime cose o in atteggiamenti simili propendeva a dare una spiegazione di tipo soprannaturale.

Le guardie, perplesse, sospettavano anche che June e Jennifer le ingannassero sulla propria identità. Persino le più assidue tra le guardie diurne trovavano pressoché impossibile distinguerle: quando chiamavano June, erano sicure che rispondesse Jennifer, e viceversa. L'unico elemento di cui si servivano per distinguerle era il cerchietto d'argento che da tre anni June portava al polso come portafortuna, ma sospettavano che le gemelle se lo scambiassero. O erano molto furbe, oppure c'era proprio qualcosa di storto. Come al solito, erano un enigma. «Non erano mai aggressive con le guardie, come tante altre» rammenta una vigilatrice anziana. Erano solo scostanti. Serbavano l'una per l'altra le proprie emozioni. La maggior parte del tempo si ignoravano, poi all'improvviso si aggredivano. Passavano le giornate a leggere romanzi che prendevano dalla biblioteca del carcere e libri impegnativi mandati dalla famiglia, oppure chine a scrivere sui loro quaderni».

Era su questi quaderni forniti dalla prigione, di un rosa scuro, che tenevano il diario. Scrivevano, e talvolta rivedevano, le annotazioni giornaliere su qualunque pezzetto di carta riuscissero a trovare – sacchetti, pezzi di cartone, la sovraccoperta di un libro. Quando erano soddisfatte, le trasferivano, anche dopo settimane, sui quaderni, tre o quattro pagine al giorno. I diari scritti in quei mesi sono un'indomita, implacabile testimonianza della rabbia crescente che provavano nei confronti della loro situazione, e l'una nei confronti dell'altra.

Alcuni di questi diari sono stati buttati via da una guardia noncurante, gli altri sono stati conservati assieme agli effetti personali delle gemelle e le hanno accompagnate a Broadmoor. I diari rimasti partono dal marzo 1982, dopo che June e Jennifer avevano ormai trascorso quasi tre mesi a Pucklechurch, e coprono il trimestre successivo, in cui le ragazze rimasero in attesa del processo, credendo che avrebbe procurato loro fama e aiuto.

Il personale di Pucklechurch rinunciò a poco a poco a ogni tentativo di integrarle con le altre detenute, e le lasciò chiuse in camera per periodi sempre più lunghi. June e Jennifer furono felicissime di rifugiarsi nel loro mondo e di convogliare i propri sentimenti nel lavoro letterario, al punto che provocavano sovente le guardie nella speranza di essere « sbattute in cella » per l'intera giornata.

I diari sono estremamente personali: ogni pensiero, ogni soliloquio vi è confessato senza la minima censura. Gli avvenimenti vengono riferiti con esattezza fotografica, le persone descritte con un intuito e una sensibilità straordinari. Hanno un solo neo: le ragazze affermano spesso di aver fatto « una bella chiacchierata » con qualcuno, ma nessuna delle guardie con cui pretendono di aver « chiacchierato » ricorda più di qualche sillaba farfugliata, a malapena intelligibile e perlopiù fraintesa. I diari del resto ammettono i loro problemi di comunicazione e sottolineano la difficoltà di farsi capire. Trattando con le guardie, June e Jennifer trovavano quasi sempre più facile usare la mimica e scribacchiare bigliettini, tecniche che avevano messo a punto a casa loro.

La lettura comparata delle descrizioni di June e Jennifer di una medesima giornata costituisce un'esperienza stupefacente; ognuna di loro agiva come una cinepresa puntata sull'altra gemella per registrarne ogni minimo movimento, ogni più piccolo gesto. Di tanto in tanto, l'una o l'altra spostavano l'obiettivo e facevano una panoramica dell'universo carcerario che le circondava, ma inevitabilmente tornavano entrambe sulle loro posizioni strategiche. Il campo di battaglia era ormai ridotto a una cella di tre metri per due e mezzo, e le due nemiche sedevano a meno di un metro di distanza, tenendosi reciprocamente d'occhio e approntando la propria artiglieria di improperi. June e Jennifer descrivevano gli stessi avvenimenti e le stesse emozioni con straordinaria minuzia, eppure i due diari non combaciano mai del tutto. La visione distorta che ciascuna gemella ha dell'altra fa sì che ne risulti una duplice prospettiva, sconcertante come un dipinto surrealista. La realtà, studiata a fondo, si trova in un punto imprecisato tra i loro due modi esasperati di percepire le cose.

Anche quando stavano in camere separate, June e Jennifer non potevano sfuggire ai pensieri che ognuna sospettava nell'altra. Insieme o divise, cominciarono tutt'e due a sperimentare una solitudine nuova. La dinamica del loro rapporto si fece ancora più instabile; entrambe desideravano disperatamente di avere altri amici o compagni con i quali spartire la propria vita.

La sera del 21 marzo 1982 Jennifer era sola. L'avevano rinchiusa in una stanza separata in seguito a una delle loro solite liti in sala mensa. Felice della propria indipendenza, si tolse lentamente la camicia da notte e si mise a passeggiare per la stanza.

«Avevo la sensazione che ci fosse con me il mio innamorato, e che mi guardasse. Mi sentivo snella, femminile e bella. Guardavo pensosa dalla finestra e fissavo l'ospedale con occhi intenti e miti. Il mio innamorato mi si avvicinò lentamente da dietro, mi accarezzò dolcemente le spalle nude e ci tenemmo stretti. Ci baciammo, le sue mani calde si chiusero a coppa sui miei piccoli seni. Mi condusse verso il letto. Ero sul letto, triste e indifesa, mi accarezzavo piano con le mani, ma avevo la sensazione che quelle fossero le mani del mio innamorato. Mi sentivo così triste e sola. Tiravo lente boccate da una sigaretta mai accesa. Mi ricorderò di questa notte e immaginerò che con me c'era veramente un innamorato, in quella cella scura, solitaria...».

Il mattino dopo Jennifer venne rimessa in stanza con June, ma questo non fece che aumentare la sua solitudine.

«Improvvisamente mi sento come un'anima persa. Se fossi di nuovo bambina potrei non vedere i problemi che mi tengono prigioniera. Vorrei essere in pace con le cose che faccio, come scrivere questo diario. Sulla carta esprimo le cose in un modo che non mi soddisfa del tutto. Devo disegnare. A volte mi sento una fallita. C'è come un grosso peso sulla mia mente, ho il cervello intrappolato e non riesco a liberarlo. Ho bisogno di essere una, di essere un individuo, ho bisogno di sapere che al mondo esisto solo io. Per qualche motivo mia sorella si è raffreddata con me, sembra così occupata a vivere, e io da sola mi sento tagliata fuori.

Sarebbe stato meglio se fossi rimasta nel mio isolamento».

Quella sera era June, calma e in pace, ad avere la meglio. Seduta con i piedi a mollo nel secchio di acqua tiepida che le detenute potevano avere la sera in cella, guardava fuori dalla finestra il giardinetto tra le mura, con i suoi fiori primaverili e il mandorlo nell'aiuola centrale che stava per fiorire... un genere di bellezza che era stato loro negato in tutti gli anni che avevano trascorso a Haverfordwest.

«Una sera fresca, mistica. Sento montare la nostalgia e la sensazione di pura felicità che ho provato l'estate scorsa. Ricordo Carl e le lunghe fumate, quando andavamo alla deriva in un torpore da ubriachi. Fuori il cielo è di un blu profondo, la mia mente è limpida e tranquilla. Che cosa farei in questo momento se fossi libera? Forse sarei tra le braccia del mio amore. Adesso sento il cinguettio degli uccelli, un tordo, un passero. A ogni istante si fa un po' più buio. Attorno a me spira pura aria estiva, come un'umida foschia, come un bicchier d'acqua fredda (che adesso bevo)».

Lo stato d'animo pacifico di June continuava, ma era sempre offuscato dalla presenza di Jennifer. Insieme le due ragazze danzavano al suono di una musica immaginaria, inscenando il loro strano balletto di intimi pensieri.

«Voglio qualcuno che non sia la mia gemella. Voglio qualcuno che mi capisca, che capisca i miei umori, le mie convinzioni, che capisca che su di me si può contare. Voglio qualcuno che apprezzi la mia lealtà. Voglio semplicemente qualcuno che riconosca per che cosa sono nata. Ma per cosa diavolo sono nata? Quale rotta è stata tracciata per me, e quando sarò arrivata in fondo chissà se mi guarderò indietro e mi pentirò? Vorrò cambiare tutto? Forse quando sarò una vecchietta mi dirò che avrei potuto imboccare l'altra strada, l'altra direzione, ma sarà troppo tardi».

June guardò il suo braccialetto dagli arcani poteri, poi guardò Jennifer. Forse, se fosse riuscita a trovare una pinza per tagliare quel braccialetto e toglierselo dal polso, la maledizione, la maledizione che Jennifer aveva gettato sulla sua vita si sarebbe allontanata.

«Potrebbe davvero essere la causa di questa infelicità. Non siamo sempre state ai ferri corti, J. e io? Anzi, potrebbe essere la causa di questa eterna barriera nella mia vita, guardare la vita che passa, voler disperatamente partecipare e non essere capace, questa incessante sensazione di essere tagliata fuori. Forse è per questo che J. e io eravamo incapaci di parlare con i nostri genitori? Che li tenevamo a distanza? Forse non avrei fatto tutte quelle cose, non avrei sfasciato scuole e il resto. Avrebbe potuto essere solo fantasia. Mettiamo che non avessi mai portato questo braccialetto: la mia vita sarebbe stata il caos che è ora?».

Ma per Jennifer vedere June in posizione di forza era insopportabile. Si era costretta a seguire una dieta rigida, quasi un digiuno, che l'avrebbe portata in vantaggio rendendola più snella e più desiderabile di June, ma mercoledì 24 marzo, con sua grande vergogna, la forza di volontà le venne a mancare. Pareva che accadesse sempre di mercoledì. E non fu una deroga da poco, perché Jennifer mangiò due colazioni complete: due porridge, sei fette di pane, due salsicce, più il tè. «Ho digiunato due giorni,» rivelava «e dovevano essere tre. Per me la colpa è di Satana. È lui che me l'ha fatto fare». E fu ancora Satana a tentarla all'ora di pranzo, quando fece una scorpacciata di spaghetti al ragù, carote, patate (June le diede anche le sue con un gesto fraterno alquanto ambiguo), pane, torta alla crema e tè. Immediatamente Jennifer ebbe un soprassalto di coscienza. «Riprenderò il controllo. Riprenderò il controllo della mia mente, del mio corpo. Devo essere in pace con me stessa. Meglio la morte, se non avrò la pace. E chi piangerà ai miei funerali? L'adolescente muore di DIETA, STRAVIZI, VITA. Morire, senza aver raggiunto quello a cui ambisco». E il giorno dopo ricominciava il digiuno, e nel giro di qualche ora, affamata, era nuovamente depressa e sull'orlo del suicidio. Ma ormai anche June, esasperata dalla mancanza di notizie sulla data del processo, era di umore ugualmente nero.

Poi, inaspettatamente, ci fu un diversivo. Il mattino seguente il giardino era in fermento. A ogni finestra apparvero delle facce: un uomo calvo, «forte, snello, virile», stava tagliando l'erba. C'erano anche un giovanotto basso e un uomo sulla cinquantina, sorvegliati da una guardia. Le ragazze erano in visibilio: quella era vita. Alison, la donna che stava nella cella accanto, aveva già aperto la finestra e stava urlando oscenità all'indirizzo degli uomini. «Ehi, per cosa siete dentro? Su, fatecelo vedere!».

L'uomo più anziano guardò su. June era sicura che fosse uno stupratore o un seviziatore di bambini. Aveva l'aria di essere forte mentre spingeva il tosaerba – davvero forte, con le vene turgide. Un assassino? Un maniaco sessuale? Forse era famoso, ma né June né Jennifer lo riconobbero. La guardia, nel tentativo di sovrastare le oscenità che piovevano dalle finestre delle donne, rimise in funzione il tosaerba. June era sgomenta: «Maneggiavano cesoie giganti, rastrelli e attrezzi, mi spiego? Avrebbero potuto facilmente aggredire l'agente di custodia e scatenare una rivolta. Specialmente poi in un carcere femminile. Il capo non sa i rischi che corre».

Mentre June guardava dalla finestra, il più anziano dei tre detenuti le passò vicino e diede a lei e a Jennifer due narcisi. June li appese sopra la porta della loro stanza. Ma il rumore della tosatrice e l'odore dell'erba tagliata di fresco fecero scattare una disperazione nuova.

«È tutta colpa dei narcisi se mi è stata improvvisamente rovesciata addosso questa infelicità, e questa depressione. Chi ha voglia di sentire i suoni dell'estate, quando è in prigione? E chi ha voglia di sentirli anche quando è in libertà? Io no di certo. Io odio l'estate. Sempre le stesse gite, gente felice (ma lo è davvero?). Vacanze pianificate da tempo (che si rivelano tragiche, un disastro). Bambini che leccano il gelato, donne incinte con quei vestiti larghi e ciancicati, che si sentono accaldate e appiccicose. Uomini in canottiera e calzoncini, a petto nudo e occhiali da sole. Perché non può essere inverno o almeno autunno tutto l'anno. Che bisogno c'è dell'estate? A te può sembrare strano, una ragazza delle Indie Occidentali come me che ammette di detestare l'estate. Sì, odio le folle che si precipitano alla spiaggia. Il suono malsano, quasi repellente del disc-jockey che trasmette i dischi alla radio, dischi maledetti che una volta o l'altra nella vita ci toccherà ricordare, riascoltarli pensando al passato e dire: "Che cosa facevi quell'estate? Con chi stavi l'estate del 1982?". Deprimente, no? Cioè, devi ammettere che metà della popolazione starà attraversando una crisi esistenziale, affronterà il divorzio, la morte, qualche incidente, un delitto, non solo eventi felici. Un bambino può perdere la madre, una famiglia può dividersi, un uomo perdere la vista. Bisogna pur pensare che cosa significa realmente l'estate, no? È una maledetta, disperata corsa verso Settembre. Chi esce davvero incolume dall'estate e arriva a quel fresco mese tranquillo? Chi sopravviverà all'olocausto, quest'estate, e sentirà sulla fronte accaldata la pioggia dolce e fresca? Quale famiglia fortunata radunerà i resti dell'ultimo picnic estivo e tornerà effettivamente a casa per affrontare il Settembre? A volte mi prende una tristezza morbosa quando in una giornata spaventevole, caldissima, sembra che tutti abbiano disertato la faccia della terra ed è come se il sole fosse caduto e tutti fossero fuggiti via. E io lì, sola e disseccata, che incontro me stessa, sola suppongo come sono io. Camminerò a piedi nudi, bramando l'ombra, bramando il sonno ma odiando andare a letto perché è come essere un panno che asciuga in lavatrice. Un groviglio di lenzuola calde e appiccicose attorno al mio corpo inzuppato di sudore, i piedi che cercano febbrilmente un posto fresco negli angoli più lontani del letto. Persino la notte il sole non mi abbandonerà. I suoni continueranno a tormentarmi. Volti umani felici, sorridenti e patetici continueranno a cavarmi tutta la pietà di cui sono capace; pietà per gli esseri umani che adesso si danno per vinti o perdono la speranza, si sottomettono a quelle stupide occupazioni, tosare il prato, togliere le erbacce, guardare le ragazze col bikini o il prendisole. Sono inghiottiti dalle lusinghe dell'estate, stregati, avvelenati dai suoi modi allettanti. Per me i suoi raggi di speranza e di calore sono mal di testa accecanti, l'arrostirsi di una carne gonfia che non smette di ungersi con l'olio solare... ».

La filippica di June contro l'estate era un tantino prematura nel mese di marzo, ma servì almeno a migliorarle l'umore. Forse fu la sua posizione di forza a provocare il disastro della sera dopo. Anche se con riluttanza, le gemelle avevano accondisceso a unirsi alle compagne. Erano appena passate le sei quando vennero aperte le porte della sezione B e le ragazze si avviarono a gruppetti animati verso la sala comune. « June, Jennifer » chiamò la guardia. « È l'ora di socializzazione. Sapete che l'avete promesso al capo ». Quando non potevano evitare di andarci, era per loro un punto d'onore occupare un tavolo a ridosso della parete, accanto alla porta, dove sedevano a turno con la faccia rivolta al muro e quindi al riparo dagli sguardi e dall'attenzione altrui. Quella sera toccava a June guardare in faccia la folla delle compagne.

Jennifer notò come June camminasse lentamente. Se non si sbrigava qualcuno si sarebbe preso il tavolo. Infatti quando arrivarono era occupato, e furono costrette a farsi largo tra la folla per accaparrarsene un altro al capo opposto della stanza. Fu allora che June aprì nuovamente le ostilità: guardando dritto in direzione di Jennifer, prese una sedia e con gesti calcolati la trascinò fino al tavolo in modo che entrambe potessero stare con la faccia al muro. Il patto era infranto. Jennifer sentì la rabbia impadronirsi di lei: June aveva trasgredito al loro gioco. Tremava dal furore, le girava la testa, le batteva il cuore, tanta era la voglia di prendere sua sorella per il collo e scaraventarla giù dalla sedia. Invece chinò il capo e finse di leggere il libro di Edna O'Brien che si era portata dietro. June si appoggiò allo schienale e fissò sua sorella, in attesa della reazione che sicuramente il suo gesto avrebbe provocato. Ma Jennifer reagì con freddezza: era decisa a mantenersi calma, a mostrarsi superiore. Sentì che June la osservava, indugiando con lo sguardo su di lei, e capì che era spaventata.

«Tutti i raggi della sua paura mi attiravano come una RETE. Io sapevo, lei sapeva. Non dovevo fare altro che scattare. Tutte le ragazze mi avrebbero visto lottare, urlare, soffiare e attaccare come un gatto che è sicuro della sua vendetta su un rivale debolissimo. Lei sarebbe morta e io sarei stata libera nella *mia* mente. Libera di fare ciò che più mi piaceva, di diventare me stessa. Mi controllerei perché saprei di aver ucciso la mia nemica. La gente dovrà capire, e basta. È tutta una questione di cuore, spirito, mente. Lei è spaventata. Sa che una notte io mi alzerò e la guarderò mentre è sdraiata sul suo letto. Stringerò il cappio in mano... Sarebbe la cosa migliore che ho mai fatto in vita mia. Riderò del passato, calpesterò la sua tomba».

Il giorno dopo avevano fatto la pace.

Col passare dei giorni si fecero più introspettive. Guardavano al passato, soffrivano per i familiari ai quali non avevano mai rivolto la parola, si preoccupavano per la madre e soprattutto per il loro futuro. Scriveva June:

«La parte migliore della mia gioventù se ne è andata, scorrendo lenta via da me. Solo gente più vecchia, come mia madre, dice che io sono intensamente giovane con tutta una vita davanti. Ma lo sono davvero, giovane? Quando avevo 17 anni mi spaventava l'idea di averne 18. Mi sembravano tanti da far paura: già donna e ancora vergine. Ma ora che mi avvicino ai 19, un'età amaramente cruciale, quasi due decenni sulla terra, mi sento sprecata. Avrei già dovuto fare qualcosa di importante, ma non come criminale: il matrimonio, un bambino, viaggi qua e là per il mondo. Dovrei essere una vera donna – che è andata all'altare, ha avuto un bimbo, magari è divorziata. Se avessi dei figli, una casa e un marito mi sentirei desiderata e al sicuro. Mi preoccuperei dell'avvenire dei miei figli, più che del mio. Non mi preoccuperei dell'età. Troppe persone avrebbero bisogno della mia esistenza. E poi, se i miei piccoli morissero e mio marito mi lasciasse, leggerei di nuovo la Bibbia. Mi farei un'overdose o andrei a dare una mano in un manicomio...

«E poi arriverei finalmente all'età di 40 anni, mi riposerei in casa mia, guarderei dalla finestra i miei figli adolescenti. Allora so che potrei essere soddisfatta, avrei fatto il mio dovere. Allora, dopo aver scritto due romanzi di successo, sarei beata, sarei ricompensata di questa rabbia infinita, di questa infinita sofferenza. Mi vedo a trentasei, trentasette anni, potrei non avere figli, potrei essere in manicomio. I miei genitori saranno vecchi, bisognosi di aiuto. I miei nipoti saranno adolescenti, mia sorella Rosie avrà più di vent'anni. I giorni del crimine saranno finiti, dimenticati. Dove sarà J.? Saremo ancora incredibilmente insieme, abiteremo nello stesso appartamento, recluse, a scriver libri, inferiori al mondo? Senza una terapia che funzioni? E sui giornali che notizie ci saranno? Chi sarà primo ministro? Il bimbo di Lady D andrà a scuola. Forse lei sarà regina. E ripenserò al periodo che vivo adesso, convinta che sia stata la parte migliore della mia vita...».

Una certa gratificazione procurò a June la notizia, contenuta nella lettera che Gloria le scriveva ogni settimana, che *Pepsi-Cola Addict* era stato finalmente pubblicato. Adesso era famosa sia come criminale sia come scrittrice: forse questo poteva indurre il giudice a infliggerle una condanna meno severa. Ma per Jennifer la notizia non fu affatto incoraggiante, e in ogni caso il processo pareva ancora là da venire. Entrambe le ragazze erano disperatamente sole. Non erano state capaci di fare amicizia con nessun'altra detenuta – a eccezione della povera Alison, che era mezza scema ed era stata trasferita altrove –, e ognuna dava la colpa all'altra: ma c'era poco da stupirsi, perché non comunicavano affatto con le altre. L'unica persona che le prendeva in considerazione era Maureen, una rozza donna sulla trentina, ma anche lei cominciava a stancarsi di punzecchiare dei tipi che non reagivano mai.

A un certo punto June e Jennifer decisero di tentare di nuovo con la stregoneria, che precedentemente non aveva dato risultati. Ma se era difficile trovare gli ingredienti necessari a Haverfordwest, a Pucklechurch era quasi impossibile. C'era una ragazza che sembrava simpatica, e per attirarla ritagliarono da qualche rivista le foto di anelli e braccialetti, nella speranza che funzionassero come quelli veri. Ma l'esperimento fallì. Per far sì che questa o quella ragazza parlasse con loro provarono con la meditazione e le cantilene. In un paio di occasioni la magia sembrò funzionare, e la ragazza presa di mira rivolse loro la parola; ma la cosa tragica era che sia June sia Jennifer erano troppo imbarazzate e spaventate per rispondere.

In alcuni casi, la meditazione che aveva per oggetto una data ragazza sembrava sortire l'effetto contrario: « Credo proprio che l'abbiamo allontanata » scriveva Jennifer di una ragazza negra che piaceva a tutt'e due. « Invece di farla venire a parlare con noi, la magia ci si è ritorta contro. È stata mandata alla prigione di Styal ».

Sia June sia Jennifer sentivano che le compagne le ritenevano del tutto inabbordabili, e desideravano ardentemente uscire dal proprio guscio. « Non so cosa farei per diventare quella che dovevo essere quando sono nata » scriveva Jennifer. « Mi cambierei legalmente il nome. Lo fanno tutti: si liberano di se stessi in tutti i modi possibili, cambiano maniere, naso, faccia, pettinatura, lasciano perdere la loro vita e scappano in qualche paese lontano per diventare nuovi ».

Queste fantasticherie però non le aiutavano molto: ancora una volta si erano lasciate convincere a partecipare alla riunione serale, ma per quanto stessero chine sui libri al loro tavolo preferito attirarono ugualmente l'attenzione sgradita di Maureen. « Ehi, voi due, l'avete mai assaggiato? » domandò sguaiata protendendosi sul loro tavolo. La stanza surriscaldata era piena di chiacchiere e di fumo di sigarette. Tre guardie sedevano a un tavolo accanto alla porta e spettegolavano. Le gemelle si seppellirono ancora di più nei loro libri; intorno a loro le altre ridevano, scherzavano, litigavano.

Maureen pareva decisa a scandalizzarle, ma a un tratto si sentì uno scoppio di risa a un altro tavolo e andò a vedere che cosa succedeva. Indira, una ragazza mezzo indiana sui venticinque anni, stava vantandosi del bambino che aveva avuto. «Vogliamo le prove!» gridò Maureen. «Com'è che ci sei rimasta? Con un bacio?». Indira, che secondo le gemelle era subnormale, annuiva sorridendo. Maureen fece un balzo in avanti e le sollevò il vestito. «Dài, facci vedere le smagliature, allora!». Indira aveva l'aria spaventata. Le risate si propagavano scomposte e minacciose per la stanza. «Ogni quanto lo fai?». Le altre facevano eco: «Ti si seccherà se non...». Notando il cambiamento di tono, le guardie intervennero e portarono via Indira.

June e Jennifer seguitarono a leggere come se non fosse successo nulla, ma quel piccolo, spiacevole incidente fece scattare il ricordo delle loro personali esperienze sessuali. June si rammentò di come avesse dovuto aiutare Carl a penetrarla versandogli del brandy sul pene, e di come fosse stato ugualmente difficile. Ma ne era valsa la pena: non era più vergine. Non poteva esserci un destino peggiore che stare rinchiusa in quella stanza piena di donne frustrate – molte delle quali, sospettava, lesbiche – ed essere ancora intatta. No, le altre non erano superiori, né più mature, né più vissute. Lei quelle esperienze le aveva fatte tutte, e anche di più. Avrebbe tanto voluto dire una o due cosette a quelle spaccone, ma come al solito non riuscì a parlare. La lingua le pesava immobile in bocca. Sapeva che se le fosse uscito un suono sarebbe stato una specie di guaito: tutte si sarebbero voltate a guardarla.

«Ehi, ragazze, c'è la luna piena. Una notte così fa proprio venir voglia».

Le ragazze si precipitarono a guardare dalla finestra. June stava per approfittare dell'occasione per alzare lo sguardo quando avvertì la disapprovazione della sorella. Jennifer stava leggendo il libro di D.H. Lawrence che le aveva passato lei; ma stava davvero leggendo? Era immobile. Né uno sguardo, né un'alzata di capo. June era talmente in suo potere da non riuscire a voltar pagina:

«Vedo la mia mano che si alza per voltare la pagina. Aspetta, sceglie il momento giusto per fare questa mossa, voltare una pagina. Nella stanza si è fatto silenzio, aspetto finché tutte ricominciano a parlare. Non possono osservarmi: sono invisibile. Non ci sono – una statuetta che volta la pagina. Qualcuno mi versa del tè nella tazza, io la trascino verso di me. Sono una ragazza normale che beve il tè, tengo la tazza in mano mentre continuo a leggere, gli occhi bassi, immersa nel libro. Prendo il dolce, lo addento, è un dolce quadrato con qualche uvetta. Mangio senza masticare veramente, persino il movimento della mia bocca è troppo imbarazzante. Che la gente mi veda masticare di gusto, mai. Mangio come se mi annoiassi, come fosse acqua. Inghiotto, quasi non mastico, mando giù a fatica. J. ha l'aria infelice, accigliata. Io mi sorprendo quasi sempre a guardare J., cerco di leggerle nel pensiero. Arrabbiata, furente, pronta a esplodere. Terribilmente, dolorosamente impacciata e innaturale».

«Allora, quanto ce l'ha grosso? Su, belle morette, diteci un po' chi è?».

Maureen, stufa di discutere delle smagliature di Indira e di guardare la luna, aveva rivolto nuovamente l'attenzione alle gemelle. Dal libro che Jennifer stava leggendo era scivolata una lettera scritta con una nitida calligrafia inclinata, e insieme c'era una fotografia. Maureen l'afferrò e cominciò a mostrarla in giro: era la foto di un ragazzo negro sui diciott'anni. Mark, il ragazzo del Ghana, era stato uno dei primi a rispondere all'inserzione di Jennifer sulla rivista. Arrivato in Inghilterra nel 1979, si era messo a lavorare in un ristorante a Old Woking, nel Surrey, e sognava di fare il cuoco. Con Jennifer si erano scambiati lettere così formali e circospette che avrebbero incontrato l'approvazione dei più rigidi genitori vittoriani. Avevano persino combinato di sposarsi, un argomento sul quale Jennifer si era interrogata lungamente: non era certa che, in un'epoca permissiva, impegnarsi con un ragazzo che non aveva mai visto fosse la cosa più giusta da farsi. Ma lei credeva in Mark e sognava di lui. Le sembrava l'eroe di *The Captain's Doll*, il racconto di D.H. Lawrence che stava leggendo: un uomo misterioso, che proviene da un mondo carico di magnetismo.

«Questo racconto mi ha fatto pensare a Mark. Lo amo davvero? Voglio sempre conoscerlo, e lo conoscerò. Ci vedo benissimo come due amanti perfetti. Mi ammirerà, perché è un Leone; quelli del Leone ammirano sempre noi Arieti. Baciami, mio dolce Mark, non vedo l'ora di dirgli queste parole. Penso a noi che ci teniamo per mano, parliamo, ridiamo, facciamo l'amore, viviamo una storia romantica».

«Dài, tira fuori. Non ci dirai mica che è tuo fratello, eh? Ha un'aria un po' scarsina». Maureen gongolava: era da quando erano arrivate che desiderava provocare quelle due mummie imbalsamate, per il solo gusto di vedere se erano capaci di parlare. Ma l'umiliazione spinse Jennifer a ritirarsi ancora di più nel suo guscio. Dentro di sé June era contenta: lei aveva incoraggiato il 'fidanzamento' di Jennifer e al tempo stesso ne era invidiosa. Come sorella maggiore si interessava alla loro storia d'amore e offriva a Jennifer i propri consigli. Le diceva che dovevano conoscersi di persona e l'avvertiva che, se fosse stata rinchiusa in prigione o in un ospedale psichiatrico per molti anni, lui avrebbe anche potuto disamorarsi.

«Qui non l'hai mai visto? Sei proprio sicura di non essertelo immaginato? Perché non gli dici di venirti a trovare? Gli piacerebbe un mondo qui, non è vero, belle?». Tutti i commenti osceni, le risatine, le sghignazzate non potevano scalfire la purezza del rapporto che univa Jennifer a Mark. Ma una visita? Incontrarlo di persona? Jennifer doveva riflettere sulla saggezza di un passo del genere.

Una settimana dopo Jennifer stava sdraiata a letto in attesa della cena. Una guardia le porse una lettera.

«Ho avuto un tuffo al cuore: ho riconosciuto la scrittura di Mark. Era una lettera piena di sentimento. Lui vuole che la nostra amicizia abbia un seguito. E anch'io. Dice di essere molto preoccupato per me. Erano mesi che non scrivevo e pensava che la nostra amicizia fosse finita. È rimasto sconcertato dalla mia lettera: ha riconosciuto la mia scrittura ma il francobollo non era il mio solito, era del governo, un timbro. Mi dice quanto si è preoccupato quando l'ha letta. Sono in carcere, imputata di atti vandalici. Con tutto il cuore mi dice che dovrei chiedere al Signore mio Dio di liberarmi. Cercate e troverete. Bussate e vi sarà aperto. Mi dice dove trovare questo passo: Matteo, versetto 77. Lo ringrazio. Lui compirà 22 anni quest'estate. Non mi preoccupo più per l'età. È l'amore che conta. Sento che adesso lo amo, e che quando lo incontrerò lo amerò di più. Quanto dovrò aspettare? Io ho bisogno di sicurezza, Mark me la darà. Sì, mio caro Mark, un giorno ci sposeremo. Ci sposeremo in grande stile. Forse ci sposeremo in carcere. Ma non avrà importanza, almeno sarò una moglie. Apparterrò a qualcuno».

Mentre Jennifer viveva con il ricordo di Carl e la speranza di Mark, June progettava di eliminare Jennifer dalla propria vita: era lei la cattiva, quella che le aveva portate in quel luogo, che aveva deciso di stringere il patto che per tutti quegli anni aveva tenuto June lontana dalla sua famiglia e le aveva impedito di farsi degli amici fuori casa. Mentre a Pucklechurch le settimane diventavano mesi, June sentiva che Jennifer era decisa a possedere la sua mente e la sua anima e cominciò a temerla con un'intensità nuova.

Intrappolate in quella stanzetta soffocante, le due ragazze intensificarono la lotta per la supremazia. Erano come due sottomarini nemici che si puntavano addosso i rispettivi periscopi e si muovevano lungo una rotta simile, ma obbedendo a comandi contrastanti. Il personale di Pucklechurch, per spiegare il loro bizzarro comportamento, si era fatto l'idea che fossero un'unica mente divisa fra due corpi. Ma il loro perfetto accordo era solo il prodotto degli anni trascorsi a giocare contro il mondo: June e Jennifer avevano alle spalle un lungo apprendistato nell'arte di apparire identiche. Credevano anche loro di riuscire a leggersi nel pensiero, ma quando scavavano più a fondo diventava chiaro che le loro menti non combaciavano.

A dispetto dell'identica facciata che presentavano, c'era fra di loro una spaccatura grande quasi quanto quella che le divideva dal resto del mondo. Ognuna sorvegliava in continuazione, ma di solito fraintendeva, le mosse dell'altra. Ognuna lavorava esageratamente di fantasia attorno ai pensieri e alle intenzioni che attribuiva all'altra. Era giocoforza che fra di loro scoppiasse la guerra.

VIII
TEATRO DELLE OMBRE

> Nessuno soffre come me. Non per una sorella. Per un marito, sì. Per una moglie, sì. Per un figlio, sì. Ma questa mia sorella, un'ombra scura che mi ruba la luce del sole, è il mio solo tormento.
>
> JUNE GIBBONS

Era un pigro pomeriggio domenicale, ai primi di aprile del 1982. Il personale di Pucklechurch stava godendosi con calma il pranzo festivo, e le detenute della sezione A, tranne quelle chiamate in sala colloqui, si trovavano chiuse a chiave nelle rispettive stanze. C'era un'insolita quiete. Fuori il cielo era grigio e afoso, nella stanza delle gemelle l'aria era viziata. La mancanza di personale quel giorno aveva significato esser lasciate a se stesse per lunghe ore, e nelle ultime due June e Jennifer erano rimaste sedute immobili a lanciarsi occhiate sopra il libro che stavano leggendo. Nessuna delle due parlava. La radio trasmetteva canzoni dell'estate 1981. Il tempo era ormai un peso gravoso: erano a Pucklechurch da quasi sei mesi, e il giorno prima avevano saputo che il processo aveva subito un altro rinvio, di almeno un mese.

Erano in stato di allarme. Per tutta la giornata la tensione fra di loro era andata aumentando mentre, a turno, facevano una mossa che rendeva sempre più ineluttabile lo scontro. A pranzo Jennifer aveva rotto l'accordo di mangiare anche per June. Si era spinta troppo in là: la resa dei conti sembrava inevitabile. Poi, all'ultimo momento, erano arrivate a un compromesso: Jennifer aveva mangiato le patate di June, June il budino di riso di Jennifer. Ma non c'erano le basi per una pace durevole.

Adesso, sedute a mezzo metro di distanza, le due avversarie riconoscevano di essere ormai giunte alla partita finale. June scriveva il diario e aspettava la prossima mossa. Mancava poco più di una settimana al loro diciannovesimo compleanno e aveva la chiara sensazione che la giovinezza stesse lentamente ma inesorabilmente abbandonandole.

«Forse starò qui ancora per uno, due, sei mesi, magari per un altro anno, in questa cella. Già cambiano le voci familiari: gente nuova, atmosfere diverse; estati, inverni, autunni, e sarò ancora qui» scriveva June.

Ogni giorno analizzavano nei diari, più acuti di qualunque rapporto psichiatrico, i sentimenti che ognuna nutriva verso l'altra e verso la propria condizione di detenuta. Gli appunti dell'aprile e del maggio 1982 sono autentici capolavori.

June guardava al di là delle sbarre il giardino e il piccolo mandorlo nell'aiuola centrale:

«Ho come una visione di quell'albero che improvvisamente perde i fiori; e di me, che un giorno scopro che quei fiori sono diventati marroni, e sono caduti ai piedi di quell'albero solitario. Ma io non sarò più qui, vero? Maledizione. Non voglio svegliarmi e vedere l'inverno che si avvicina e i raggi freddi del sole che brillano sul muro di questa cella; quei fiori rosa che un giorno sono diventati marroni. Un giorno freddo di vento, e io ancora qui in questa cella, ad aspettare. Il mio castigo – questa età, questa smania, questa fase, questa rabbia. Mi sforzo con tutto il cuore di accettare la mia vita così com'è. La stanchezza, le angosce, i momenti di tensione, la solitudine e la rabbia, cerco di conviverci. E ora chiedo a me stessa e probabilmente alla mia anima e a te: troveranno mai una soluzione ai miei problemi, ai problemi di J.? ».

Il motivo trasmesso dalla radio si insinuò nella mente di June, suscitando i ricordi contrastanti della calda estate trascorsa a Welsh Hook. La ragazza lanciò un'occhiata alla sorella che leggeva, immobile. Riconosceva la canzone? Se sì, Jennifer avrebbe cambiato umore, l'avrebbe invidiata, lei e il suo passato. June bruciava dalla voglia di allungare una mano e cambiare canale, ma non osava farlo.

Jennifer si era accorta della canzone e osservava in silenzio il tremito di June che la diceva lunga sulla sua sconfitta. « Vuole spegnere la radio » pensava Jennifer. « Ha paura dei ricordi perché sa che ha meno cose di me da ricordare ». Jennifer tornò al libro che stava leggendo, un opuscolo religioso che le aveva regalato Gloria. Ma i pensieri che dominavano la sua mente non erano di natura spirituale: come il Mr Pugh di *Under Milk Wood*,[1] Jennifer stava sognando in silenzio i modi per eliminare la molesta compagna della sua vita.

I pensieri di June non erano più caritatevoli. Mentre guardava la sorella sentì salirle lentamente nelle membra la paralisi che Jennifer era capace di indurre in lei. Le labbra e la lingua erano come anestetizzate, il corpo completamente intorpidito. Solo le sue capacità di percezione, di intuizione rimanevano lucide. Jennifer era la causa di tutti i suoi guai. Jennifer le impediva di comunicare con i genitori, con il mondo. Che cosa sarebbe accaduto quando si fossero presentate davanti alla Corte? Avrebbe vinto ancora Jennifer, facendole apparire timide e taciturne, facendole comportare come degli zombi?

1. Radiodramma di Dylan Thomas [*N.d.T.*].

June voleva brillare di luce propria. Perché non doveva camminare, parlare, presentarsi davanti al giudice da sola? Immaginò la propria voce squillare nell'aula del tribunale. Si sarebbe pettinata all'insù, avrebbe avuto gli occhi sfavillanti, l'aria disinvolta ed elegante, con la sua gonna a fiori, e tutti avrebbero commentato favorevolmente la sua esuberante personalità. Li avrebbe stesi tutti con le sue argomentazioni e avrebbe raccontato i suoi problemi – e come fosse rimasta tutta la vita imprigionata dal suo doppio malvagio. Quel doppio non sarebbe stato lì a nuocerle e a rovinarle il suo momento di gloria, la grande prova della sua vita. Quella creatura ingobbita, con lo sguardo torvo e il collo sempre teso in avanti non sarebbe venuta a fare del male ai loro genitori, a irritare il giudice, l'avvocato e gli agenti. Lei non se la sarebbe presa col giudice, lei gli avrebbe raccontato che era tutta colpa di sua sorella. Avrebbe detto al mondo dei loro guai, avrebbe svelato il loro gioco. Sarebbe stata assolta. June si vide correre a braccia aperte incontro al mondo, quel mondo che era stata costretta a respingere e che l'aveva respinta per tutti quei diciannove anni. Per un momento si sentì ebbra di libertà.

Poi colse la propria faccia riflessa nello specchio infrangibile dell'armadietto: guardò di nuovo e si sentì sicura che l'immagine riflessa si era alterata. I contorni erano gli stessi, ma stava accadendo qualcosa agli occhi. Luccicavano e si indurivano. Si guardò la bocca. Anch'essa si muoveva, l'angolo delle labbra cominciò a sollevarsi in un ghigno beffardo. Eppure lei non muoveva la bocca, non sorrideva. Inorridita, si rese conto che la faccia nello specchio non era la sua. Il sorriso si allargava, diventava una voragine, e June avvertì chiaramente la risata di sua sorella. Ma Jennifer non aveva neppure alzato la testa, era sempre china sul libro, a leggere o a fingere di leggere.

June vide pulsare le vene dietro il collo di Jennifer. Le venne la pelle d'oca. Lentamente allungò il braccio verso la radio, che stava in bilico su una pila di libri presi a prestito dalla biblioteca. Aspettò, poi allungò la mano verso la manopola. In un estremo atto di provocazione, la girò e mise a tacere quel programma che la irritava.

Per Jennifer quello fu il segnale. Mentre June si esaminava la faccia allo specchio, Jennifer aveva calcolato le distanze; avvicinò pian piano la propria sedia a quella della gemella, strinse le dita attorno alla sedia di June e la tirò indietro con violenza, scaraventando June contro il tavolo. Poi, mentre June si voltava inferocita, afferrò la sedia e gliela buttò in faccia.

« Sei una stronza! » le gridò.

« Sei perfida, sei una strega! » gridò June di rimando. « Ti odio, ti ho sempre odiato! ».

Jennifer era trionfante: cominciò a cantilenare in un modo che sapeva avrebbe fatto infuriare June. « La strega ucciderà la stronza. Io sono la strega cattiva ».

Le forze malefiche che June aveva percepito nello specchio stavano saturando la stanza. Jennifer sembrava invasata, e decisa a farla finita, una buona volta. Avrebbe tramortito sua sorella con la sedia, poi l'avrebbe soffocata con un cuscino e avrebbe dato fuoco alla cella. Dalle ceneri sarebbe risorta solo lei, Jennifer.

June afferrò il secchio e lo scaraventò contro Jennifer. « Chiudi quella boccaccia! Ci sentiranno! Ci sentiranno parlare! » strillava. Jennifer sentì sparire il groppo che di solito le bloccava la gola. L'odio che aveva dentro le aveva liberato la voce. « E lascia che sentano, che sentano tutti! » gridava. Ma ormai aveva posato la sedia e aveva le mani strette attorno al collo di June.

Si aprì la porta della cella e irruppero Mrs Murdoch e una guardia. Guardarono le ragazze che lottavano, le sedie rovesciate, l'acqua versata, i copriletti verdi attorcigliati per terra come serpenti. La guardia più anziana afferrò Jennifer per i polsi per trascinarla fuori dalla stanza, l'altra mise June con le spalle contro il letto a castello e la tenne ferma.

« Metti questa nella stanza qui di fronte » disse Mrs Murdoch con voce sorda. Ma June non voleva che Jennifer se ne andasse in un'altra stanza con il sorriso sulle labbra: si divincolò e si avventò contro la sorella, affondandole in viso le dita della mano destra piegate ad artiglio. Quando la guardia riuscì a separarle, sulla guancia di Jennifer colava il sangue.

June rimase in cella da sola, e lentamente l'odio sbollì, lasciandola come svuotata. Sdraiata sul letto, lanciava di tanto in tanto un'occhiata alla cuccetta di sopra, vuota. La notte che aveva davanti e che doveva trascorrere da sola la impauriva, però non poteva perdonare sua sorella. Il loro rapporto stava distruggendole entrambe, e non c'era nessuno in grado di capirle né di dar loro una mano. Aveva voglia di piangere. La radio, che qualche ora prima era stata l'oggetto di una così intensa irritazione, adesso le era di conforto. Come confidò al diario, le parole della canzone di Leo Sayer, *Have You Ever Been in Love*, le ricordavano Jennifer.

« J. e io siamo come due innamorati. Un rapporto di amore-odio. Lei pensa che io sia debole. Non sa quanta paura ho di lei, e questo mi fa sentire ancora più debole. Voglio essere abbastanza forte da separarmi da lei. Oh, Signore aiutami, sono disperata. È possibile che J. e io torniamo insieme? Io punto davvero a essere sola. Eppure, nel momento stesso in cui lo dico, inganno me stessa. Posso reggere alla solitudine? Io ho bisogno di qualcuno con cui parlare, di un amico. Il letto di J. è vuoto... Mi chiedo se suonerà il campanello per tornare con me. Il cuore non mi batte tanto forte, adesso. Batte forte solo quando c'è J., sempre con J. ».

Quasi potesse sentire il lamento della gemella, Jennifer, seduta nella stanza di fronte, la numero 6, sorrideva di soddisfazione. La ragazza che l'aveva preceduta in quella cella aveva lasciato la sua radio a transistor sul bordo della finestra, e Jennifer, assaporando la propria libertà, passò in rassegna i vari canali e ne scelse uno che trasmetteva musica lirica. Le avevano fatto il bagno e disinfettato abbondantemente il viso. La guancia dove June aveva affondato le unghie bruciava ancora, ma per Jennifer quel fastidio era il benvenuto. Non la preoccupava neppure il pensiero che le restasse la cicatrice, perché sarebbe stata la prova esteriore dell'intima sofferenza che June le aveva inflitto. Era compiaciuta di aver fatto a botte e di ritrovarsi da sola, e si chiedeva se June rimpiangesse di essersi comportata a quel modo. Avrebbe implorato che le restituissero sua sorella? Lei, però, non l'avrebbe perdonata tanto presto.

« Io perdono troppo in fretta. È sempre stato così in passato. Ci picchiamo, e dopo un minuto facciamo la pace. A casa la mia stanza era una stanza di sangue. Diventeremo mai grandi, io e J.? È questione di crescita, o è che siamo due donne molto cattive? Prega per me, amico mio. Fammi tutti i tuoi auguri. Con affetto Jenny.

« P.S. Questa è l'ultima domenica che avrò diciotto anni. Che mondo crudele, crudele ».

Il giorno seguente a June venne fatto rapporto per aver aggredito Jennifer e le venne inflitta una multa di due sterline. A mezzogiorno erano di nuovo insieme. « J. e io siamo riunite. Basta botte. Ho mangiato due pranzi completi. C'era pasticcio di carne coi cavoli e budino di riso. J. ha mangiato solo il budino di riso ».

Era l'inizio di una tregua di compleanno. Per qualche giorno regnò l'armonia e tutto sembrò andare per il meglio. Jennifer ricevette una lettera da Mark nella quale lui la definiva «giovane e bella come i colori di una rosa». Non si erano mai incontrati di persona ed erano mesi che lui non le scriveva, ma Jennifer si sentì lusingata e sudò sette camicie per riuscire a rispondere a tono. Ma quel giorno aveva sognato un topo, e questo secondo la sua interpretazione significava che qualcuno la stava ingannando. Era forse Mark? «Istintivamente ora vado con i piedi di piombo. Non che non mi fidi di Mark; lui è destinato a diventare, come spero, mio marito. Devo però fargli una domanda piuttosto personale. È vergine? Non sarebbe bello chiederglielo così apertamente, per lettera. Qui abbiamo delle guardie che sono delle gran ficcanaso».

Alla fine decise di invitarlo a farle visita in carcere e la sua decisione fu premiata: Mark non poteva, ma le mandò un cartoncino di compleanno, grande e rosso e con una rosa d'oro.

Lo stesso giorno June fu convocata dalla capoguardia: sulla sua scrivania c'era una copia del sospirato *Pepsi-Cola Addict*, June guardò la lucida copertina azzurra col suo antieroe bevitore di Pepsi, Preston Wildey-King, ma la gioia non le impedì di considerare l'illustrazione con occhio critico. Lei l'avrebbe fatta meglio. Esaminò la propria fotografia sul risvolto di copertina e rimpianse di non esser mai riuscita a sembrare più affascinante. Ma era proprio la sua foto, e c'era anche la didascalia. Lesse nuovamente il libro, con attenzione, e cominciò a chiedersi se aveva fatto bene ad ambientarlo in California con quel dialogo americaneggiante. Gli americani l'avrebbero inevitabilmente giudicato fasullo, e forse avrebbero preferito leggere un libro scritto da un autore inglese con un dialogo inglese.

A Pucklechurch non erano abituati a ospitare romanzieri e *Pepsi-Cola Addict* fece un certo scalpore, al punto che avrebbe potuto facilmente distruggere il delicato equilibrio fra le gemelle che aveva reso possibile l'armistizio pasquale. Ma Jennifer aveva la sua relazione con Mark ed entrambe aspettavano con ansia che i loro genitori venissero a trovarle il sabato di Pasqua, vigilia del loro compleanno.

Per la famiglia Gibbons si trattava di un viaggio lungo e stancante, e quindi le loro visite non erano frequenti. Quel giorno Aubrey e Gloria, Greta con la piccola Helen-Marie e Rosie si erano alzati di buon'ora per prendere il treno che, serpeggiando lungo la costa del Galles occidentale, tocca Swansee, poi Cardiff e finalmente arriva a Bristol. Lì avevano preso un taxi per Pucklechurch, che si trova a una quindicina di chilometri, nella regione dell'Avon. Mentre si avvicinavano alla prigione, Gloria si sentì oppressa da quei muri alti e dalle recinzioni sormontate dal filo spinato. Al cancello, una guardia spiegò che venivano ammessi soltanto due visitatori alla volta, che le visite erano limitate a quindici minuti e che non era consentito l'ingresso ai bambini. Ligio come sempre, Aubrey accettò quelle restrizioni senza lamentarsi e disse a Greta e a Rosie che avrebbero dovuto restare fuori con la piccola. Lui e Gloria entrarono e aspettarono di essere chiamati. A tempo debito una guardia li scortò in una stanzetta con una dozzina di tavoli ai quali sedevano le detenute e i loro visitatori.

Dopo un po' arrivarono le gemelle, tenendosi strette strette sottobraccio. Rimasero sedute al tavolo con la testa bassa, mormorando di tanto in tanto qualche parola, e Gloria cercò valorosamente di portare avanti una conversazione a senso unico. Aveva notato i graffi non ancora guariti sul viso di Jennifer, ma per lei si trattava di uno spettacolo familiare, perché le era già capitato molte volte di vedere le facce delle sue figlie gemelle tutte graffiate in seguito a una lite. In una prigione, però, le guardie non avrebbero dovuto impedire alle ragazze di farsi del male? Ma Gloria fece finta di niente e seguitò a parlare come se niente fosse, saltando di palo in frasca: raccontò alle ragazze le novità di Haverfordwest, parlò di vestiti e così via. Qualunque argomento era buono pur di riempire quel baratro di silenzio.

Aubrey era più impaziente: i suoi pochi, spicci commenti e le sue freddure non avevano suscitato reazioni nelle gemelle. La visita non poteva certo dirsi riuscita. Le dita di Aubrey giocavano irrequiete con la valigia marrone dentro la quale c'erano gli indumenti che June e Jennifer avevano chiesto per lettera: le gonne azzurre a fiori, qualche maglietta e le scarpe da tennis. Per rialzare le sorti dell'incontro tirò fuori i vestiti, i due crocifissi d'argento che Gloria aveva portato come regalo di compleanno, alcune scatole di cioccolatini e due uova di Pasqua. Alle ragazze brillarono gli occhi per la gioia, ma una guardia arrivò come una furia a guastare la festa.

«Non possono ricevere questa roba» spiegò a Aubrey. «Dovete riportarvela a casa. Non siete autorizzati a portar dentro niente che non compaia sul nostro modulo». Stringendosi nelle spalle Aubrey cominciò a rimettere ogni cosa in valigia.

«Dovete fare la richiesta in anticipo. Se la prossima volta riempite il modulo, i vostri genitori potranno portarvi i vestiti» disse la guardia a June e a Jennifer.

«Ma domani è il loro compleanno» intervenne Gloria. «Non potrebbero tenere qualcosina?».

«Gli lascio tenere i cioccolatini, le uova di Pasqua e le scarpe» rispose la guardia. «Ma è uno strappo alla regola che non si ripeterà. E ora il tempo della visita è scaduto».

Dopo un addio sommesso, Gloria e Aubrey se ne

andarono in silenzio. La visita avrebbe anche potuto sembrare un disastro, eppure quella sera Jennifer scriveva sul diario: « È successa la cosa più stupefacente e meravigliosa. I miei genitori sono davvero venuti a trovarmi. Per me è più importante di qualsiasi cosa. Ho sempre desiderato che accadesse qualcosa di grande prima di compiere i diciannove anni ».

Il giorno del compleanno, che cadeva la domenica di Pasqua, iniziò per le gemelle con la consegna da parte di una guardia di una pila di biglietti d'auguri dei loro parenti. Sui due letti erano ammucchiati i dolci portati da Aubrey e Gloria, pronti per un festino di compleanno. Una volta tanto, June e Jennifer assaporarono il gusto della tanto agognata popolarità quando le altre ragazze videro, sbirciando dalla porta, il luccichio dei dolciumi e i biglietti d'auguri. Una ragazzina, Cathy, entrò in lacrime dicendo che era incinta e che durante la loro ultima visita i suoi genitori si erano scordati di portarle dei dolci. June, commossa, le offrì un cioccolatino. Poi entrò Indira, fissò i dolci avvolti nella carta dorata e non si lasciò pregare. Come molte delle sue compagne, Indira trovava le gemelle inquietanti e normalmente aveva paura di andare a trovarle in camera loro, ma il richiamo dei dolci ebbe la meglio sui pregiudizi.

« Perché non possiamo fare amicizia, perché non possiamo abbattere le barriere? Perché non possiamo far parte del gruppo? » rifletteva June.

« Perché non posso essere la diciannovenne libera e felice che vorrei? Basterebbe stare dietro a Cathy, che è nella stanza accanto, parlare, ridere. La socializzazione non mi terrorizzerebbe più. Mi siederei su un tavolo, starei in gruppo e J. e io andremmo ognuna per conto nostro. Cambiare dipende dalla mia mente, dal mio inconscio. La gente non sarà ostile, perché io non sarò ostile. Se adesso fossi sola, senza J., avrei un'amica. Probabilmente qui dentro, nella stanza accanto. Tutti si abituerebbero a vedere me e questa amica andare in giro insieme. Mangerei in sala mensa, sarei felice di passeggiare in cortile, andrei alla socializzazione, e tutto con la sensazione di farlo volentieri. La vita non sarebbe così minacciosa».

Presto ci fu un gruppetto di ospiti che sgranocchiavano di gusto e tentavano di chiacchierare con le gemelle 'mute'. Ma la conversazione stentava a ingranare. «Ci trovammo tutte a corto di parole. Era imbarazzante» rammenta Jennifer. Le invitate si sentirono a disagio e se la svignarono, lasciando June e Jennifer sole a mangiare cioccolatini, a provarsi le scarpe da tennis nuove ricevute in regalo e a ballare tra di loro nello spazio angusto della loro stanza. La tregua teneva, e per quel giorno le due sorelle poterono incontrarsi senza timore in terra di nessuno. Ma l'armistizio giunse presto alla fine.

«Coraggio, voi due!» gridava Mrs Murdoch. «Se non vi muovete vi verrà la stitichezza, le emorroidi e l'alito cattivo. Avanti, marsc!».

Le avevano costrette a uscire in cortile. Anche se come detenute in attesa di giudizio avevano il diritto di rifiutare l'esercizio fisico e la socializzazione, le guardie insistevano perché si unissero alle compagne nelle due mezz'ore d'aria giornaliere. C'era la nebbia e faceva freddo. June si era messa a camminare, ma Jennifer rifiutava di stare al passo con lei e camminava strascicando i piedi un po' più indietro. June era inviperita:

«Non vuole neanche camminare con me. Tensione. Angoscia. Non parliamo assolutamente. Due robot. Devo andarmene via da lei, non resisto a vederla rovinarsi davanti a me. I suoi stati d'animo influiscono sui suoi gesti e i suoi atteggiamenti. Ma io non sono così. Io sono più responsabile. Ho paura di andare in tribunale nello stato in cui è lei. Mi danneggerebbe standosene nel banco così sformata, con le ginocchia un po' piegate, il collo teso in avanti, lo sguardo imbarazzato, paranoico, le mani aggrappate al davanti del golf. Io l'ho persa da anni quell'abitudine. Vorrei darle una spinta, proprio un bello spintone. Mark mi fa pena. Lui ha in mente una ragazza carina, con una bella schiena dritta, il sorriso sulle labbra, giovane, coraggiosa e ben sviluppata. Ma che cos'è Jennifer qui dentro? Una che si fa piccola piccola, che ha paura degli occhi, della gente che guarda...».

Ogni qualvolta una gemella osservava l'altra, scorgeva soltanto falsità e immagini distorte. Ora vedeva riflessi nella persona della sorella tutti i difetti che temeva fossero evidenti in se stessa; ora vedeva soltanto il proprio ideale, e ne provava invidia – una fanciulla dall'espressione gentile e dal profilo che avrebbe potuto competere con quello di Greta Garbo o di Audrey Hepburn. Col morale alle stelle che le derivava dalla nuova fiducia in se stessa, June si raffigurava Jennifer nei toni più aspri. Decise di estendere anche a lei la guerra del silenzio. Il personale di Pucklechurch era sconcertato al vedere fino a che punto una ragazza fosse capace di ignorare l'altra.

Dopo l'aria tornarono in cella, senza comunicare in alcun modo, a immagazzinare nel proprio diario, ciascuna per conto suo, un arsenale di improperi. June aveva in mente un'altra soluzione: e se fosse esistita una soltanto di loro due? Allora non si sarebbe più potuto parlare di inferiorità o di soggezione. Guardava Jennifer, che le stava di fronte a un metro di distanza, e scriveva:

«Fa fresco, stasera. J. è una povera stronza, ah, potrei proprio ucciderla. Al momento litighiamo per niente. Il mio libro? È invidiosa? Me ne voglio andare via da lei. Una di noi sta tramando di uccidere l'altra.

Una botta in testa in una sera fresca, trascinare il corpo senza vita, scavare una fossa segreta. Mi trovo in una situazione pericolosa, una trama astuta, insidiosa. Come andrà a finire? A diciannove anni voglio essere un individuo, indipendente da quella stronza. Mi tiene in schiavitù. Questa creatura che poltrisce in questa cella, che sta con me ogni ora dell'anima mia.

«Siamo diventate nemiche fatali l'una agli occhi dell'altra. Sentiamo i raggi irritanti, mortali che escono dal nostro corpo e ci pungono a vicenda la pelle. Tramiamo, complottiamo, e chi vincerà? Una guerra che è durata anche troppo, quando raggiungerà il culmine? Stasera, domani, domenica? Un giorno mortale si avvicina ogni minuto, arriva a un punto di morte imminente come mani che vengono fuori furtive e si tendono contro il cielo notturno, intenzioni malefiche, sangue, un coltello, un tritacarne... Come posso liberarmi della mia propria ombra, mi domando? Impossibile o non impossibile? Morirei, senza la mia ombra? Otterrei la vita, senza la mia ombra? Migliorerei la mia posizione o la peggiorerei? Essere libera o lasciata a morire, sentirmi debole o qualche volta potente, senza la mia ombra che io identifico con il volto dell'infelicità, della delusione, del delitto».

June passò giornate intere a covare il proprio odio, ma le mancava sempre il coraggio di arrivare al dunque. Jennifer sembrava indifferente alla minaccia, e già questo indeboliva la fiducia di June. Ma June fraintendeva l'atteggiamento della sorella: Jennifer era calma perché non si accorgeva del pericolo, ignara dell'odio e delle passioni represse di June. Come fra due amanti distesi sul letto fianco a fianco, la loro vicinanza fisica serviva solo ad aumentare l'abisso di incomprensione creato dall'impossibilità di comunicare. La furia di June era ora temperata dal dubbio.

«Lei non merita la libertà provvisoria o un'altra

prigione. Lei deve essere messa sotto chiave – lontana da me, dalle altre ragazze, persino da Mark. Chi potrebbe tollerare questa stronza irascibile – piena di un odio intenso, piena di ossessioni insensate sul suo aspetto? Sempre a digiunare, sempre a rimpinzarsi. Che Dio l'aiuti! O meglio, che Dio aiuti me. Lei è dieci volte più stronza di me. Ha imparato dal caro Carl. La insultava sempre con parole oscene perché l'amava e voleva cambiarla. Ma io, la amo? Oh, Cristo, che domanda dolorosa da fare a me stessa. E se dicessi invece: "Ma io, la odio?". Non è abbastanza forte. E: "La ucciderei, se potessi?". Ma come? Un po' di morfina in un bicchiere di latte? Una bastonata in testa? O una pugnalata al cuore? Io ho soltanto le velleità dell'assassina. Non ucciderei una mosca. Ma J.? ».

June, nel tentativo di uscire da quel vicolo cieco, cercò di spingere Jennifer ad aggredirla. Allora le guardie si sarebbero finalmente decise a separarle. Ci riuscì. « Ancora una volta la vecchia tigre ribelle è uscita allo scoperto » scriveva Jennifer. « Ho preso June per la sua testolina e le ho dato una bella scrollata. Lei mi ha afferrato la mano ma ha finito per prendermi il collo. Gliene ho dette di tutti i colori ».

Jennifer fu trascinata fuori, portata in un'altra stanza, e l'indomani multata delle solite due sterline. A entrambe venne fatto rapporto. June era molto compiaciuta: si trattava quasi di una vittoria, che ebbe però vita breve. Sola ancora una volta nella sua stanza, June rifletteva sul proprio destino.

« 21 aprile 1982. I guai del mio cuore si sono dilatati e pulsano dentro di me come una fiamma di fuoco; come un razzo che sta per decollare. Essere libera. Ma io non sono libera. Il dolore, la stanchezza di vivere; l'ansia continua di pace. Perché io muoio dal desiderio di fuggire, ma da chi? Da che cosa? Dalla mia irresponsabile vita di pensieri terreni, di ricerca di una vita rinnovata, libera dai fardelli, libera dal dolore. Ma io credo che la speranza si ritorca sempre contro di me. Odio la vita che conduco adesso. Ma perché dico conduco? Io non conduco affatto la mia vita. Procede legata a un filo invisibile. Tirato da chi? Da che cosa? Una circostanza del passato. Una forza. Io sono solo spettatrice. Ma soffro come una spettatrice non soffrirebbe. Perché se mi avvicinassi a due che litigano, sarei d'un tratto lieta di essere quella che sono; però, come spettatrice, sceglierei pur sempre uno dei due litiganti e ne avrei molta pietà. Perché uno dei due perderebbe. Guardarsi come si guarderebbe la protagonista di un racconto. Nata per perdere. Una protagonista che merita ogni simpatia; eppure la simpatia che c'è nei lettori viene elargita tutta agli altri personaggi. Chi mai indovinerebbe che lei ha sofferto? Forse dai suoi occhi, tristi e pensosi. Forse dalla scontentezza che aleggia sulla sua fronte. Forse da una contrazione del volto. Solo un uomo sensibile capirebbe. Quest'uomo rimarrebbe incuriosito. Paragonerebbe la sua tristezza alla propria, rimarrebbe perplesso. Infine scaverebbe nel passato di lei. Lei esiterà a dichiarare il proprio passato; avrà paura, ma sarà terribilmente ansiosa di rivelare tutto il proprio dolore. Sarà un po' come una martire, qualcuno fuori dal comune. Si sentirà prescelta. Ah, sospirerà, finalmente un po' di compassione. Esiste la comprensione a questo mondo, dopo tutto. Io e lei piangeremo a dirotto: solo per lei. Come se vedesse un film triste. E piangerà per la protagonista, solo perché in lei riconosce se stessa. Piangerà un po' per il sollievo di conoscere qualcuno al mondo che la capisce; come l'uomo che ha incontrato alla festa; come quella volta che ha riso, riso più forte dei suoi amici. Perché rideva? Un po' per l'ansia, per la sofferenza. No, non rideva veramente. Rideva come un bambino disturbato che va a uno spettacolo di marionette e ride; solo per quella frazione di secondo ride il bambino, dimenticando tutti i suoi guai. Tutto quel suo odio intenso. Una risata falsa e irreale come il sole giallo e infuocato di notte...».

Questa fantasia di June altro non era che un'immagine di se stessa e della sua lotta. Era ormai convinta che, come nella primitiva credenza africana, la creazione di due esseri umani identici fosse uno spiacevole scherzo della Natura. Lei e sua sorella erano il risultato di qualche maledizione ancestrale. Gli altri interpretavano il loro silenzio e la loro incomunicabilità come l'espressione di un risentimento nei confronti del mondo e dei genitori in particolare, ma la rabbia di June non era diretta contro i suoi genitori. Questi avevano commesso un unico errore: consentire che entrambe le gemelle vivessero. «Poveri genitori,» li commiserava June «si addossano loro tutta la colpa, e non dovrebbero. È stato il fato: Kismet».

Contrariamente a June, nella gemellarità Jennifer cercava rifugio. Pensava di essere la meno dotata e non poteva tollerare la superiorità e l'indipendenza di June.

«Da qualche parte io ho un vero gemello al mondo. Non può essere J. Il mio vero gemello è nato alla mia ora esatta, ha il mio ascendente astrale, il mio aspetto, i miei modi, i miei sogni, le mie ambizioni. Lui, o lei, avrà la mia debolezza, le mie mancanze, le mie opinioni. È questo che fa un gemello; nessuna differenza. Io non sopporto le differenze. J. non ha la mia mente, il mio aspetto, nemmeno la mia corporatura. Mia madre, quando una volta ci ha misurate, mi ha detto che io ero leggermente più alta di J. Non ne sono stata esattamente contenta».

Il loro disaccordo sulla natura della gemellarità servì unicamente a rafforzare i vincoli con i quali ciascuna teneva prigioniera l'altra. Per quanto scrivessero di volersi liberare, nella loro cella le due ragazze erano in trappola. L'una non poteva muoversi, respirare, deglutire senza irritare l'altra. In quell'atmosfera precaria i rituali della loro infanzia divennero, nella descrizione di June, una tortura reciproca.

«Stamattina stavo sdraiata a letto e non mi muovevo, non respiravo perché sapevo che stava cominciando un gioco. Ho sentito passare il carrello della colazione. Mi batteva il cuore; ho cominciato a sudare. Mi sono chiesta: devo chiamarla? Lei era su che russava, il respiro pesante. Ma russava per davvero? Se ne stava sdraiata lassù come una persona che aspetti di venire giustiziata. Paralizzata. Con la paura che se si fosse mossa la ghigliottina le avrebbe tagliato la gola, la paura di fare qualcosa che l'avrebbe imbestialita per tutta la giornata. Non pensava a muoversi. Una mossa sarebbe stata l'errore più grande che poteva fare. Fatale. Quindi stava immobile, e io pure, come paralizzata dalla sua immobilità, dal suo rifiuto di muoversi. Perché io sapevo che si trattava di un rifiuto; non si trattava di un'incapacità. Non aveva perduto la facoltà di muoversi. E tutte le sue sensazioni erano più acuminate dell'acciaio. Così affilate che penetravano come lame dentro le mie. Si scontravano, affondavano l'una nell'altra. Entravano dentro. Scoprivano. Era questo, quindi. Ho letto nella sua mente, ho capito tutto del suo stato d'animo, in quella frazione di secondo mi sono svegliata dalla mia incoscienza al suono delle sue sensazioni; le sue sensazioni che rendevano le mie dieci volte più acute. Il mio stato d'animo. Il suo. Scontro. Come uno spargimento di sangue. Le mie sensazioni. Le sue. Si torcevano e si scontravano, accorte, astute, scaltre...

«E come andrà a finire? Con la morte? Con la separazione? Io non posso farci niente. Lei nemmeno. È qualcosa che ci viene incontro come una vaga foschia. Mi mette il delitto nel cuore, la rabbia in testa, questa rabbia di prima mattina. È ora di aprire le porte. Sono arrivate le guardie, le aprono tutte. Aspetto. Tesa. Come un gatto pronto a balzare, che però non balza. Senza un suono, approfittando del trambusto per soffocare il rumore che fa il mio corpo scivolando fuori dalle lenzuola; metto i piedi a terra. Allora lei si muove. Rabbiosa, furente. Perché chi l'ha vinta, la guerra? Non l'ho vinta veramente io. Sento ancora nell'anima la rabbia. Ma se lei è arrabbiata, non vedo ragione per esserlo anch'io. Perché soltanto una deve perdere, non tutte e due: è questo il gioco».

Il litigio, con la punizione e la separazione che ne conseguivano, fu inevitabile. Il giorno dopo, sola in cella, June pianse per la prima volta dopo settimane. Proprio come la vita con la gemella era intollerabile, la vita senza di lei le dava un terribile senso di vuoto: in un modo o nell'altro, soffriva comunque. Sola nella stanza, mentre aspettava di sentire Jennifer bussare alla porta o di vedere i suoi occhi familiari guardare dallo spioncino, doveva resistere alla solitudine fisica. Con Jennifer era diverso: si trattava di un'altra solitudine, più profonda, quella di due persone rinchiuse assieme che non riescono a stabilire un contatto.

Quella mattina le arrivarono le mestruazioni. Dato il suo umore, era senz'altro colpa di Jennifer. «È Jennifer che ha gettato questa maledizione su di me, la maledizione del flusso rosso» si lamentava. «Era come se in mezzo a quella fiumana ci fosse il mio bambino, come nero inchiostro». Sia June sia Jennifer credevano che ognuna avrebbe rubato i figli dell'altra. I bambini erano diventati una fissazione, che simboleggiava il loro bisogno di riconoscimenti. «Perché io non voglio arrivare a quarant'anni senza figli. Non voglio uscire da questo mondo senza che qualcuno si ricordi di me come di una persona che ha contato qualcosa nella sua vita».

June bussò alla porta di Jennifer. Jennifer rispose bussando a sua volta, ma bastò questo perché i sentimenti di June si caricassero di una maggiore ambivalenza.

«Anche a lei mancherà la mia compagnia. No. In realtà non ci odiamo poi tanto; perché se io morissi, probabilmente nemmeno lei resisterebbe, e morirebbe. Dovrei sbranarle la faccia, quando ci rivediamo? O dovrei restare calma, e accettare la mia posizione, accettare di essere sbattuta in questa cella fredda e amara? La notte scorsa ho sognato uno specchio e in questo specchio c'era J. Io ci ho guardato dentro come farebbe una spia, e ho visto J. Specchio significa malattia o lutto, sì, J. se ne è andata via da me».

Nella cella accanto, anche Jennifer era disperata:

«Mi chiedo che cosa stia facendo J. Chi è veramente pazza: J. o io? J. è posseduta da un demonio? E io? Ci deve essere uno spirito che non mi dà tregua. È stato con me tutta la vita. Io lo chiamo "la bestia". Sto pensando che mi piacerebbe liberarmi di J. per sempre. Lei è solo un mucchio di infelicità. Siccome non ce la fa a collaborare con le mie credenze, non riesco a togliermi questi pensieri. Lei mi ritiene così distante, non si rende conto che sotto questa immagine anch'io ho un cuore. Mi sento tanto abbandonata. Sembra che sia sempre io a perdere. Le ha vinte tutte June, le battaglie. E io so sempre di aver perso, e soffro. Anche se hanno sbattuto fuori lei, a me è sembrato che avesse vinto. Non sto parlando delle cose materiali, ma della mente. Sono i suoi pensieri, le sue parole, le sue parole malvagie e bellissime che fanno di lei una vincitrice. Io non dimentico le parole. Mi ossessionano le sue critiche, mi ossessiona il suo passato. Lei è lo spirito e io l'anima mortale, l'anima che un giorno dovrà morire. Mi sento come se avessi appena messo J. nella tomba. L'ho buttata dentro perché non ne esca mai più, ma le sue parole riusciranno sempre a tornare su per ossessionarmi. June è una forza troppo grande... ».

Mentre il mese di aprile trascorreva lentamente, June e Jennifer seguitarono a litigare, a venir separate e poi riunite, secondo un copione sempre più logoro. June non fece nessun ulteriore tentativo di imporre la propria volontà, e l'attenzione di entrambe si appuntò soprattutto sui continui ritardi che subiva la loro comparizione in tribunale, ritardi dovuti in un primo tempo all'accusa, che non era pronta a procedere. Ora però era la difesa a far rinviare il processo.

Wynn Rees e Michael Jones, i loro avvocati, si rendevano conto che l'accusa aveva prove così inoppugnabili, compreso un diario in cui June esaltava le gioie dell'incendio doloso, da escludere un'assoluzione. Ma quel diario suonava così bizzarro che gli avvocati pensarono alla possibilità di ottenere l'internamento in un ospedale psichiatrico piuttosto che una sentenza di carcerazione. Un ospedale era sicuramente preferibile al carcere. O no? Michael Jones scovò uno psichiatra, il dottor William Spry, specializzato nella cura dei giovani criminali, e fece in modo che visitasse le gemelle a Pucklechurch prima e dopo la sentenza.

« Miss Gibbons, lei sa che io sono stato chiamato dal suo avvocato per parlare con lei del suo caso. Il dottor Jones pensa che io potrei aiutarla a capire alcuni dei suoi problemi ».

June sedeva a testa bassa, sola. Il dottor Spry aveva oltrepassato da poco la cinquantina; parlava con voce sommessa e aveva un pizzetto grigio e una frangia di capelli bruni e ricciuti. Quando parlava batteva le palpebre lentamente, come un animale notturno. Per qualche ragione le battute iniziali fecero scattare la resistenza di June.

« Dunque, June, la polizia ha trovato del materiale

nella sua stanza da letto. C'erano dei diari che lei teneva al tempo dei crimini di cui è accusata. Mi dica, con sua sorella ha sempre tenuto dei diari? La capoguardia mi dice che passate la maggior parte delle giornate a scrivere». Non ci fu risposta. «Vi siete cacciate in un bel pasticcio, e noi pensiamo che un breve periodo in un ospedale speciale aiuterebbe lei e sua sorella a chiarirvi le idee. Il dottor Hamilton e io stiamo cercando di trovarne uno che faccia al caso vostro».

Ancora nessuna risposta. Il dottor Spry scartabellò rapidamente in uno schedario che conteneva le copie dei diari trovati dalla polizia. «Ehm, lei scrive qui che usava portare con sé un coltello. A quale scopo?».

«Mi crede scema?» pensò June. «Lo so benissimo che il coltello è un simbolo sessuale maschile. I miei diari lo eccitano, è evidente». Borbottò la parola «difendermi».

«Se un uomo o un ragazzo l'avessero aggredita, l'avrebbe usato per difendersi?».

«E per cos'altro?» pensò June senza rispondere. «Non penserà mica che l'avrei usato per minacciarlo e costringerlo a fare del sesso con me».

«Non è un po' insolito che una ragazza come lei porti un oggetto del genere?» insistette il dottor Spry.

Ancora nessuna risposta. June cominciava a divertirsi. «Era solo un temperino,» ricordava «e neppure affilato. Ad ogni modo, lo tenevo nello stivale, e non avrei nemmeno saputo come usarlo».

A mano a mano che il colloquio procedeva, il conflitto inespresso si approfondiva – almeno nella mente di June. Poi il dottor Spry disse: «Qui lei scrive di stupro. Mi dica, June, a lei piace...?».

June esplose: «Sono sicura che ha detto "fottere". Perché non dire "fare l'amore" o "avere rapporti"?

Ma non "fottere". Suona come "succhiare",[1] come una melma puzzolente; come il porridge che bolle, con tutti quei buchi che vengono risucchiati. Naturalmente io lo dico, "Va' a farti fottere", ma "A lei piace fottere?" è una vera sconcezza. Per "fottere" basta un attimo di libidine ed è bell'e finito. Il ragazzo soddisfatto, la ragazza tutta un dolore».

Il dottor Spry sostiene che non usò né avrebbe usato una parola del genere, ma comunque ciò che disse, o che June pensò di aver sentito, la offese. Lui seguitò a interrogarla a proposito degli incendi.

Dentro di sé June esultava. «Ah, c'è arrivato finalmente! Fuoco e sesso. Sa di certo che tutti noi incendiari non cerchiamo che la soddisfazione sessuale. Lo sanno tutti».

Dopo che June fu ricondotta via sotto scorta, fu la volta di Jennifer. Oltre ad avere con le gemelle tre o quattro 'colloqui' nei quali June e Jennifer non aprirono bocca, il dottor Spry visitò anche i luoghi che erano stati teatro dei loro crimini ed ebbe un incontro con i loro genitori. Ma la sua fonte principale fu il diario tenuto da June durante l'orgia estiva di sesso e crimine, durata cinque settimane. È un diario crudo e aggressivo, molto diverso dalle migliaia di pagine che lo avevano preceduto e l'avrebbero seguito. Spry non s'incontrò con gli insegnanti delle gemelle, né con lo psichiatra, né con lo psicologo scolastico, né con altri membri del personale di Eastgate, anche se chiese che gli inviassero una relazione: era ben poco informato sulla storia di June e Jennifer, e le loro ambizioni letterarie e i loro studi intensivi non gli sembravano attinenti al loro processo. Sapeva solo vagamente dei ragazzi Kennedy e non aveva idea dell'importanza che avevano avuto nell'iniziare le gemelle alle sniffate di colla, all'alcol,

1. In inglese rispettivamente *fuck* e *suck* [*N.d.T.*].

alle droghe e al sesso, e probabilmente nel metter loro in testa l'idea degli incendi. Ma si accorse per proprio conto dell'odio immenso che esisteva tra le due ragazze. In un colloquio successivo una di loro cominciò a parlare: immediatamente l'altra le saltò addosso e lottarono come tigri, graffiandosi il viso a sangue.

Spry pensava che fossero malate di mente e che avessero bisogno di cure: una condanna detentiva sarebbe stata «totalmente inidonea». Ma di che natura era la loro malattia? Secondo Spry le si poteva classificare come psicopatiche. Il Mental Health Act definisce «psicopatico» «chi è affetto da un persistente disturbo psichico o da un handicap mentale che sfocia in un comportamento esageratamente aggressivo o gravemente irresponsabile». Forse Spry non si era accorto che il comportamento criminale delle gemelle datava solo dall'epoca dell'abbandono da parte dei ragazzi americani, e che lo si poteva difficilmente definire «persistente». E nemmeno che June e Jennifer non avevano precedenti di comportamento aggressivo, se non quando si erano avventate l'una contro l'altra nella foga della loro rivalità. Pensava che le «spedizioni» cui June faceva riferimento nel diario fossero atti molto aggressivi contro ragazzi della loro età, anche se non si poteva certo dire che questi ragazzi fossero povere vittime innocenti. Spry definisce il silenzio delle gemelle «mutismo aggressivo». Tutte argomentazioni inconsistenti che servivano solo a dimostrare l'inadeguatezza della definizione di «psicopatico».

Gli avvocati delle gemelle accettarono il rapporto del dottor Spry e decisero di farne il fondamento della propria linea di difesa. Se alle gemelle doveva essere evitata la prigione in base al fatto che erano psicopatiche, bisognava trovare un ospedale dotato di un reparto di sicurezza disposto a prenderle in cura. Spry non ci riuscì. I problemi erano due: primo, June e

Jennifer potevano solo entrare in un ospedale psichiatrico della loro zona, e nessuno di questi era adatto; secondo, nessun ospedale avrebbe accolto volentieri due piromani psicopatiche e mute.

Alla fine il dottor Spry si rivolse al dottor John Hamilton, consulente psichiatrico all'ospedale psichiatrico giudiziario di Broadmoor, che come altri ospedali speciali può accettare pazienti di qualsiasi regione del paese. Hamilton voleva che Broadmoor acquistasse una reputazione di valido luogo di cura per i pericolosi pazienti che ospitava piuttosto che mantenere quella di semplice posto sicuro nel quale confinarli e dimenticarli. Nei suoi otto anni di permanenza come consulente Hamilton aveva allestito un reparto per ragazzi afflitti da disturbi della personalità. Interessato dalla descrizione che Spry aveva fatto delle gemelle, fissò una visita a Pucklechurch. Hamilton non disponeva di un reparto per adolescenti di sesso femminile, ma Broadmoor aveva assunto una terapista esperta in problemi della comunicazione che secondo lui poteva riuscire a far parlare le gemelle. Broadmoor non era l'ideale, ma pareva l'unica occasione per June e Jennifer di venir curate. D'accordo con gli avvocati fu deciso che il dottor Spry o il dottor Hamilton sarebbero comparsi dinanzi al tribunale in qualità di esperti.

Nel frattempo June e Jennifer erano sempre più impazienti. Scrissero per chiedere altri avvocati e un processo immediato per essere finalmente tolte da quello stato di ansiosa incertezza. L'udienza fu rinviata tre o quattro volte, e intanto loro continuavano a prepararsi per la loro comparizione in tribunale, a dimagrire, a farsi più carine. Ma i ritardi le demoralizzavano:

«Sto sempre a struggermi per avere una faccia diversa, perché non sono mai contenta di quella che ho. Ho gli occhi che sembrano due buchetti, e quando sorrido mi viene il faccione. È solo quando tiro in dentro le guance che mi sento soddisfatta per un po'. Ma non posso tirare in dentro le guance per tutta la vita! Vorrei tanto avere quell'aria da Greta Garbo, il fascino di un visino affilato da monella».

Il peso dell'attesa e dei successivi rinvii cominciò a logorarle: soffrivano entrambe di incubi. Spesso era il medesimo incubo, un'esperienza particolarmente terrorizzante che loro chiamavano la Bestia. Era una sensazione che le ghermiva nel dormiveglia oppure al momento di svegliarsi o di addormentarsi. Il 29 aprile entrambe annotarono sul diario una di queste esperienze. Accadde subito dopo cena. Jennifer aveva mangiato di gusto rognone con cavoli e due paste con la crema, June aveva mangiato la pietanza ma aveva regalato il dolce a Jennifer. Per una volta sembrava regnare l'armonia. Tutte e due si sdraiarono sul letto e si addormentarono.

June si svegliò un'ora dopo. Si sentiva schiacciata da un grosso peso ansimante, come se un uomo grasso le si fosse sdraiato sopra e la soffocasse tra le pieghe della sua carne. Stava rigida, spaventatissima, incapace di lottare contro le mani che sentiva muoversi verso la sua gola. In passato le aveva fatto il solletico sulla pancia come per gioco. Ora a June pareva di essere un neonato che stava per essere soffocato, troppo debole per lottare contro quella presenza. Sia lei sia Jennifer paragonavano quella sensazione a ciò che deve provare un neonato prima della morte in culla. June sentiva Jennifer gemere nella cuccetta sopra la sua. Anche lei giaceva paralizzata sotto il peso sconosciuto, ma June non lo sapeva. «Se non mi sforzo di muovermi, so che morirò» scriveva June. «Se ne andrà mai via? Forse quando morirò morirò nel sonno, ma solo io e te sapremo la verità; il mostro avrà vinto».

Le gemelle non erano in grado di offrire nessuna spiegazione del loro incubo, che avevano sperimentato la prima volta solo due anni prima. Poteva essere semplicemente il prolungamento delle loro dispute da sveglie, o forse si trattava della reminiscenza inconscia di un trauma infantile. Forse qualcuno, un fratello o una sorella, aveva premuto per gelosia un cuscino sulla loro faccia quando muovevano i primi passi. Oppure la rivalità che c'era fra di loro era cominciata nel grembo di Gloria, dove non avevano spazio sufficiente per crescere entrambe liberamente. La posizione nella quale erano venute al mondo – June di testa, Jennifer podalica – può aver significato che Jennifer era letteralmente seduta sulla sorella. Già prima di nascere avevano cercato di espellersi a vicenda. Per ciascuna di loro la Bestia era l'altra gemella.

La lunga attesa del processo fu alleviata da un'altra visita del dottor Spry che, in compagnia del dottor Hamilton, disse loro che a Broadmoor erano disposti ad accettarle. Descrisse l'atmosfera di piccola comunità che vi regnava, e parlò della relativa libertà di cui avrebbero goduto (purché si comportassero bene), della terapista e delle infermiere che le avrebbero aiutate a risolvere i loro problemi, dei parrucchieri, dei giardini, delle attrezzature sportive. Nelle settimane che seguirono, entrambe le ragazze cominciarono a fantasticare su quell'ospedale meraviglioso, su quel luogo di sogno in cui avrebbero potuto darsi alla bella vita e risolvere ogni difficoltà.

Da quel momento aspettarono ogni giorno di essere chiamate dal direttore per essere informate della data del processo. Il processo e l'ospedale nel quale le avrebbero mandate diventarono la loro unica speranza. «Quando arriverò in ospedale,» scriveva June «non soffrirò. Me ne starò seduta assieme ad altri a godermi il sole. Mi muoverò e mi lascerò avvicinare, e CHIACCHIERERÒ. Se un giorno starò zitta sarà perché sono di cattivo umore, non perché peggioro sempre di più».

La chiamata arrivò ai primi di maggio. Piene di speranza, furono convocate nell'ufficio della capoguardia. «June, Jennifer, purtroppo il vostro avvocato ci ha appena annunciato che domani il dottor Spry deve andare all'estero e ci rimarrà per diverse settimane. Il vostro processo ha dovuto essere rinviato».

«Non riesco a immaginarmi a Pucklechurch tutta l'estate» rifletteva June, disperata. «Soltanto far passare la vita, mangiare, invecchiare assieme a J. Niente visite, niente contatti col mondo esterno, niente processo. Soltanto diventare più grassa, più vecchia, più chiusa in me stessa». E Jennifer raccontava al proprio diario:

«Ho pensato di dirti soltanto questo. Ho appena 19 anni e già sono delusa come una donna che invecchia ed è infelice e piena di dolore e di sofferenza. Caro amico, ho il cuore stanco. Continuo a rimuginare, a ricordare, a rimpiangere. La finestra della mia cella mi sorveglia. La porta, oh quella si limita a fissarmi e non si apre mai senza chiavi. Quattro pareti bianche, e poi ci sono io. Prega per me...Mi chiamo Jenny e sto lentamente imparando a conoscermi. Ricordati di me, Jenny».

Poi, quando avevano quasi toccato il fondo della disperazione, arrivò una guardia con una lettera del loro avvocato. Il processo avrebbe avuto luogo di lì a una settimana, il 14 maggio 1982, purché fosse stato confermato il loro ricovero all'ospedale. L'eccitazione per l'approssimarsi del giorno fatidico trasformò June e allentò la tensione tra lei e Jennifer.

«È tutta opera di Dio. Lui ha dimezzato i miei problemi, e io rimango soltanto con una metà del mio fardello. Per un po' tutte le mie preoccupazioni, la mia impazienza, la mia ansia sono cessate. Conto i giorni, le ore, i minuti: aspetto giovedì. Poi, venerdì spunterà il mattino. Non devo far altro che tener duro fino alla prossima settimana».

Insieme, le sorelle programmarono il proprio aspetto: si misero a compilare moduli di richiesta per le gonne a fiori e le giacche nere, cominciarono nuovi esercizi di ginnastica, con flessioni e corsa sul posto nella loro cella, e June s'imbarcò in un'ultima, disperata dieta per sembrare la più bella.

Il 13 maggio, vigilia del grande giorno, furono entrambe convocate dalla capoguardia, che le informò che, vista la mancanza di una seconda perizia psichiatrica, il loro processo era stato nuovamente rinviato. Tornata in cella, June strappò via i pochi narcisi rimasti sopra la porta e li gettò dalla finestra. Scrisse all'avvocato accusando il giudice di nutrire pregiudizi razziali e di accantonare il loro caso soltanto perché erano «negre e deboli di cervello». Meditavano vendetta.

Erano le sei di lunedì sera. Il giorno era stato carico di tensione e le ragazze quasi non si parlavano. Quando andarono a prendere il tè, misero da parte un po' di burro e lo nascosero nelle calze. Di ritorno in cella, June tolse la copertina a un album da disegno e la mise sullo spioncino, mentre Jennifer si inginocchiava per spalmare il burro sulle viti che fissavano le cuccette al muro, sperando di riuscire ad allentarle. In silenzio, disfecero i letti e ficcarono le camicie da notte e i quaderni nelle federe. June stese uno dei copriletti verdi nuovi sulla parte inferiore della finestra. Poi attesero che montassero in servizio le guardie notturne, che le porte delle celle venissero aperte e che le detenute fossero chiamate alla socializzazione.

Non passò molto tempo che udirono il suono familiare dei passi delle guardie e il tintinnio delle chiavi. «Queste due vengono» sentirono che diceva Miss Neal. Era il segnale. June e Jennifer si offendevano molto a essere chiamate «queste due», e né l'una né l'altra aveva la minima intenzione di andare alla socializzazione. Gliel'avrebbero fatto vedere come la pensavano, alle guardie, al giudice, ai dottori, dai quali ritenevano di essere state trascurate, nonché ai loro avvocati difensori. Una volta tanto la loro ribellione si sarebbe manifestata con un'azione di forza.

Sentendo girare la chiave nella serratura, scaraventarono in terra il materasso della cuccetta superiore e lo usarono a mo' di barricata. June spingeva la porta con le mani mentre Jennifer vi appoggiava contro la schiena, puntellandosi al tavolo con una gamba.

« Uno, due, tre » disse Miss Neal spingendo assieme ad altre due guardie. La porta si mosse, ma le gemelle ci avevano spinto contro saldamente il materasso e riuscirono a tenerla chiusa. La chiave fu nuovamente girata nella toppa mentre le guardie andavano a cercare aiuto. June e Jennifer udirono delle voci in giardino e Jennifer si affrettò a trascinare il suo materasso contro la finestra. June intanto difendeva il forte alla porta.

« Avanti, ragazze, » gridò fuori della porta una voce d'uomo « è da stupidi continuare. Possiamo buttar giù la porta in pochi minuti e vi farete male ».

« È solo un materasso » udirono che diceva un'altra voce fuori della finestra. Seguì una risata. « Sono soltanto due pulci e si credono due leoni! ».

Ma June e Jennifer erano esilarate da quello che avevano fatto. Sapevano di avere poche possibilità di resistere, ma i loro avversari non le impressionavano. La porta fu nuovamente aperta e questa volta, perché non potesse richiudersi, venne inserito nello spiraglio una specie di manico di scopa. « Siamo abituati a questo genere di cose » avvertì la voce d'uomo. « Uno dei ragazzi ci ha provato e si è ritrovato con la testa schiacciata tra il letto e il materasso. Se non lo togliete di lì, dovremo andare a prendere un cric ».

Ci fu una breve pausa prima che la guardia del reparto maschile tornasse con un cric. June e Jennifer guardavano allarmate la porta che veniva scardinata. Si misero la giacca e afferrarono le federe. Appena in tempo: Miss Neal, assaporando il suo trionfo, entrò nella stanza.

«Benone! E adesso ve la faremo vedere». Afferrò June e la scaraventò fuori della porta. La vigilatrice notturna le prese la federa. June si dibatteva.

Per la prima volta nei sei mesi della loro permanenza in carcere, le ragazze scrivono di aver subìto una certa violenza fisica. Fino ad allora avevano ammesso che le guardie della sezione di valutazione e le infermiere le avevano trattate bene; anzi, alcune avevano mostrato un'autentica gentilezza e una comprensione che June e Jennifer registravano nei loro diari ma di cui esternamente non facevano mostra di accorgersi. Dal momento che ogni gemella riservava le sue rimostranze per l'altra, avevano ricevuto ben poche punizioni – multe di cinquanta centesimi, di una sterlina, o magari di due –, appena sufficienti a privarle di qualche tavoletta di cioccolato o di qualche sacchetto di noccioline dello spaccio. Alla peggio veniva fatto rapporto e le confinavano in cella, il che significava che veniva loro tolto il 'privilegio' di mangiare con le altre in sala mensa o di mescolarsi a loro durante l'aria o la socializzazione. Se litigando si erano fatte del male, venivano separate per un certo periodo, esito che le gemelle avevano di solito programmato. Se avevano qualche lagnanza da fare potevano chiedere un colloquio con la capoguardia che prestava, o cercava di prestare, ascolto alle loro necessità. Come la maggioranza del personale, anche lei riusciva raramente a decifrare quello che dicevano le Gibbons, e di solito ne fraintendeva le richieste.

Ma barricarsi in cella era diverso. Era un atto di ostilità nei confronti delle guardie e del carcere, un'infrazione seria, punibile ai sensi dell'articolo 20 del regolamento. June fu sospinta lungo il corridoio verso la 'gattabuia' che si trovava nella dépendance della sezione A. « Era come essere violentata » fantasticava. « Violentata da un branco di lesbiche scatenate ». In uno stanzino la spogliarono del tutto, compresi reggipetto e mutandine, le infilarono dalla testa una specie di sacco marrone. Provava rabbia e imbarazzo. In malo modo le tolsero dai capelli il fermaglio e l'elastico. « C'era una componente sessuale in tutto ciò. Quasi godevo di tutte quelle sevizie. Ero inerme, ma sulla difensiva ». Una delle guardie l'afferrò per i polsi e tentò di toglierle il cerchietto d'argento. La stringeva, facendole male, e non la lasciò andare finché non fu al sicuro nella cella di rigore.

June si guardò attorno. Il pavimento era di cemento, e così pure le pareti. Non c'era finestra, solo un lucernario di vetro opaco sul soffitto. Niente mobili, a eccezione di una panca di legno fissata al pavimento, e accanto, avvitato al muro, un piccolo ripiano; infine una piattaforma rettangolare di cemento a forma di materasso, coperta di assi di legno. Due trapunte erano piegate sopra il 'letto', che assomigliava in maniera inquietante a una delle tombe di famiglia gallesi che c'erano nel cimitero di St Mary a Haverfordwest e che lei e Jennifer avevano usato come tavolo per le loro abbuffate segrete.

Una chiave girò nella serratura e June, alzando lo sguardo, vide tre guardie che la fissavano dalla soglia. La trattavano come un animale pericoloso, e la cosa la divertiva. Si domandò chi di loro avrebbe avuto il coraggio di entrare. Con sua grande ammirazione fu Miss Neal a farlo e a piazzare sul ripiano una tazza di plastica piena di tè e un piatto, anch'esso di plastica, con una crostatina. « La tua cena, June » disse senza guardarla. June era sicura che era imbarazzata.

La porta fu chiusa a chiave e ci fu silenzio. Ogni

quarto d'ora, a norma di regolamento, una guardia la controllava attraverso uno degli spioncini nella porta o nella parete. June stava sdraiata immobile sul suo lastrone di pietra e fissava il lucernario col sorriso sulle labbra. Il personale di notte non si capacitava. Di solito le ragazze che venivano messe in cella di rigore facevano il diavolo a quattro: strillavano, battevano sulla porta, o si attaccavano al campanello. Questa gemella negra non emetteva un suono, non faceva un gesto. Era difficile non accorgersi di quanto fosse paradossale rinchiudere in cella d'isolamento una ragazza la cui maggior colpa nei confronti della società era quella di restarsene muta nel suo guscio.

June rifletteva su come si era svolta la sua vita fino a quel momento. La pietra era dura e la terrorizzava il pensiero che sulle assi di legno strisciassero degli insetti. Guardò dall'altra parte della stanza e vide un piccolo buco: pensò che da lì avrebbero potuto entrare dei topi. Ma faceva caldo, e lei si sentiva in pace. Era decisissima a rifiutare cibo e acqua. Mentre la sua mente sonnecchiava fu sicura di udire il respiro di Jennifer. Si guardò intorno nella cella vuota. Forse, in mancanza di altre stanze, l'avevano portata lì mentre lei dormiva. Dove si trovava Jennifer in quel momento? Dopo aver parlato in tutta serietà con il suo inconscio e meditato, June arrivò alla conclusione che Jennifer si trovava in infermeria. Il pensiero che sua sorella se ne stesse sdraiata nella loro stanza e che non stesse affatto soffrendo le dava troppo fastidio. O indossava anche lei quel sacco marrone e stava anche lei in una cella di rigore? Aveva il materasso? Rifiutava anche lei il cibo?

Nella sua cella d'isolamento dell'infermeria, Jennifer stava a sua volta tormentandosi al pensiero che sua sorella se la passasse meglio di lei. Era contentissima di indossare quell'abito di sacco, era pur sempre un vestito, anche se non le donava di certo. Almeno aveva un materasso e una finestra che dava sul giardino. Stava seduta al centro della stanza sul materasso grigio, di fronte allo spioncino. Si sentì un rumore, lo sportellino nella parte inferiore della porta si aprì e qualcuno spinse dentro una tazza di tè e un dolce. Alla fine Jennifer si avvolse nell'unica coperta e si addormentò. Era stata una giornata positiva.

«Buongiorno, June. È ora di svegliarsi» disse una delle guardie diurne entrando in cella. June aveva sognato sua madre. Dal lucernario piovevano i raggi del sole mattutino e i suoi occhi furono abbagliati dal biancore della camicia inamidata di Miss Neal. Questa guardò il dolce intatto e il vaso da notte che non era stato usato, e porse a June una vestaglia rosa trapuntata e un paio di pantofole viola. «Abbottonala bene» le raccomandò. «Non è il caso di mettere tutto in mostra davanti al direttore».

Il direttore arrivò dall'ala maschile. «Mi sentivo francamente offesa a farmi vedere in quello stato da quel furbastro ipocrita» scrisse in seguito June. La guardia della sera prima lesse ad alta voce il verbale con la descrizione della barricata. Suonava tutto molto drammatico e June si sentì orgogliosa. Poi arrivarono le domande:

«Perché l'avete fatto? Secondo tua sorella, perché non volevate più andare alla socializzazione».

June sapeva che si trattava di ben altro. Si trattava dei rinvii del processo, della frustrazione e dell'impossibilità di rimanere confinata in una cella con Jennifer. Ma non valeva la pena di spiegarlo.

«Tu devi capire, June, che è inutile fuggire dalla società» disse il direttore prendendo l'aire. Puoi ostinarti quanto vuoi, ma scoprirai sempre che la società è più forte di te. Alla fine sarà lei a vincere. Se vuoi vivere a questo mondo, devi accettarne le convenzioni.

Sarai ricondotta nella sezione A e avrai tre giorni di isolamento».

June era delusa. Tutto qui? pensava tra sé. Avrebbero dovuto darle una settimana, tre settimane. Tre giorni al sicuro, per poi tornare a vivere con Jennifer? Sarebbe rimasta tutto il tempo a letto, avvolta nel suo mondo, e avrebbe rifiutato di mangiare e di bere per essere certa di uscire dall'isolamento talmente debole che il processo e il trasferimento a Broadmoor si sarebbero resi indispensabili.

June cercò risposta nell'oroscopo che aveva trovato su un giornale abbandonato nella stanza della sezione A. L'oroscopo diceva che avrebbe perso un amico. «Spero che non si tratti di te» disse al suo diario. «Dice anche che questo mese non riuscirò ad averla vinta con il mio uomo. Per "il mio uomo" io potrei intendere il mio avvocato, oppure J., perché con lei è come se fossi sposata».

Le gemelle tornavano spesso su questo tema: si vedevano come la coppia infelice per antonomasia, Jennifer nella parte del marito balzano e irascibile, June in quella della moglie vittima – e sebbene in moltissimi altri loro giochi si scambiassero i ruoli, in questo ognuna conservava il suo.

«Quando un marito conosce troppo bene la propria moglie, i difetti, i pensieri di lei possono farlo impazzire. Gli viene voglia di ucciderla. La moglie, quando conosce troppo bene suo marito, i suoi difetti, i suoi pensieri, i suoi modi di fare, vorrebbe ucciderlo. Certa gente vive insieme soltanto perché si odia, così la vita diventa più eccitante».

In capo ai tre giorni di isolamento, June si sentiva disperata e sola. «Signore salvami da questo stato di mutismo» pregava. Ascoltava una sinfonia alla radio e pensava alla libertà e a casa sua.

«Mio padre ascoltava sempre questa musica alla radio. Sono seduta da qualche parte e guardo fuori della finestra; è una di quelle belle giornate ventose, romantiche, erba verde che ondeggia, papaveri che oscillano, macchine che passano senza far rumore, bambini che giocano in silenzio. Aspetto che mia madre torni dalla città. Ah! morire, scivolar via da questo mondo. Voglio che mi strappino il cuore e lo facciano a pezzi, voglio essere liberata da questo abisso, da questa solitudine. Ti scriverò presto, se ce la farò a superare questa nottata. La tua sempre fedele ma aspirante suicida June Alison G.».

Fu per entrambe un sollievo tornare a stare nella medesima stanza.

Le giornate si trascinavano. Gli uomini della vicina prigione aperta estirpavano i narcisi e le violaciocche e preparavano le aiuole per i gerani. Michael Jones e Anthony Evans andarono a trovare le ragazze per comunicare loro che era stata fissata una data definitiva; spiegarono che se si fossero dichiarate colpevoli non ci sarebbe stato un vero e proprio processo, e che il giudice le avrebbe probabilmente mandate all'ospedale speciale. Ma la discussione non fu molto fruttuosa. «J. e io non eravamo più capaci di parlare. Rispondevamo alle loro domande facendo sì o no con la testa come due sceme. Erano stufi di noi».

June e Jennifer sognavano l'ospedale di cui avevano sentito parlare. «Spero che ci sia la palestra e la piscina. Sono sicura che si potrà anche ballare. Ci andrò tutte le sere. Sarà come vivere in albergo. Mangeremo in piccoli gruppi, come tante famiglie» pensava Jennifer.

Sognavano il 27 maggio, il grande giorno. In maggio avrebbero finalmente messo la gonna a fiori.

IX
UNA GIUSTIZIA DAVVERO BENDATA

> Sarà una vita piena di gente; una società segreta e clandestina di cui non avrò paura e da cui non mi nasconderò. Perché sarà gente che mi conosce.
>
> JUNE GIBBONS

« Uno non è nessuno, due... ». Jennifer, sola in una stanza, guardava dalla finestra quell'unica gazza che beccava l'erba. « Accidenti, è quasi estate e non riesco a vederne un'altra ». Anche i sogni che aveva fatto durante la notte, tombe e casse da morto e una mano nera che la inseguiva, sembravano presagire un esito disastroso per il grande giorno. « Tutto porta a una sola conclusione » pensava. « Ci sarà un altro rinvio ». Disfece il letto, rimase in camicia da notte come le era stato detto e si sedette a leggere l'ultimo opuscolo biblico che aveva ricevuto. Suonarono i campanelli del mattino.

Erano le sette e mezzo. Lei e June sarebbero dovute partire da Pucklechurch alle otto. Sentì il carrello della colazione fermarsi fuori della porta e una guardia le diede il porridge e del pane e burro. « Oggi devo pur mettere qualcosa sotto i denti » pensò. « Toccherà al pane ». Più di due ore dopo stava ancora aspettando, certa ormai che non sarebbe stato quello il grande giorno.

Poi si udì il suono metallico della chiave nella serratura. «Sbrigati» disse Miss Humble. «Ti vogliono subito all'accettazione». L'emozione e il sollievo di Jennifer si tramutarono ben presto in rabbia quando all'accettazione vide spiegati sul tavolo gli abiti che doveva mettersi. C'erano la sua polo a righe, il golf turchese e un paio di calzoni di velluto a coste marroncino. Li fissò costernata. Dov'era la gonna a fiori che sua madre le aveva mandato e che lei aveva chiesto di indossare?

«Ormai è troppo tardi» disse Miss Humble, interpretando i suoi gesti. «Abbiamo premura. Non so cosa sia successo, ma non c'è tempo per scoprirlo». Aprì la federa di Jennifer, zeppa di quaderni e di ritagli di giornale, e spuntò rapidamente le voci di una lista che aveva in mano. «Che caos!» esclamò, tirando fuori i ritagli di giornale e qualche quaderno che Jennifer aveva usato per scriverci i suoi appunti e le sue poesie. «Questi non ci sono». Li buttò nella spazzatura e prima che Jennifer, arrabbiatissima, potesse protestare, la portò nel camerino e le porse il golf e i pantaloni.

Quando Jennifer riemerse vide June che stava arrivando. Negli ultimi giorni erano rimaste separate, ma non per questo i suoi pensieri verso la sorella si erano fatti più caritatevoli. Notò che i seni di June spuntavano dall'apertura della vestaglia: ai suoi occhi di sorella apparvero sgraziati e cascanti. «Un disastro come tutto quanto, questo mese» fu il suo commento. A sua volta June fissò i calzoni di Jennifer con disprezzo, che si tramutò in sgomento quando vide che sul tavolo, accanto al suo golfino rosa, c'erano degli identici pantaloni di velluto marroncino. «Non faremo quel che si dice un'uscita in grande stile» si commiserò June. «Niente gonna, niente calzini per il grande giorno».

Fissavano infelici la propria immagine allo specchio. Un gioco di luce che la faceva apparire più affilata in viso di sua sorella fece dimenticare a Jennifer per un attimo la delusione per la gonna. Solo lei, probabilmente, aveva avuto la forza di volontà di stare a dieta negli ultimi giorni (eccetto naturalmente il pane di quella mattina). June, debole com'era, ci aveva sicuramente rinunciato. June confermò con un sussurro la superiorità di Jennifer.

Entrambe stettero a guardare Miss Humble che vuotava la federa di June e gettava nel bidone anche tutte le sue carte e i suoi quaderni. Niente andava secondo i loro piani: avevano sperato di sedere fianco a fianco nel minibus che le avrebbe portate al tribunale di Swansea, invece June fu messa dietro con Mrs Roberts mentre Jennifer sedette davanti con la nuova guardia che loro avevano soprannominato Occhi di Furetto. Mrs Simmonds si piazzò accanto all'autista.

Rimasero tutti e sei in silenzio mentre il bus attraversava il Severn Bridge e si inoltrava nel Galles sull'autostrada. Una volta in città costeggiò un prato sul quale si affrettavano degli uomini con la valigetta da avvocato, diretti in tribunale. Di fronte al tribunale c'era un parco giochi dove qualche mamma stava seduta a guardare i bambini che giocavano. La mattina di maggio stava inondandosi di sole. June provò ancora più rabbia, perché in quello storico giorno estivo, il *loro* giorno, passando davanti ai poliziotti non avrebbero avuto un'aria elegante. Si immaginava il giudice, i suoi genitori, i testimoni, la gente che avevano derubato, quella di cui avevano incendiato o danneggiato gli edifici – tutti quanti che guardavano lei.

Il bus andò a fermarsi in un cortile: le stavano facendo entrare dall'ingresso posteriore e non, come avevano sognato, davanti a una folla di giornalisti e fotografi in attesa. L'autista smontò per suonare un campanello e le guardie le introdussero in un corridoio buio, nel seminterrato. Furono rinchiuse in celle attigue, ciascuna sorvegliata dalla propria scorta. In seguito vennero portate a mangiare in una stanza, e una volta tanto si concessero tutt'e due il lusso di un pasto completo. Poi vennero nuovamente rinchiuse in celle separate, che assomigliavano molto a quelle del commissariato in cui le avevano messe al loro primo arresto: niente mobili e sulla parete, in alto, un minuscolo finestrino con le sbarre.

Aspettarono, bussando di tanto in tanto sulla parete divisoria. Mrs Roberts offrì a June una sigaretta. La tensione fu rotta dall'arrivo del dottor John Hamilton, il consulente di Broadmoor che aveva visitato le gemelle dopo il dottor Spry. Era un ometto piccolo e barbuto, vicino alla quarantina, che a June non incuteva soggezione. La sua bassa statura e l'accento scozzese esitante le ispiravano simpatia.

«Allora, come sta?» chiese a June tranquillamente. June fece un cenno con la testa.

«Dunque, lei sa che deve dichiararsi colpevole di tutte le imputazioni». June non rispose, e lui ripeté la frase. «Era come se ci tenesse moltissimo che io mi dichiarassi colpevole» scrisse June in seguito.

«Lei sa che deve parlare a voce alta, altrimenti il giudice non sentirà». June cercò di dirgli della sua idea di usare un microfono.

«Microfoni non ce ne sono; se il giudice non riuscisse a sentirla potrebbe anche irritarsi – e questo non le sarà d'aiuto».

June ridacchiò, ma il dottor Hamilton non le diede corda e lei si ricordò della serietà del proprio ruolo: doveva far colpo su di lui, perché era l'unico che poteva mandarla all'ospedale speciale dei suoi sogni. Com'era questo ospedale? Vi avrebbero trovato, lei e Jennifer, quel rifugio che cercavano?

Come anticipando i suoi pensieri, il dottor Hamilton cercò di parlarle di Broadmoor. Era difficile, dato che non aveva idea di ciò che June sapesse di quel genere di ospedali, né di quali visioni le sue parole evocassero in lei. Ebbe difficoltà a interpretare le domande di June e il più delle volte tirò a indovinare. « È come un paese » la rassicurò. « Ci sono negozi, c'è un parrucchiere e una palestra. Si possono seguire delle lezioni. C'è una signora che l'aiuterà a parlare e un'équipe specializzata che si occuperà di lei. Avrà l'occasione di parlarci dei suoi problemi ».

A June sembrava un paradiso, la fine dei suoi solitari esami di coscienza e degli anni di asservimento a sua sorella. Non doveva far altro che parlare: dire « Colpevole » con voce alta e chiara. Si chiedeva se nell'ospedale ci fosse una chiesa. « Pregherò, canterò e griderò "Alleluia" » pensava. « Ringrazierò Dio per avermi messo in quel luogo. Tratterò le ragazze e il personale come se fossero la mia famiglia. Non avrò più paura ».

Nella cella accanto Jennifer aspettava gli avvocati, Michael Jones e Anthony Evans. Questi, un uomo distante e un tantino borioso, non sembrava trovare le ragazze particolarmente interessanti. « Ciao, carina! » disse a Jennifer entrando nella cella, dandole un'amichevole pacca sulla schiena. Jennifer si sentì offesa: quel modo di fare falsamente confidenziale le sembrava fuori luogo. Fissò invece l'attenzione sull'avvocato giovane, Michael Jones. Mentre Anthony Evans leggeva a voce alta i sedici capi di imputazione, Jones si dava da fare con i documenti, passandoli a Jennifer perché li esaminasse. Jennifer indulgeva alle proprie fantasticherie.

« Era un gesto romantico, il suo? Badava bene a toccarmi il braccio col gomito; capivo che lo faceva apposta... Fingeva di cincischiarsi il mento, e intanto guardava i documenti; intanto mi premeva il braccio con il gomito. Chissà se ha sentito un'onda elettrica quando mi ha toccato? Non sarebbe la prima volta.

Un tocco segreto. Carl l'ha sentita, una volta. Il nostro amore... Ho visto Mr Jones che mi guardava le gambe, la metà di sotto dentro ai pantaloni, le calze, le scarpe. Probabilmente si domandava come ero fatta sotto. Chissà. Non saprò mai la verità».

Niente avrebbe potuto essere più lontano dalla mente di Michael Jones delle gambe di Jennifer. Per lui quello che contava era che tutto in quel caso andasse per il verso giusto, perché nello studio Eaton-Evans e Morris lui era ancora soltanto un praticante. Si era laureato in giurisprudenza all'Università del Galles, ma poi non aveva superato l'esame di procuratore. Nello studio Eaton-Evans e Morris non aveva ancora dato prova di sé. Il socio anziano, il dottor Wynn Rees, più vecchio di lui, paziente e benevolo, gli aveva affidato il caso pensando che le gemelle avrebbero avuto una reazione più positiva di fronte a una persona più giovane.

«Su, deve parlare più forte. Dica "Colpevole" in modo che la Corte possa sentirla» la esortava Anthony Evans. Jennifer ci provò. Le sarebbe piaciuto collaborare, ma la risposta chiara e fiduciosa che desiderava dare proprio non le veniva. «Per favore, Jennifer, deve parlare a voce più alta. Su, dica "Colpevole"».

Erano da poco passate le due quando June e Jennifer furono condotte in aula, scortate da Mrs Roberts, da Mrs Simmonds e da Occhi di Furetto. A capo chino, gobbe, con a fianco la loro ingombrante scorta, apparivano fragili e insignificanti. L'immagine che avevano di sé era tristemente inadeguata alla realtà del loro aspetto. «Mi tenevo orgogliosamente eretta» rammentava Jennifer. «Sapevo che la gente mi guardava». L'aula del tribunale era molto più imponente del teatro di Haverfordwest: c'erano grandi lampadari, e un uomo in toga rossa e parrucca bianca che sedeva su una specie di trono; alla porta c'erano una donna in toga e copricapo neri e un uomo più giovane, anch'egli in toga, che teneva in mano un grosso libro azzurro. L'uomo guardò verso le ragazze che stavano in piedi una di fianco all'altra e domandò: «Lei è Jennifer Lorraine Gibbons, domiciliata al 35 di Furzy Park, Haverfordwest, Dyfed, Galles?».

Sentendolo rivolgersi a lei in maniera così diretta Jennifer fu presa alla sprovvista. E comunque si aspettava che si occupassero prima di June, che era la gemella maggiore. Si sentì avvampare, abbassò lo sguardo, poi annuì e borbottò un sì.

«E lei è June Alison Gibbons, medesimo domicilio?». June annuì. Il cancelliere procedette alla lettura dei capi di imputazione: «... che voi, congiuntamente, tra il 2 e il 5 di ottobre del 1981, a Haverfordwest nella contea di Dyfed, penetraste abusivamente nel Centro di avviamento professionale per adulti Portfield, asportandone una radio a transistor, un orologio elettrico, un paio di forbici e una scatola di plastilina, per un valore complessivo di lire sterline quaranta e cinquanta centesimi, di proprietà del suddetto Centro. Jennifer Lorraine Gibbons, si dichiara colpevole o innocente?».

Jennifer vide che quella era la sua occasione di brillare. Con una voce che immaginava squillasse per tutta l'aula, mormorò la propria colpevolezza. Il cancelliere si rivolse a June. «È lei, June Alison Gibbons? Si dichiara colpevole o innocente?». La risposta di June si udì a stento.

Jennifer guardò la sorella con aria di disapprovazione. «Ha commesso un errore comunissimo, quello di dire "Colpevole" prima che il cancelliere abbia completato la frase. Così ha dovuto ripeterlo. Nessuno la sentiva. La mia voce cambiava in continuazione, prima era sommessa, poi piena di dichiarato orgoglio. Quella di June era piatta e monotona».

Il cancelliere proseguì la lettura dei sedici capi di imputazione per furto, furto con scasso e incendio doloso: «... che voi, congiuntamente, tra il 15 e il 18 di ottobre del 1981, a Haverfordwest, nella contea di Dyfed, penetraste abusivamente nella scuola Tasker Millward e ne asportaste cibi e bevande per un valore di lire sterline cinque e ventiquattro centesimi, di proprietà dell'assessorato alla pubblica istruzione della contea di Dyfed. Jennifer Lorraine Gibbons, si dichiara colpevole o innocente?».

Di nuovo Jennifer ammise in un soffio la propria colpevolezza, seguita da June.

La voce monotona del cancelliere continuava a leggere, intervallata da pause di silenzio quando la Corte rimaneva in attesa delle risposte delle gemelle. «... tra il 17 e il 20 di ottobre del 1981, senza ragione apparente, danneggiaste col fuoco una camerata dell'istituto Portfield di Haverfordwest, con l'intenzione di recar danno a tale proprietà o incuranti che tale proprietà venisse danneggiata... Entraste abusivamente nella scuola ubicata in Barn Street a Haverfordwest, ne asportaste n. 5 nastri magnetofonici, n. 3 cornici per fotografie, nonché un paio di forbici, un temperino, una motocicletta giocattolo e un certo numero di chiavi».

Il temperino, che June si era portata in giro negli stivali di gomma, le rammentò il dottor Spry. Dov'era? Perché non si era fatto vivo? Possibile che fosse ancora all'estero? Non era neppure andato a trovarle, recentemente. Si vede che era stato trattenuto.

Finalmente il cancelliere arrivò alla sedicesima e ultima imputazione. «Il giorno 9 del mese di novembre dell'anno 1981... entraste nell'istituto tecnico del Pembrokeshire, ubicato in Jury Lane a Haverfordwest, e ne asportaste un paio di forbici, quattro musicassette, una confezione di adesivo, tre testine per dittafono, una quantità imprecisata di buste, dolciumi e una borsa di plastica».

Ogni particolare delle loro cinque settimane di raptus criminale veniva esposto in una cornice di parole che conferivano dimensioni eroiche alla natura spesso banale dei reati. «Mi sentivo piuttosto fiera» mi disse Jennifer. «Per dirti la verità, mi divertivo parecchio. Sarà un giorno da ricordare, quando sarò vecchia. Io com'ero ai tempi della mia dolce giovinezza».

Tutti si sedettero e John Diehl, l'avvocato dell'accusa, elencò le prove a carico delle imputate. Con grande gioia di June, ma anche con suo grande sgomento, cominciò a leggere estratti del suo diario che era stato trovato dalla polizia durante la perquisizione nella stanza sua e di Jennifer.

«Questo diario tratta di argomenti personali, signor giudice,» diceva l'avvocato «fatti realmente accaduti o soltanto immaginati, ed è un documento in certo qual modo bizzarro». Diehl porse al giudice, dottor Leonard, il taccuino nel quale June aveva registrato le imprese criminali di quei giorni. «Specialmente June provava piacere per quei reati ed esprimeva particolare gioia per i danni arrecati con gli incendi» seguitava l'accusa. «Mostrava inoltre compiacimento per la pubblicità che derivava da tali episodi». Citò dalla trascrizione: «Ieri abbiamo fatto irruzione nella mensa della Tasker Millward. Abbiamo fregato un sacco di roba da mangiare». Più avanti, sempre nella medesima annotazione, aveva scritto una frase sinistra: «Diventerò la più grande incendiaria in circolazione».

Diehl proseguì, usando estratti del diario di June per costruire una propria circostanziata versione dei reati, ma si sforzò di mettere in chiaro che le gemelle non avevano precedenti, e fece presente che gli oggetti rubati erano di scarso valore ed erano stati quasi interamente recuperati nella camera delle ragazze o nella loro 'tana'. L'elenco degli oggetti rubati, letto dalla pastosa voce di Diehl, suonava per la verità più patetico che criminoso – un posacenere, un dittafono, un giocattolo di pezza, penne, righelli, le matrici di un libretto d'assegni usato. Persino la refurtiva di maggior pregio, la radio rubata dalla limousine americana e una cassetta di attrezzi, era stata valutata soltanto venticinque e venti sterline rispettivamente.

Quando l'avvocato descrisse l'irruzione e l'incendio al quartier generale del Magistrato alle Acque del Galles, a June quasi scappò da ridere: «Una delle conseguenze più incresciose è che sono andati distrutti degli archivi; il tempo necessario a ripristinarli è stato stimato in quattrocentosettanta settimane lavorative» accusava Diehl. Le gemelle sapevano che quegli uffici erano impopolari. Come le scuole e gli istituti che avevano preso di mira, è un'anonima costruzione in mattoni rossi, uno dei tanti edifici pubblici sorti a Haverfordwest nell'ultimo decennio. Dar fuoco a quei mausolei di un'epoca dominata dalla burocrazia era un atto così impersonale che alle gemelle non sembrava poi un reato tanto grave.

Quando l'avvocato arrivò a descrivere come erano state sorprese al Pembroke con indosso i guanti e come June avesse un accendino nella calza, alla ragazza parve di vedere Mrs Roberts che la guardava scandalizzata. Sicuramente stava pensando: «Questa poi, ficcarsi roba del genere nelle calze!».

Ci fu una pausa di silenzio quando Diehl disse che non poteva continuare a leggere gli estratti del diario in quanto c'erano delle parti troppo scabrose per un'udienza a porte aperte. «Ero stordita da tutte quelle emozioni» rammentava June. «Trionfo. Vergogna. Imbarazzo. Ah, nessuno sa quanto ho sofferto!».

June e Jennifer erano troppo avanti per poter vedere l'aula semivuota alle loro spalle. Meglio così: si erano fatti vivi in pochi per il loro grande giorno. Soltanto Aubrey, Gloria e Tim Thomas sedevano nella penultima fila di banchi. June sentì la tosse di sua madre e si preoccupò all'idea che fosse malata. Sentì un'ondata di rimorso al pensiero che sua madre, che amava teneramente, dovesse ascoltare quel penoso resoconto dei loro misfatti.

Gloria e Aubrey erano sconvolti. Non credevano alle loro orecchie e aspettavano con ansia il verdetto. Le gemelle sarebbero state incarcerate? E per quanto tempo? Erano sempre state due ragazze così brave. Mai nessun fastidio. Potevano sperare nella libertà condizionata? Né gli avvocati né il dottor Spry li avevano avvertiti del progetto di farle internare.

Diehl aveva finalmente terminato col diario di June, che ora guardò l'avvocato, quasi irriconoscibile in toga e parrucca, che si alzava in piedi. « Col permesso della Corte, chiamo a deporre il dottor Hamilton ».

June rivolse nuovamente l'attenzione alla Corte. « Hamilton pareva stranamente piccolo nel banco dei testimoni; così umile con quel suo completo e gli occhiali che provai per lui uno slancio affettuoso » scrisse. Lo ascoltò mentre rispondeva alle domande del giudice. « Si batteva per la mia felicità, per la mia vittoria. Era uno che se la prendeva a cuore. Balbettava parecchio. A quanto pare, ha bisogno anche lui di un logoterapista ».

Si giunse al dunque. Nell'aula crebbe la tensione. « Prendendo in considerazione per prima June Alison Gibbons, » sentì che il suo avvocato difensore chiedeva rivolgendosi al dottor Hamilton « la ragazza è affetta da una malattia mentale, da un ritardo di lieve o grave entità, è giudicata psicopatica ... in tale grado da giustificare il suo internamento in un ospedale a scopo terapeutico? ».

Il dottor Hamilton rispose: «Questo è il mio parere».

Evans: «Per quanto tempo pensa che dovrà durare il trattamento medico?».

Dottor Hamilton: «È molto difficile fare previsioni in questo senso fino a che non avremo avuto modo di valutare il caso in maniera approfondita. Si può però dire con certezza che si tratterà di un certo numero di anni, non meno. Il dottor Spry e io siamo giunti alla medesima conclusione, cioè che la detenzione in un ospedale speciale sia la soluzione più idonea che la Corte possa prendere in considerazione. Sono stati presi accordi perché June Gibbons sia ammessa all'ospedale di Broadmoor entro ventotto giorni».

L'aula fu percorsa da un brivido. Aubrey, al sentire il nome di Broadmoor, sussultò. Udì la voce del giudice che chiedeva: «Broadmoor è attrezzato per accogliere giovani di quest'età?».

Il dottor Hamilton lo rassicurò: «È insolito che una persona così giovane venga a Broadmoor, ma abbiamo ugualmente un certo numero di adolescenti. Disponiamo di personale medico competente. Nel caso della ragazza il problema fondamentale è la parola. Essa ha infatti un'insolita difficoltà di linguaggio e noi abbiamo una terapista esperta in problemi della comunicazione».

June era felice che il giudice si riferisse a lei come a una «giovane». «Mi sentivo così fiera, così indifesa. In tutta l'aula J. e io eravamo le più giovani. Mentre loro parlavano di noi con tanta comprensione, provavo tanta angoscia, tanto dispiacere per noi stesse, per i nostri genitori. Ah, che effetto per una criminale incallita e violenta sentirsi capita! Mi veniva da piangere».

Il dottor Hamilton parlò di violenza nei rapporti tra le due sorelle e aggiunse che June mostrava tendenze suicide. «Consiglierei che ne venisse disposto l'internamento per un adeguato periodo di tempo».

Evans: « Quanto è stato affermato vale anche per la sorella di June, Jennifer Lorraine Gibbons? ».

Hamilton: « Certamente ».

Giudice: « Esiste anche una perizia precedente, che io ho letto, che aveva carattere esplorativo e in cui l'argomento non aveva ancora assunto un aspetto così definitivo ».

Il giudice si aspettava che la difesa chiamasse l'autore della perizia, nonché principale teste scientifico. Evans si affrettò a intervenire: « Il dottor Spry si trova purtroppo all'estero e non è stato in grado di fornire sufficienti informazioni scritte ».

« Non sapevo che fosse all'estero » disse il giudice, piccato. L'avevano chiaramente preso in contropiede. Il procedimento aveva già subìto un rinvio perché il dottor Spry si trovava in America, e il giudice Leonard, noto per la sua equanimità e la sua umanità nei riguardi dei giovani, non desiderava procedere in assenza del dottor Spry. Nelle attuali circostanze, poteva scegliere tra aggiornare il processo o accettare la parola di un solo medico, anche se questo medico aveva avuto poche occasioni di studiare le gemelle e inoltre rappresentava l'istituto che le avrebbe accolte.

Decise di accettare l'assicurazione del dottor Hamilton che tra lui e il dottor Spry non esistevano divergenze. Evans, visibilmente sollevato, disse: « Se lei fosse disposto ad accogliere il parere del dottor Hamilton, non ci sarebbe nient'altro da aggiungere ».

Tutti si alzarono in piedi per ascoltare la lettura della sentenza, a eccezione di June e Jennifer, alle quali il giudice disse di restare sedute. « Le prove sottoposte al mio giudizio mi hanno persuaso che entrambe le imputate sono affette da disturbi di natura psicopatica. Sono altresì persuaso che questi disturbi siano di natura tale da richiedere l'immediato internamento delle imputate a scopo terapeutico. Esaminate tutte le circostanze del caso, inclusa la natura e il numero dei reati, nonché le possibili alternative, sono giunto alla conclusione che l'unico provvedimento adeguato sia un'ordinanza ai sensi del paragrafo 60 del Mental Health Act (1959). Perciò emetterò un'ingiunzione affinché le imputate vengano internate nell'ospedale di Broadmoor ove si rendano disponibili dei posti entro i prossimi ventotto giorni. Nel frattempo ordino che fino a quel momento siano trattenute in carcere. Mi sembra chiaro inoltre che, tenendo conto della natura dei reati e del loro numero, esista il pericolo che le imputate, nel caso venissero rilasciate, commettano altri reati. Tenendo conto infine delle informazioni in mio possesso circa la tendenza delle imputate a costituire un pericolo per se stesse e l'una per l'altra, è a mio modo di vedere necessario per la difesa della comunità che esse vengano assoggettate a restrizioni speciali come da paragrafo 65 del Mental Health Act, e vista la difficoltà della prognosi ritengo che l'ingiunzione da me emessa debba essere a tempo indeterminato».

Le gemelle avevano ricevuto una condanna a vita, una punizione che viene solitamente inflitta ad assassini sul tipo dello squartatore dello Yorkshire. Nell'udire la sentenza, June e Jennifer non mostrarono emozione. Rivolgendo loro la parola, il giudice le chiamò per nome e augurò loro ogni bene.

Nel loro intimo però June e Jennifer esultavano per quella sentenza così sensazionale. I lunghi anni di sofferenza erano stati vendicati, e loro provavano il sollievo che provano i malati quando al male di cui soffrono, a lungo sconosciuto, viene dato finalmente un nome, e quindi una dignità. Scriveva June:

«Le parole continuavano a girarmi nella testa come turbini. Malata di mente. Ritardata. Psicopatica. Immaginati come mi sentivo. Io, una psicopatica? Di cose del genere ho sentito parlare soltanto nei film di Alfred Hitchcock o sui giornali. Una criminale pericolosa, malvagia, spietata! Io! Finalmente il mio tormento, il mio disagio, la mia violenza sono noti a tutti. Mi hanno messo un'etichetta! Ah, ora conosco il mio destino! June Alison Gibbons, di appena 19 anni, tramandata alla storia come psicopatica».

June riandava col pensiero all'infanzia, all'adolescenza e a tutte le persone che l'avevano conosciuta. Che cosa avrebbero pensato? Che effetto avrebbe fatto tutto questo su di loro – e sulla sua famiglia?

«Ah, è bello sapere che la mia nonna carissima non potrà mai sapere che ha due nipoti psicopatiche. Eppure, non so dove, non so come, lei *sa*. È qui davanti a noi con il nonno. Una cosa del genere tramandata nella storia della nostra famiglia, nell'albero genealogico. E che dire delle mie nipoti e di mio nipote? Avranno davvero due ziette gemelle matte? Ah, che destino crudele!».

Michael Jones, lieto che il caso fosse finito senza intoppi, andò incontro alle gemelle ai piedi degli scalini che portavano al banco degli imputati. «E adesso tutto dipende da voi, ragazze. Arrivederci, June. Arrivederci, Jennifer».

«Sorrideva con un certo imbarazzo» annotò June. Ma lei era talmente sopraffatta dagli avvenimenti che riuscì solo a rivolgergli un goffo cenno del capo e, con suo grande disappunto, guastò il suo primo momento di eroismo andando a sbattere contro la campanella che serviva per chiamare gli imputati. Avvertì chiaramente la disapprovazione di Jennifer.

«Non è stato troppo brutto, vero, ragazze?» disse Mrs Roberts giovialmente mentre assieme alle altre due guardie di scorta faceva loro scendere le scale dietro a un agente di custodia che le riportava nelle celle del tribunale. «E adesso abbiamo un gran da fare a catalogare i vestiti e i quaderni. Sono talmente tanti quei quaderni che ci vorrebbero anni per leggerli tutti. Dove andrete mai a pescare tutto quello che ci scrivete! ». Dal momento che, almeno tecnicamente, le gemelle avrebbero potuto essere prosciolte, tutti i loro averi erano stati portati via da Pucklechurch con loro, e adesso che ci tornavano da condannate bisognava compilare nuovi elenchi, registrare gli indumenti e restituire i quaderni, che diventavano proprietà della prigione.

Mrs Simmonds portò loro una tazza di tè. Come le altre guardie, era sorpresa della severità della condanna. Qualche volta quelle due ragazze erano esasperanti, ma come la maggior parte del personale di Pucklechurch lei non le aveva mai giudicate pericolose né pazze. Patetiche, questo sì, e un tantino inquietanti, specialmente per come vivevano l'una per l'altra, ma a parte il rifiuto di mescolarsi alle compagne ai pasti e alla socializzazione non avevano niente di veramente grave. June e Jennifer erano rimaste in piedi e fissavano in silenzio i loro quaderni. Impossibile dire che cosa passasse nelle loro menti – o, come sospettava Mrs Roberts, nella loro unica mente.

« Vedrete che il vostro avvocato e i vostri genitori scenderanno da un momento all'altro » disse gentilmente Mrs Roberts.

Aubrey e Gloria, ansiosi di vedere le figlie, stavano aspettando nella sala colloqui, dall'altro lato del vetro divisorio.

Per June e Jennifer quello sarebbe stato il momento più drammatico, più toccante di tutta la giornata. Che cosa avrebbero detto? Come avrebbero espresso l'amore e la pena che provavano per i genitori che le avevano allevate e che ora dovevano far fronte al disonore della famiglia? Avevano una gran voglia di baciare e abbracciare la loro amatissima mamma, di dirle quanto fossero dispiaciute e compensare tutti quegli anni di silenzio e di freddezza. Che peccato non aver potuto mettere la gonna e i calzini! Jennifer rimpiangeva anche di aver trangugiato quel pezzo di pane: se si fosse attenuta alla dieta che prevedeva un solo pasto al giorno, o non avesse acconsentito a mangiare le porzioni di June, ora la sua faccia avrebbe avuto quell'aria affilata che l'avrebbe tanto imbellita.

Le ragazze premettero il viso contro il vetro divisorio e abbassarono gli occhi. Era come se stessero aspettando dai genitori la benedizione che le assolvesse dai loro crimini.

« Ciao, June! Ciao, Jennifer! ». Il padre parlava con la voce squillante che usava quando era imbarazzato e desiderava rassicurare il mondo che nella sua famiglia andava tutto bene. Alla sua voce si sovrappose l'eco confusa del saluto di Gloria.

« E allora, come state? » continuò Aubrey. « Avete una bella cera. Caspita, Jennifer, ti è venuta la faccia più tonda. Sei anche più paffuta di tua sorella ». Era sollevato di aver rotto il ghiaccio. « La mamma e io dicevamo in aula quanto vi eravate ingrassate. Devono darvi da mangiare bene laggiù. O è la birra? ». Scoppiò in una risata.

Jennifer pensava furibonda ai pantaloni di velluto marroncino. Erano quelli che la facevano sembrare più grassa. Ma ciò che più l'angosciava era il fatto che tanto suo padre quanto sua madre sembravano interessarsi maggiormente a June.

« Avete proprio una bella cera » rincarò Gloria. « Com'è che vi trattano, bene? ».

« Vi state facendo delle signorine proprio carine » diceva Aubrey. Ignaro delle sue gaffes, cominciava a sentirsi più a suo agio. « Non è ora che vi trucchiate un po'? La mamma potrebbe mandarvi qualche cosmetico quando andrete nel nuovo ospedale ».

«No, Aubrey, io penso che stiano meglio come sono, hanno una pelle così bella».

Mrs Roberts, in piedi accanto alle gemelle dall'altra parte del divisorio, era lieta che la tensione tra i familiari si stesse allentando. Non le era accaduto spesso, come guardia, di dover essere presente quando dei giovani, non diciamo poi due ragazzine, s'incontravano con i genitori dopo una condanna così pesante. Le dispiaceva per i Gibbons, che sembravano gente simpatica e affettuosa.

«Sono sicura che potrete mandarglieli» li rassicurò. «Broadmoor è un ospedale, non una prigione. È un posto bellissimo. Ho sentito dire che si mangia magnificamente». Si girò verso June e le diede un colpetto affettuoso sulla testa. «Non potete neanche immaginare che cambiamento, dopo un anno laggiù!».

Gloria e Aubrey, scacciando in fretta dalla mente quell'ultima ora, bisbigliarono qualcosa tra di loro, poi Aubrey si chinò a tirar fuori da una valigetta due giacconi di panno nero che porse a Gloria.

«Vi abbiamo portato i giacconi neri che ci avete chiesto» disse questa alle gemelle «e dei collant grigi. Oh! Sapete quei calzoni di cui ci avete scritto...».

«Gonne» mormorò June. Aubrey non capiva gli strani monosillabi della figlia, ma Gloria indovinò.

«Ne hanno di carine, a fiori, ai grandi magazzini. Ve le manderò».

L'agente di guardia, in piedi accanto a Mrs Roberts, guardò l'orologio e segnalò che la visita doveva aver termine. Bisognava dire qualcosa della condanna, dei reati. «Non vi sembrerà poi tanto lunga» disse Gloria. «Avete tutta la vita davanti. Guarirete e tornerete a casa in un battibaleno».

Mrs Roberts fece un cenno col capo a June e a Jennifer, che guardarono un'ultima volta le facce rassicuranti dei loro genitori e seguirono le guardie per tornare in cella. «Che effetto fa perdere due figlie gemelle per tanti anni?». June rifletteva su quanto dovevano essere tristi i suoi genitori. «Pensa doverlo dire ai loro amici, al marito di Greta, alla moglie di David, a tutto il vicinato! Ma almeno l'attesa è finita. Devono sentirsi sollevati. Io spero che siano in pace con se stessi».

Rendendosi conto che il suo grande giorno era finito, June si sentiva più inquieta. Che cosa era successo? Nessuno all'infuori dei suoi genitori, di Tim Thomas e di tre o quattro cronisti era stato testimone del suo dramma. Non c'era stato un vero processo; il tutto era durato un'oretta scarsa. Non c'erano stati testimoni, nessuno che spiegasse eloquentemente la sua difficile situazione. In uno dei suoi libri lei lo avrebbe scritto meglio.

Mentre in minibus lasciavano il cortile dietro il tribunale, ebbero un piccolissimo assaggio della scena che si erano perse: improvvisamente, da dietro una macchina parcheggiata uscì di corsa un fotografo, seguito da una donna con un taccuino in mano. «Presto! Giù!» gridò Mrs Roberts. Per un attimo meraviglioso, June e Jennifer pensarono che qualcuno avesse dei fucili e che volesse sparare contro i finestrini, «LE GEMELLE ASSASSINATE». Sarebbero finite nei titoli di testa, dopo tutto. Mrs Simmonds spinse giù la testa di Jennifer, mentre con un rapido gesto del suo braccio massiccio Mrs Roberts copriva la faccia di June. «Non guardate! Giratevi!» ordinò. Il fotografo correva a fianco del bus, ma desistette quando questo acquistò velocità e si dileguò.

Era pomeriggio inoltrato e le nubi minacciavano di offuscare il sole di maggio. La campagna si era fatta più smorta e persino l'acqua che scorreva sotto il Severn Bridge era diventata di un malinconico grigio.

Quando arrivarono a Pucklechurch e per la terza

volta nella giornata gli oggetti di loro proprietà vennero spuntati su un elenco, il contraccolpo cominciò a farsi sentire. La guardia più anziana scrisse due targhette nuove da mettere sulla porta delle celle, quelle bianche dei detenuti condannati. Questa volta le guardie non volevano correre rischi: June e Jennifer vennero condotte in stanze separate nella sezione di valutazione. Per la cena era troppo tardi, e ognuna delle due, chiusa a chiave nella sua cella, sistemò i suoi pochi indumenti e quaderni nell'armadietto e si mise a riflettere sulla giornata ormai trascorsa.

« E adesso non mi rimane altro che aspettare » pensava June, mentre sedeva fissando le pareti coperte di graffiti della sua squallida cella. « Aspettare che la parola "vittoria" acquisti significato ». Immaginò il taxi che portava lei e sua sorella via dalla prigione alla volta di Broadmoor, l'inizio della sua nuova vita, la vita che agognava, di cui aveva bisogno, l'ultima spiaggia. Si congedò dal suo diario: « Di qui a ventotto giorni la vita per me e J. sarà una favola. La tua solitaria amica, scassinatrice e incendiaria condannata, J.A.G. ».

L'internamento delle gemelle a Broadmoor colse il direttore e le guardie di Pucklechurch di sorpresa. Di solito era assai difficile trovarvi posto per dei criminali, anche i più violenti. I tribunali erano generalmente restii a inviarvi donne giovani, in parte per via della spesa (circa ventimila sterline all'anno pro capite) e in parte perché non era particolarmente attrezzato per le adolescenti. Il medico di Pucklechurch, il dottor Peter Trafford, che da sei mesi aveva in cura le gemelle, non era stato convocato. « Nella maggioranza dei casi mi avrebbero chiesto di testimoniare, ma stavolta nessuno mi ha consultato. Penso che sarebbe stato meglio se mi avessero chiamato: mi è sembrato molto strano che la difesa avesse predisposto l'internamento a Broadmoor senza sentire il mio parere ».

Era chiaro che il dottor Trafford non riteneva che le gemelle fossero pericolose né che rispondessero ai normali parametri degli individui psicopatici.

Era consuetudine accertare che il detenuto avesse compreso la propria condanna, e il giorno dopo l'udienza la capoguardia mandò a chiamare June e Jennifer: nel loro caso si preoccupava più del solito. Non potendo, come nessuno del resto, avere accesso ai loro pensieri, temeva che avessero subìto uno choc.

« Tu sai che sei stata condannata a essere internata a Broadmoor per un periodo di tempo illimitato » spiegò a June mentre Jennifer aspettava fuori. « Hai qualche domanda da farmi? ». June scosse la testa. « Come credi che reagirai? Come ti senti? ».

« Bene » mormorò June. « Che altro potevo dire? » pensava. « Non potevo certo essere villana e dire che non vedevo l'ora di uscire da quel porcaio ».

Quel pomeriggio, durante la socializzazione della loro sezione, June andò di soppiatto nella stanza di Jennifer. Jennifer stava leggendo un opuscolo religioso con la copertina sgargiante che raffigurava un lago di montagna. Era emozionata. « Ha scritto Mark » sussurrò. « È molto preoccupato per me ».

« Fammi vedere la lettera » sibilò June, strappandole di mano l'opuscolo. Ne cadde fuori una lettera con la calligrafia sottile e obliqua di Mark. Tutte e due le ragazze si avventarono su di essa ma fu June ad afferrarla. « E allora perché non viene a trovarci? » aggiunse, usando la sua voce più minacciosa. « Può darsi che mi scambi per te ».

Jennifer decise dentro di sé che *non* avrebbe incontrato Mark in compagnia di sua sorella. Mark era il suo amico amatissimo, il suo fidanzato, e lei non lo avrebbe diviso con quella carogna. Però la loro storia la preoccupava; aveva bisogno di parlarne con qualcuno, per sapere se doveva dirgli della condanna e del trasferimento a Broadmoor, oppure se era meglio aspettare di diventare più magra e di farsi stirare i capelli dal parrucchiere di Broadmoor. E anche se doveva ricordare a Mark la promessa di matrimonio a cui lui nella sua lettera non faceva cenno.

«Tu pensi che lui aspetterà finché sarò libera?» chiese Jennifer ansiosa.

«Dipende» fu la poco rassicurante risposta di June.

Nell'attesa del trasferimento a Broadmoor, Jennifer non pensava ad altro che alle lettere e all'imminente visita di Mark. Il 4 giugno 1982 fece infine appello a tutto il proprio coraggio per scrivergli e ricordargli il matrimonio: «Sei sempre d'accordo sul patto che abbiamo fatto lo scorso luglio?». Gli disse anche che sarebbe stato meglio rimandare la visita fino a quando lei fosse stata a Broadmoor, dato che lui abitava a Wokingham, che non era molto distante dall'ospedale. La verità era che Jennifer temeva che la visita potesse rivelarsi imbarazzante. «Supponiamo che non funzioni» pensava. «Che il diavolo ci metta la coda e rovini tutto». Rammentava il primo catastrofico incontro dell'anno precedente con il suo corrispondente Peter, e la scena muta che avevano fatto tutti quanti. Aveva paura che le guardie ridessero di lei. Il suo inconscio l'aveva avvertita mediante un sogno, nel quale lei suonava alla porta di un medico e, alzando lo sguardo, aveva visto la parola «appuntamento» sulla targa tramutarsi in «fallimento». No, a costo di ferire Mark avrebbe rimandato la visita.

Anche June trascorreva molto tempo a pensare alla storia d'amore di sua sorella. Aveva letto la lettera di Mark, ma non si fidava del tutto dei sentimenti del ragazzo. Sembrava si fosse dimenticato della proposta di Jennifer, benché l'anno prima l'avesse accettata. Forse, però, l'aveva fatto solo per cortesia. June pensò a Jennifer e a Carl Kennedy. Quella settimana, la prima settimana di giugno, cadeva l'anniversario del loro primo amore; ma anche allora era stata Jennifer l'oggetto della passione. Carl la picchiava solo perché il suo amore per lei era così impellente e rabbioso, lui era come Tom Brogan nell'*Arcobaleno* di D.H. Lawrence. June temeva di non aver avuto alcuna importanza per Carl. Lui l'aveva sverginata, ma era accaduto una settimana dopo sua sorella, la famosa notte nella chiesa. June rammentava anche come Carl l'avesse spedita fuori mentre faceva l'amore con Jennifer sul letto in camera sua. Quella sera i Kennedy erano usciti e June era scesa da basso a servirsi del loro brandy. Ubriaca e infelice era tornata su a guardare quella coppia di amanti violenti.

Rabbrividì. La cella le dava un senso di squallore e di solitudine e i ricordi non potevano consolarla. In tutte le cose aveva sempre vinto Jennifer. Guardò fuori dalla finestra: il giardinetto che un mese prima era così grazioso, con le violacciocche e i fiori di ciliegio, era squallido e disadorno. Le margherite crescevano qua e là, le aiuole erano state rastrellate in attesa di piantarvi i gerani estivi. I rami sparuti del mandorlo sbatacchiavano al vento.

«Albero; vento; sole. L'aria, il vento sommesso. Silenzio. Sono tagliata fuori dal fruscio del vento, da ogni suono. Come se l'albero, il sole, il vento fossero una barriera in più. Ah, la solitudine del prigioniero! La desolazione del dopo-processo. Fuori splende un sole bellissimo, ma manca qualcosa; dal mondo di fuori manco io».

La vergogna e la delusione che aveva inflitto ai genitori rendevano June sempre più triste.

«Chissà se mio padre, mia madre erano sempre al settimo cielo per l'orgoglio di aver fatto due adorabili gemelle? Rimanevano svegli la notte per ringraziare Dio del bellissimo dono? Erano curiosi di sapere che ragazze saremmo diventate? Che genere di vita ci aspettava? Magari lo conoscevano, il nostro destino, il destino che invischiava anche loro... Sapevano che saremmo state diverse dal resto della famiglia, che saremmo state schedate per dei reati, che avremmo violato la legge, che saremmo state condannate, malate – inadatte ad affrontare la società? Chissà se guardavano le nostre faccine da cherubini e vedevano la cattiveria tormentata, perversa, il desiderio di distruzione che ci stava davanti? E come potevano. Non è assolutamente possibile che siamo nate così. È qualcosa che ci è cresciuto addosso col progredire degli anni; disagio, frustrazione, ambizioni ostacolate. Alla fine è scattato ».

Col passare dei giorni Broadmoor andava sempre più assomigliando alla Nuova Gerusalemme, un posto dove non solo sarebbero state al sicuro dal mondo esterno, ma accettate in seno a una famiglia affettuosa e sollecita.

« Ho come una visione di Broadmoor in un caldo, soleggiato giorno di maggio. Che cosa farò l'anno prossimo? Probabilmente starò su un prato a bere limonata. Le infermiere in bianco passeggeranno tranquille tutt'attorno. E io sarò libera di starmene lì in pace, forse a cucire o a fare la maglia. Ancora giovane ma più matura, più comunicativa, più docile ».

Il sogno a occhi aperti di June fu interrotto dalle strida di due corvi che piombarono sull'erba. Altri uccelli si unirono ai due litiganti. June fu sicura che Jennifer, dalla stanza in fondo al corridoio, aveva buttato il pane dalla finestra. « Che bugiarda, che stronza! » mormorò fra sé. « Eravamo d'accordo che questo mese avremmo mangiato il pane tutte e due ».

Le avevano informate che prima di andare a Broadmoor avrebbero dovuto farsi fare delle fotografie: si scatenò quindi l'inevitabile gara a chi sarebbe riuscita meglio. Di comune accordo decisero che avrebbero cercato di avere un aspetto, se non proprio pericoloso, almeno fiero e risoluto. Ma discussero anche a lungo se avere o meno l'aria sbarazzina alla Aubrey Hepburn.

Adesso che il loro futuro era deciso, il personale di Pucklechurch le lasciava in pace; non c'era più il problema dell'ora d'aria e della socializzazione. In quelle ultime settimane di attesa ricominciarono la loro instancabile altalena di digiuni e abbuffate. Sole e bisognose di consolazione, trovavano difficile rifiutare il cibo, tanto più che adesso glielo portavano in stanza: patire la fame diventava uno sforzo intollerabile. Con le lunghe ore di attesa e col ricordo delle gaffes di Aubrey il cibo diventò un'ossessione, particolarmente per June. « Sono forse innamorata del cibo? » confidava al proprio diario, in un brano che è da annoverarsi tra le grandi descrizioni del quinto peccato capitale.

« È una relazione piena di acredine e di rimorso. Io detesto il cibo che mi distrugge l'anima, la faccia, il corpo, eppure continuo a mangiare, per dovere, per stanchezza. Affondo i denti dritto nel corpo del mio nemico e mentre mastico è lui che vince. Può arrivare a dominare la mia carne, facendo di me una persona corrotta e depravata, esposta alla pinguedine della carne, all'ingrassamento del cuore, sana da scoppiare, quasi mai soddisfatta. E oggi, primo giorno di giugno di quest'anno, 1982, io mangio. Ho ricominciato a fare l'amore. Ho mangiato la colazione. Ah, quel porridge freddo! Me lo sono ficcato in gola e ha fatto baldoria nel mio stomaco, gonfiandolo come la faccia di un annegato. No, devo distruggere questa mia energia di nome porridge. Perché mai ci sono ricascata? Perché ho dovuto per forza toccare quella roba grigia, vomitosa? Adesso sono in suo potere. Ma non mi arrenderò. Domani lo eliminerò dalla mia anima, e basta. Domani darò il mio amore soltanto al pane e ai crostini. Ma non per molto, poiché quella cosa malvagia, colpevole, di nome pane sconfinerà presto. Sono stata una pazza a innamorarmene di nuovo, perché lui mi vuol male: mi fa la faccia tutta a chiazze. E che dire delle patate? Ah, sono proprio scriteriata! Sto diventando com'era J. una volta, senza più autodisciplina. E i carboidrati, troppi carboidrati! Finché non termina questo periodo mi tratterò come un'inferma».

Sempre più June si vedeva come la giovane eroina ottocentesca che muore di sogni infranti e rifiuta il cibo, troppo debole per parlare o per lasciare la stanza. Percorreva i due metri e mezzo della sua cella in uno stupore crepuscolare, osservando l'ombra degli uccelli sulle finestre con le inferriate, e immaginava di essere la Signora di Shalott, che tesseva i ricordi di un mondo che era ben decisa ad abbandonare.

Immaginava che aspetto avrebbe avuto di lì a qualche mese, «leggera come una bimba, inerme come una bambola di pezza. I capelli caduti, gli occhi grandi e vacui. Teso sul naso, quel poco di pelle che ho». Si preoccupava di che cosa sarebbe accaduto a Jennifer dopo la sua morte. Si sarebbe lasciata morire di fame anche lei, oppure sarebbe morta di crepacuore? Che tragica storia!

June cominciò a vestirsi di nero. Fece richiesta per avere il suo golfino e i pantaloni di velluto nero, e persino le scarpe nere. «Sono in lutto. Non porto colori. Starò tutte le sere con i piedi a bagno in un secchio di acqua calda, a sognare la vita che passa? Sarò *una*, nubile a tutti? Voglio sembrare una di quelle fanciulle edoardiane che scrivono in modo così appassionato e bramoso, lunghe lettere che saranno apprezzate e applaudite».

Nella sua stanza, Jennifer rimuginava su Mark e aspettava che lui le rispondesse, ma i giorni passavano e non arrivava nulla: cominciò a temere il peggio. Forse non avrebbe dovuto rivolgergli quelle domande con tanta franchezza, rammentargli la propria proposta di matrimonio e chiedergli se era ancora vergine. D'altro canto, lei si vedeva come un essere impetuoso e sincero, con un lato focoso nascosto in un carattere forte e solido.

Ogni sera, sola in cella, tirava fuori la gonna a fiori che le avevano impedito di indossare in tribunale, se la provava solennemente, girava in tondo per farle fare la ruota e si preparava al giorno delle nozze. Ogni giorno per qualche momento diventava una giovane donna che ha un innamorato nonché futuro sposo. « Che aria ho, secondo te? » chiedeva al diario. « Di una signora? Hai detto così? ». Si vedeva sposata con Mark e madre di sei figli. Mark metteva dei dischi di musica reggae mentre lei cambiava il pannolino al più piccolo. Gli chiedeva forse troppo? Poteva aspettarsi che lui sposasse una donna con un passato criminale, che prendesse in moglie una psicopatica? Avrebbe aspettato quattro, cinque anni o anche di più che lei fosse libera, come un albero che sta ad ascoltare il vento, mentre la musica della sua vita se ne va piano piano?

« Sarà africano, ma non è mica scemo » le sussurrava June mentre tutt'e due vuotavano il vaso da notte nel condotto di scarico. Jennifer notò uno strano odore e pensò che doveva essere lo stufato della sera prima. Allora June era a dieta, dopotutto.

« Ti avevo detto di non raccontargli di Broadmoor. Gli fai paura, tu e tutta questa storia della prigione! ». Jennifer si sentì mortificata e dovette darle ragione.

« Gli rovinerà la reputazione avere a che fare con una pazza criminale come te » insistette June.

Jennifer se ne tornò nella sua stanza solitaria pensando alle parole di June. Era oppressa dai sensi di colpa. Povero Mark! Era venuto dal lontano Ghana fino in Gran Bretagna solo per legarsi a una ragazza in quella situazione, di cui non aveva neppure visto la faccia né sentito la voce. Si chiese se non avrebbe dovuto fare una videocassetta e spedirgliela. Invece, prese dalla sua piccola biblioteca sul ripiano della finestra il libriccino intitolato *Preghiere di ringraziamento quotidiane* che le aveva mandato Mark e si mise a sfogliarlo. « Capita spesso di essere inquieti e preoccupati ». Jennifer sottolineò la parola « preoccupati » con la biro rossa. « Ma i guai peggiori sono quelli che non capitano mai ». Forse non tutto il male veniva per nuocere: se avesse sposato Mark non l'avrebbe fatto per amore, ma soltanto per il gusto di sposarsi. June l'aveva messa in guardia dal servirsi della gente a quel modo, ma in un modo o nell'altro doveva appurare la verità. Cercò di richiamare alla memoria qualcuna delle sue formule magiche. Concentrandosi sull'immagine che si era fatta di Mark continuava a ripetere: « Ti prego, Mark, rispondimi. Jenny ti ama ».

Sia June sia Jennifer provavano molta comprensione per la posizione dell'uomo in un mondo dominato dalle macchinazioni femminili. « Ah, la sofferenza degli uomini! » aveva scritto June, stimolata dalla lettura dell'*Arcobaleno* e ricordando Wayne Kennedy. « La sofferenza dei maschi in un mondo pieno di donne. Gli uomini sono abbagliati dalle donne e le credono superiori. Sono intrappolati in una penosa ragnatela di dolore, pieni di furore, di disperazione, di solitudine. Odiano le donne ma non possono fare a meno di loro... ».

June pensò al suo 'matrimonio' con Jennifer. Rammentò i molti giorni, le molte notti di quando crescevano insieme e litigavano come innamorati, discutendo fino alle ore piccole senza altra consapevolezza che quella che l'una aveva dell'altra. La matita di June lacerò la pagina dell'album da disegno passato dalla prigione. Durante l'ultimo periodo a Pucklechurch si erano messe tutt'e due a disegnare, di solito facce tristi di ragazze bianche dagli zigomi aguzzi e sofferti, quelli che entrambe sognavano di avere. Ognuna invidiava il talento artistico dell'altra, benché June riconoscesse, e a ragione, che era più brava Jennifer. Ognuna appendeva i disegni della gemella alla parete sopra il tavolo, accanto ai poster della principessa Diana. Per tutta la vita, in cella come a casa, le loro aspirazioni avevano fatto da toccante contrappunto allo squallore nel quale vivevano.

Il mese di giugno stava passando e ancora non era stata fissata una data precisa per il trasferimento a Broadmoor. Ma il tribunale aveva ordinato che fossero prese in cura entro ventotto giorni, e quindi il supplizio di Pucklechurch doveva terminare entro il 24 giugno 1982. Mancava poco più di una settimana, e in quel periodo entrambe le ragazze si resero conto di quanto fosse seria la loro situazione e rimpiansero amaramente il dolore che avevano causato alla loro famiglia.

June in particolare trascorreva lunghe ore a ripensare alla propria adolescenza. Rammentava le proprie 'colpe': il giorno in cui avevano tutt'e due marinato la scuola, il pomeriggio in cui avevano rubato una bottiglia di Coca-Cola dalla cassetta che il padre teneva sotto il letto. Ricordava come si era sentita depravata, a sedici anni, quando erano disoccupate e avevano chiesto alla madre di comprar loro due flaconi di un ricostituente alcolico, sperando in una guarigione miracolosa che sciogliesse loro la lingua e le rendesse estroverse. Povera Gloria! Sapeva così poco di quelle sue figlie fredde, distanti. June per certi versi pensava che i reati che avevano commesso e il carcere fossero un fatto positivo, in quanto avevano offerto ai loro genitori l'occasione di leggere nell'animo delle figlie. Sia June sia Jennifer curavano moltissimo la corrispondenza con i parenti: scrivevano e riscrivevano le lettere perché vedessero che erano sincere e potessero meglio capire.

«Perché ho questa ossessione della mamma? Non ho avuto l'opportunità di conoscerla sul serio. Cioè, non è che io non ce l'abbia, una madre, ma vorrei tanto essere la devota figlia adolescente che ha con sua madre un rapporto affettuoso come si ha tra sorelle. Dovremmo starcene a casa a parlare con lei, dovremmo andare a far spese insieme, cucinare, occuparci della casa, e al tempo stesso conversare teneramente con la donna che ci ha allevate e ha fatto di noi ciò che siamo adesso».

June decise di scrivere una poesia per sua madre, da accludere all'ultima lettera spedita da Pucklechurch.

Here in Bristol, I think of Wales.
Here where the traffic roars, I think of the country.
Give me the little things.
Give me mountains for the city,
The hereafter for brambles,
An old farmhouse for these grey puddings.
Give me seagulls for the crows...[1]

Il castigo non era starsene sottochiave lontane dal mondo, quella era una cosa che avevano desiderato entrambe, ma essere tanto lontane dai loro cari. «Senza di loro, non sono nessuno» rifletteva June. «Io ho bisogno di sapere che c'è qualcuno alle mie spalle che osserva i miei progressi. Io voglio che ci sia-

1. «Qui a Bristol, io penso al Galles. / Qui dove il traffico rumoreggia, io penso alla campagna. / Datemi le piccole cose. / Datemi le montagne in cambio della città, / il futuro in cambio dei rovi, / una vecchia fattoria in cambio di questi pudding grigiastri. / Datemi gabbiani in cambio dei corvi...».

no delle persone che si ricordino di me come di qualcuno che ha contato nella loro vita; moglie, madre, amica, compagna, figlia. Mi basta questo per avviarmi felice alla tomba».

Finalmente, venerdì 18 giugno, l'attesa ebbe termine; le chiamarono nell'ufficio della capoguardia e le informarono che il lunedì successivo sarebbero state trasferite a Broadmoor.

Quel giorno per Jennifer ci furono altre buone notizie. Una delle guardie andò nella sua cella per consegnarle due buste: su una Jennifer riconobbe la calligrafia della madre; l'altra era di Mark. Il Signore aveva ascoltato le sue preghiere. Lesse per prima la lettera della madre, che lodava la poesia di June ed esprimeva la sua gioia per il talento che entrambe le sue figlie dimostravano. Jennifer avvertì le solite fitte di gelosia, che però passarono presto.

Mentre apriva lentamente la seconda lettera ci fu uno scoppio di tuono, e le pareti della cella furono percorse dal lampo. Ne uscì una nuova fotografia che cadde sul pavimento; lei la raccolse ed esaminò scrupolosamente il suo futuro sposo: si era messo elegante, con la camicia bianca, i pantaloni neri e una cravatta da uniforme scolastica. Era seduto in poltrona, rivolto all'obiettivo, e sembrava più un quindicenne che un maturo ragazzo di ventun anni. Non aveva minimamente l'aspetto del marito e padre che, come Jennifer aveva sognato, si sarebbe preso cura di lei e dei suoi numerosi figli. Jennifer guardava gli occhi sporgenti e le spesse labbra di Mark e nei suoi occhi bruciavano lacrime di delusione. Continuò a guardare la fotografia da varie angolazioni, nella speranza che cambiasse. Già le pareva di sentire il dileggio di June. Lesse la lettera, scritta in un inglese inamidato, formale, e ne rimase sconcertata. Non riusciva proprio a capire che cosa Mark volesse dire. Nella sua ultima lettera gli aveva chiesto di esprimersi più chiaramente, ma Mark era ancora nebuloso. Le diceva che sentiva la sua mancanza e che gli dispiaceva che dovesse restare rinchiusa per tanto tempo. Circa l'accordo, diceva di non sapere bene a che cosa si riferisse.

« Te l'avevo detto, tu parli per enigmi » le disse June il giorno dopo, quando Jennifer andò a trovarla nella sua stanza. Diede un'occhiata alla fotografia che Jennifer le porgeva: sulle prime rimase scioccata, poi si fece delle gran risate. « Ma non è affatto un uomo! » disse. Jennifer ne fu ferita, ma dovette darle ragione. Pur rendendosi conto di quanto fosse stata ingenua, le era difficile ammettere di essersi sbagliata e rinunciare alla speranza che l'aveva sostenuta in quei sette mesi di prigione. Decise di chiedere a Mark un'altra fotografia e di formulare più chiaramente la domanda circa il matrimonio. Poi, una volta a Broadmoor, l'avrebbe invitato a farle visita.

L'ultimo fine settimana a Pucklechurch si rivelò pieno di emozioni. Per sette mesi June e Jennifer si erano isolate da quasi tutte le compagne. Il personale di Pucklechurch non le aveva mai sentite conversare con le altre ragazze, e benché loro scrivessero dei loro tentativi di comunicare, non sembra che venissero recepiti, e se qualcuno le fraintendeva sia l'una sia l'altra trovavano più comodo annuire e lasciar perdere.

Una sola donna, Alison, aveva fatto colpo su di loro, e le gemelle la consideravano una fonte di ispirazione e di ilarità. Aveva trentaquattro anni e per quasi tutta la vita non aveva fatto che entrare e uscire dalle pubbliche istituzioni. Nei primi tempi che June e Jennifer si trovavano nella sezione A, Alison le aveva 'adottate', aveva incoraggiato le loro fantasie romantiche e aveva detto loro apertamente quanto le ammirava. Loro si rendevano conto di quanto fosse bizzarro il suo comportamento, ma le sue attenzioni le lusingavano, e quando era stata trasferita altrove avevano sentito la sua mancanza. Recentemente era tornata a Pucklechurch. Negli ultimi giorni prima della partenza, June e Jennifer volevano avere la sensazione di essersi fatte delle amiche che si sarebbero ricordate di loro. Jennifer riesumò persino le sue vecchie pratiche magiche, e concentrandosi sull'immagine di Alison continuava a ripetere: «Jennifer ti piace, Jennifer ti piace». Fece lo stesso con Janet, una detenuta di ventinove anni che, dal giorno della sentenza, aveva mostrato per loro un certo interesse. La magia funzionò. Durante l'ultimo fine settimana prima del trasferimento a Broadmoor, sia Alison sia Janet andarono parecchie volte a trovarle.

Era domenica mattina e la sezione A era quasi deserta. Le guardie e la maggior parte delle ragazze erano andate nella piccola cappella accanto alla palestra: erano rimaste soltanto una guardia e un pugno di detenute. Le donne si affollarono nella stanzetta di Jennifer e si scambiarono dolciumi e pettegolezzi. Ridevano, si accaloravano, discutevano di argomenti intimi e sgranocchiavano patatine e cioccolatini come scolare qualsiasi che festeggiano in camerata. Per June e Jennifer era la prima esperienza di vita comunitaria, e ne erano entusiaste.

«Non lasciatevi punzecchiare le chiappe, e nemmeno riempire di pillole» era il consiglio della navigata Janet. «Farete meglio a guardare la TV e a stare con le altre, o vi impasticcheranno fino agli occhi e ve ne andrete in giro come due luridi zombi».

Alison, che odiava Janet, la pensava a modo suo. «Vi rinchiuderanno comunque come i matti. Io ci sono stata». Guardava fisso davanti a sé, con la mente altrove. «Mi mancherete. Perché non sposate Richard Burton? Lui si prenderebbe cura di voi». June era commossa. «Non sapevo che desse tanto valore alla nostra amicizia» pensò. Cercò di chiedere ad Alison com'erano le sedute psicoanalitiche.

«Ah, sì! Passerai tutta la giornata sdraiata su un lettino a parlare con un cretino che vuol dartela a bere. Verrai fuori picchiata nel cervello. Ma almeno starai nella stessa stanza con un uomo!». Strizzò un occhio. June e Jennifer erano imbarazzatissime. «Anche se voi per me siete ancora vergini, o no?» aggiunse Alison.

Jennifer scosse la testa con orgoglio. «Quante volte l'avete fatto, allora?» chiese Janet. Jennifer mostrò cinque dita. «E i pompini li fate?» seguitò Janet. «Io al mio ragazzo glieli facevo, ma penso che sia più spassoso masturbarsi. Qui lo fanno tutte».

«E le guardie?» sussurrò June, scioccata.

«Oh, non preoccuparti di loro. Ci hanno fatto il callo. Io lo faccio anche con la luce accesa. Siete lesbiche, allora?».

Jennifer si sentì avvampare. Sia lei che June avevano preso delle cotte per qualcuna delle ragazze, e una volta avevano usato il rossetto per imbrattare il cuscino di Alison con un messaggio d'amore. Aveva indovinato che erano state loro? Lo pensavano tutte che fossero bisessuali?

«Non c'è da preoccuparsi» le rassicurò Janet. «Qui ce n'è un mucchio, di lesbiche».

«Ricordatevi che siete le mie cocche». Alison, che era rimasta lontana mille miglia, tornò a chiacchierare. «Sentirò la vostra mancanza».

Jennifer scartò due pezzi di gomma da masticare e li porse alle sue nuove amiche, lisciando con cura la stagnola per conservarla come ricordo. Ogni cosa di quegli ultimi momenti era importante.

Chiuse nuovamente nelle loro stanze separate, June e Jennifer consumarono l'ultimo pasto a Pucklechurch. Dissero addio al piccolo mandorlo del giardino, alle finestre dell'ospedale dove avevano trascorso la maggior parte dei primi tre mesi, alle quattro mura tra le quali erano state rinchiuse. «Addio, Pucklechurch!». June alzò il cucchiaio in segno di saluto tra un boccone e l'altro del budino di riso. Si vedeva davanti il nuovo mondo meraviglioso che la stava aspettando. Pensò a coloro che sarebbero subentrate a lei in quella stanza: avrebbero sentito quanto lei vi aveva sofferto? Avrebbero udito tutte le conversazioni tra lei e Jennifer sul desiderio di avere un marito e dei bambini – e i loro più aspri litigi? Trovò una penna e scarabocchiò il proprio nome sul muro. «Partita per Broadmoor. 21 giugno 1982».

Scrisse sul diario l'ultima annotazione di Pucklechurch:

«Domani parto, me ne andrò come il sole dietro a una nube... Ma io non sono il sole, io sono una brezza passeggera che scompiglia la gente. E a Pucklechurch saranno ben contenti che ci togliamo dai piedi; libertà dalle "gemelle terribili". Solo ricordi che lasceranno un solco sulla fronte, una grinza fra i sopraccigli, uno strano sfolgorante silenzio che cala sopra e dentro questa cella».

Anche Jennifer nella sua cella stava mangiando l'ultimo budino di riso.

«Per piacere Dio! Fa' che non soffra nella mia nuova vita come ho sofferto qui. Fa' che abbia il coraggio di parlare apertamente. Fa' che abbia fiducia nei dottori e negli infermieri e che non abbia più paura della gente. Da sette mesi sono un'anima senza speranza. Fa' che questo male non mi paralizzi ancora, distruggendo le mie facoltà, legandomi la lingua come legna da ardere».

Quando montò in servizio la ronda notturna, aprirono la cella e mandarono Jennifer a prendersi l'acqua per la notte. Lei percorse lentamente il corridoio con l'intenzione di salutare tutte le sue nuove amiche. Bussò alla porta di Alison, ma non ebbe risposta, e quando la aprì vide Alison seduta sul pavimento con lo sguardo fisso nel vuoto. Jennifer le fece un cenno con la mano, ma Alison sembrò non riconoscerla. Chiuse la porta e bussò alla stanza accanto. Di nuovo nessuna risposta. La ragazza di quella stanza, una con la quale non aveva mai parlato, stava seduta su un materasso piazzato sul pavimento con il capo chino su un lavoro a maglia. Non alzò nemmeno lo sguardo.

Alla fine del corridoio, Jennifer trovò la stanza di Janet. Si rianimò, ma quando aprì la porta scorse l'amica stesa sul letto, con le coperte tirate fin sotto il mento e gli occhi fissi al soffitto. Non era più la spassosa ragazza che la sapeva lunga e che qualche ora prima le aveva dato tanti consigli; sembrava triste e vulnerabile. Jennifer si affrettò ad andarsene, e fece scivolare sotto la porta un biglietto che diceva: « Scrivici. Non dimenticarci. J. e J. ».

L'alba era grigia, e cadeva una scura pioggerellina estiva. Gli uccelli se ne stavano al riparo sotto il tetto, sopra la finestra della cella di June. June stava sdraiata ad ascoltare i suoni familiari del carrello della colazione, delle porte che si aprivano, delle grida delle compagne e dei saluti della guardia. Lesse parte dell'epistola di Paolo ai Tessalonicesi e i salmi 54, 55 e 57. Mise le sue cose nella federa, tirò fuori il diario e la penna e scrisse:

« Fra qualche ora uscirò per l'ultima volta dai cancelli di Pucklechurch, e mi condurranno verso la Terra della Speranza e della Gloria. Sarò là, in piedi, con la gonna a fiori e la giacca nera; all'età di diciannove anni. E un giorno ritornerò con la mente a questa data, lunedì 21 giugno; e che cosa penserò? Altro non vedrò che mia sorella e me, vulnerabili come fiori all'inferno, senza importanza, eppure importanti, che voliamo verso un'altra fase della nostra vita ».

X
FIORI ALL'INFERNO

> Che caos insensato e degradante ho fatto della mia povera, dolce vita umana.
>
> JENNIFER GIBBONS

Broadmoor non si rivelò quella Nuova Gerusalemme che le gemelle avevano sognato, anche se sulle prime gli spaziosi padiglioni vittoriani con gli ampi corridoi, le stanze ben riscaldate e le grandi finestre che dominavano la campagna circostante costituirono un gradito contrasto con Pucklechurch. June e Jennifer furono felicissime di vedersi assegnare, anziché utensili di plastica, delle posate 'd'argento'; il budino di riso era migliore e c'erano due sale della televisione separate, una per la BBC e una per la ITV. Invece dello strepito dei campanelli, si udiva una voce che avvertiva le pazienti da un altoparlante: « In sala da pranzo, prego », o « C'è una lettera per Miss Jones ». Anche i bagni grandi con tanto di specchio e la privacy di cui godevano incantarono le gemelle.

La prima notte June e Jennifer vennero messe alla York House 2, chiuse a chiave in stanze separate ma adiacenti; potevano vedersi soltanto se si affacciavano alla finestra. Il giorno seguente furono condotte allo spaccio e invitate a scegliersi dei vestiti o dei completi nuovi – tre in tutto –, un cappotto di tweed, biancheria nuova, camicie da notte e tre paia di scarpe – un paio piatte da lavoro, uno da tenere nel loro reparto, e uno elegante per le occasioni sociali. Pensando alla nuova vita di società che l'attendeva, June scelse un abito blu con un'elegante fascia in vita. Jennifer ne scelse uno rosso. Più tardi, quello stesso giorno, parteciparono a una ripresa video che sarebbe servita per la valutazione, e June e Jennifer furono felici di avere l'occasione di 'recitare'. La sera fecero una partita a Scarabeo con le infermiere e si videro offrire delle sigarette, e poi un vassoio con uno spuntino serale costituito da sandwich e biscotti. «Questo è il premio per aver fatto le brave oggi» disse l'infermiera.

«Di progresso in progresso» annotava Jennifer. «Ho letto "Over 21". Gli astri sembrano propizi. Ho fatto una chiacchierata con J. dalla finestra. Spero che ogni giorno sia sempre meglio».

Ma l'ottimismo di Jennifer non fu premiato. Il terzo giorno era di nuovo ai ferri corti con June. Mentre lei si buttava con tutte le energie in quella nuova vita di agi, June cominciava a rinchiudersi in se stessa. Trovandosi a dover mangiare in sala da pranzo davanti a tante sconosciute, si accorse che l'antica paralisi tornava lentamente a impadronirsi di lei. Cominciò a camminare lentamente, a rifiutare di muoversi, finché le infermiere furono costrette a trascinarla di peso per il corridoio per portarla dalla sua stanza al bagno o nella stanza di soggiorno. Stava a capo chino, gli occhi bassi, e ogni tentativo di conversazione da parte del personale si scontrava con un lugubre silenzio.

«Le infermiere osservano noi, io osservo June. Sta cercando di rovinarmi la reputazione, la vita. Dovrà pur venire il giorno in cui ci comporteremo tutt'e due in maniera normale, parleremo, ci muoveremo in fretta, rideremo e vivremo. Io devo riuscire a controllare la mia vita, la mia mente, me stessa. June lo fa apposta a essere scostante con le infermiere. Ha troppi difetti, e adesso sono più evidenti del solito ».

« Guardami in faccia quando rispondi » disse a June suor Bevan, la vivace suora spagnola responsabile della York House 2. Jennifer digrignò i denti. Se June continuava così non le avrebbero mai trattate come due diciannovenni normali e non sarebbero mai uscite da Broadmoor.

Alla fine della settimana June aveva ripreso le sue pose da marionetta. Jennifer si sentiva costretta a imitarla, ma sentiva anche che se non fossero fuggite da lì immediatamente la storia si sarebbe ripetuta, e avrebbero finito per diventare ospiti fisse, per anni, due cadaveri ambulanti. Aveva notato che il finestrino del bagno non aveva le solite sbarre e che il suo corpo snello sarebbe potuto sgusciarne fuori. June l'avrebbe seguita in bagno con una 'scala' fatta di salviette e indumenti annodati; l'avrebbero legata ai rubinetti del lavabo, si sarebbero calate nel cortile e sarebbero corse verso il muro di cinta. Avevano sentito altre donne del reparto parlare di una ricoverata che alcuni anni prima era riuscita a scavalcarlo arrampicandosi sulle spalle di un'altra. Dato che al tempo della costruzione di Broadmoor le donne erano considerate più deboli degli uomini, i muri dell'ala femminile non sono alti come quelli della sezione maschile. La donna si era storta una caviglia e la polizia l'aveva ripresa senza che fosse riuscita a percorrere neanche un chilometro della strada che porta alla stazione di Crowthorne. Però aveva assaporato il gusto della libertà.

Jennifer stava di fronte a June nel corridoio, fuori della stanza da bagno. Aveva cercato di segnalare alla sorella che doveva sbrigarsi, perché avrebbero tentato la fuga quella sera stessa. Ma June non reagiva, se ne stava con un braccio davanti alla faccia mentre con l'altro faceva scudo al corpo, e aveva lo sguardo ostinatamente fisso nel vuoto. Jennifer sapeva che non c'era tempo da perdere, erano quasi le otto e non avrebbero avuto un'altra occasione di tornare in bagno.

«Jennifer, June, che cosa state facendo? È ora di andare a letto». Arrivò Samantha Bevan e si intromise tra le due ragazze che se ne stavano in silenzio. Suor Bevan aveva cominciato a lavorare con le donne e le ragazze dell'ospedale di Broadmoor all'età di diciannove anni, e dopo più di vent'anni era giunta a sentire più vicine a sé le sue pazienti che non la sua famiglia d'origine: passava tante ore ogni giorno rinchiusa con loro, a volte per dieci anni e anche più. June e Jennifer la preoccupavano, perché non le era mai capitato di imbattersi in ragazze così rigide e mute. Chiamò aiuto e trascinò prima June e poi Jennifer per il corridoio fino alle loro camere. Come era già accaduto a Pucklechurch, le guardie dovettero metterle a letto di peso.

Samantha Bevan guardò la faccia impassibile di Jennifer, poi si inginocchiò per rimboccarle le coperte. Jennifer guardava la suora che la sovrastava, quella suora che in principio aveva considerato amica, ma che ora sembrava assumere l'espressione di scostante superiorità di June. Guardò la finestra con le sbarre e le pareti le si chiusero addosso. Sentì le sue dita animarsi e il corpo vibrare di una rara energia. Era la prima volta in vita sua che avvertiva un così forte impeto d'ira che non fosse diretto unicamente contro la sua gemella. Ma, come la sua gemella, quella donna le toglieva il respiro, la libertà.

Nel giro di pochi secondi aveva conficcato le unghie nel viso di Samantha Bevan. «Siete delle stronze» urlava. Scossa dalle parole gridate con tanta chiarezza da quella ragazza che non parlava, come pure dal dolore che sentiva al viso, suor Bevan si mise a gridare, Jennifer lasciò la presa e, alzando gli occhi, incontrò lo sguardo spaventato di una giovane infermiera che era accorsa sulla soglia.

A Broadmoor, il Lancaster Ward I viene usato come reparto di terapia intensiva per le pazienti di sesso femminile. Le stanze al piano di sotto assomigliavano alle celle di isolamento di Pucklechurch, con le pareti nude, le finestre molto in alto e con le sbarre, e un nudo materasso sul pavimento. Quando una paziente arriva al reparto, viene messa nella peggior stanza dell'ospedale, riservata alle donne più violente e pericolose. Poi, come nel gioco dell'oca, deve risalire tutte le ventitré stanze del Lancaster Ward I per raggiungere il reparto superiore, il Lancaster Ward 2, e di lì tornare alle stanze e alle camerate aperte della York House, il padiglione nel quale June e Jennifer erano state sistemate al loro arrivo. A ogni incidente, e in proporzione alla sua gravità, la paziente viene fatta retrocedere di parecchie stanze o reparti, finché, dopo una media di sei anni senza troppi andirivieni, raggiunge una delle stanze superiori del reparto di riabilitazione, la York House 3.

Nel cammino verso la meta vengono costantemente assegnati dei premi. Più ci si adatta al sistema, migliore è l'"ufficio' che si conquista, non diversamente da quel che accade a un funzionario della BBC o a un impiegato governativo. La buona condotta, al Lancaster Ward I, è premiata con la promozione a una stanza dotata di un letto e di qualche mobile di cartone pressato. Una volta al Lancaster Ward 2, si può progredire di stanza in stanza conquistandone infine una con una sedia, un armadio e uno scrittoio (fatti di vero legno), uno specchio e un tappeto. Nelle stanze privilegiate è concesso tenere i propri cosmetici sul tavolino da toilette, mentre nelle stanze ordinarie tutti gli effetti personali vengono custoditi in un armadietto fuori dalla stanza. Anche le ore di libertà sono graduate, a partire dal Lancaster I, dove le stanze che ospitano pazienti aggressive o autolesioniste sono tenute chiuse a chiave giorno e notte, fino alla York House 3, dove alle pazienti viene rilasciato un 'passi' che permette loro di spostarsi liberamente all'interno dell'ospedale. Alcune pazienti che sono a Broadmoor da molti anni ed è improbabile che vengano dimesse sono sistemate in maniera più stabile nell'uno o nell'altro dei reparti, ma per le altre il sistema del passaggio di stanza funziona fino al giorno in cui escono.

Stesa sul materasso, sola, nella cella di isolamento del Lancaster Ward I, Jennifer trascorreva i momenti più bui dei suoi diciannove anni. Tutte le aspettative che aveva nutrito durante gli ultimi mesi a Pucklechurch erano svanite dietro i muri e le porte della sua nuova prigione. «Accoglierei la Morte ogni giorno a braccia aperte» scriveva. «La Morte è sempre pronta, col suo dolce sorriso, ansiosa di essermi amica». Non riusciva a parlare. Si sentiva la lingua legata come una fascina di legna da ardere. La domenica, quando la sala di riunione diurna del Lancaster I veniva trasformata in cappella, non ce la faceva a recitare con le altre le sue amate preghiere; quando alla comunione il sacerdote le porgeva il pezzetto di pane le sue labbra non si aprivano, e quando le porgeva il vino restavano tristemente serrate. Lui la benediceva e passava oltre. Jennifer rammentava tutto il vino e la vodka che aveva bevuto l'estate prima e guardava le sue compagne del Lancaster Ward I dall'altra parte della stanza. Sedevano, una fila dietro l'altra, incuranti e con lo sguardo fisso, come soldati in procinto di essere fucilati. Quanto sembravano lontani Carl, Lance e Wayne.

Anche June, separata dalla gemella, cadde in un profondo stato di depressione. All'alba dell'11 luglio, tredici giorni dopo l'aggressione di Jennifer contro

Suor Bevan, trovarono June che cercava di strangolarsi nella sua stanza. Si era legata attorno al collo un capo della fascia del vestito blu nuovo e l'altro capo l'aveva assicurato al braccialetto d'argento al quale aveva attribuito tanti poteri magici, e tirava.

Vennero scambiate di stanza. June prese il posto di Jennifer nel reparto di terapia intensiva, mentre Jennifer saltava gli stadi intermedi e tornava in una cameretta della York House 2. Tutte e due peggiorarono e June si rifugiò in uno stato comatoso, come già quattro anni prima a Carmarthen, quando l'avevano separata dalla sorella per la prima volta. Rifiutò di mangiare nella sala comune e il suo peso scese sotto i quarantacinque chili.

Fu durante quelle settimane, all'inizio di luglio, che feci la mia prima visita a Broadmoor e vidi June portata a braccia in sala colloqui da due infermiere. Anche Jennifer, che vi venne condotta immediatamente dopo sua sorella, sulle prime rimase in silenzio senza reagire. Poi, col fiato mozzo per la concitazione, mi parlò: « Dica per favore al dottore che June deve tornare. Non è giusto. Noi vogliamo stare assieme. La prego, ci aiuti ».

Il dolore di Jennifer era meno plateale di quello di June, ma la ragazza si struggeva per l'assenza della sorella come una giovane sposa che abbia il marito al fronte. A ogni passo nuovo che udiva nel corridoio pensava che fosse June. Fissava il letto accanto al suo e agognava di vedervi June. Passava ore alla finestra per vedere se riusciva a scorgerla in giardino. « Se J. non torna sono perduta » scriveva. « Impazzisco dalla voglia di vederla. Sta succedendo qualcosa di cattivo. Vogliono separarci per sempre, forse? ».

Col trascorrere dei giorni, persino i movimenti più normali diventarono per Jennifer un duro cimento. Indugiava in corridoio, troppo impaurita per entrare nella stanza di soggiorno. Una volta entrata, poi, sedeva sempre sulla sedia più vicina alla porta, e aveva timore di andarsene. Se si alzava per uscire da sola, le pareva che tutte nella stanza la fissassero; se prima di alzarsi aspettava che lo facesse un'altra, non voleva che pensassero che poteva muoversi solo perché quella si era mossa per prima.

In giardino faceva un gran caldo, e le temperature di fine luglio avevano favorito nugoli di mosche. Jennifer ascoltava il rumore dei jumbo che da Heathrow puntavano verso l'America e oltre. Sulla panchina che normalmente occupava nelle ore di ricreazione stava seduta a fumare una ragazza. Che fare? Era troppo imbarazzante andare a sedersi accanto a lei. E se quella si fosse messa a parlare? O le avesse offerto una sigaretta? D'altra parte, se le fosse passata davanti senza fermarsi e si fosse seduta sulla prima panchina libera sarebbe sembrata snob e asociale. «Comincio a essere veramente stufa della mia insicurezza. Perché non posso semplicemente dire "Ciao" e abbattere il muro che ci divide?».

La timidezza di Jennifer si acuì a tal punto da indurla a non bere più nemmeno il tè davanti alle infermiere o alle altre ricoverate. Prendere in mano la teiera o la lattiera divenne un'impresa impossibile, specialmente se erano difficili da raggiungere o con il manico girato. «Piantala di chiederglielo, lo berrà quando ne avrà voglia». Vi, una ragazza del suo reparto, si rivolgeva a Sara scavalcando Jennifer, e questa aveva l'impressione di essere invisibile. Sara voleva il cucchiaino vicino a Jennifer, ma o pensava che questa fosse sorda oppure era a sua volta imbarazzata. Jennifer sapeva che sarebbe bastato prendere quel cucchiaino e passarglielo, ma non riusciva a fare quel gesto. Perché Sara non l'aveva chiesto direttamente a lei? Jennifer non sopportava il silenzio degli altri.

«Mi dà sui nervi» pensava. «Mi prendono in giro, con quei silenzi lunghi e irritanti. Perché non parlano e mi mettono a mio agio?». La preoccupava l'idea di passare per una che non beveva il tè, perché quando poi avesse trovato il coraggio di berlo sarebbero rimaste tutte scioccate.

Era il 26 luglio 1982, un lunedì, ed era passato quasi un mese da quando Jennifer aveva aggredito la suora e lei e June erano state messe in due padiglioni separati. Jennifer, che si trovava nel suo solito stato pietoso, stava arrancando sulla scala che portava al laboratorio di terapia occupazionale, quando, giunta in cima, sentì Vi gridarle: «C'è tua sorella!». Si sentì come paralizzata: guardò avanti e vide June seduta a uno dei lunghi tavoli. Indossava un golf di Jennifer e la gonna verde che le avevano portato la settimana prima i loro genitori. Gloria glielo aveva detto, che a June aveva portato una gonna verde, mentre aveva pensato che lei ne avrebbe preferita una giallo oro. Dimentiche degli sguardi curiosi le due sorelle si incontrarono e parlarono.

Durante la pausa per il tè sedettero una accanto all'altra a chiacchierare fitto fitto; tutte e due ammisero la propria infelicità. «Quando sono sola» confessò June «m'immagino di essere te. Immagino di avere la tua faccia, il tuo corpo. Io sono te». Jennifer era sbalordita. «Ma è quello che devo fare io, immaginare che sono te!».

«No! Tu sei Miss Indipendenza» rispose June. «Ti ricordi quando te ne sei andata da sola a trovare quel tipo che ti scriveva? Quando ci penso, mi sento forte».

Decisero che da allora in avanti si sarebbero aiutate e sostenute a vicenda.

«Ho ricevuto una lettera da quel ragazzo che ha letto di noi sui giornali. Anche lui ha un difetto di parola e vuole che una di noi diventi la sua ragazza. È già venuto a trovarti Mark?».

Jennifer non ebbe il tempo di rispondere, perché un'infermiera condusse via June assieme alle altre ricoverate di Lancaster House.

Meglio così, perché Jennifer non sapeva se dire a sua sorella che Mark sarebbe venuto a trovarla di lì a cinque giorni. Era così emozionata che passò la settimana in uno stato di impaziente confusione. La visita di Mark presentava alcuni problemi: le pazienti della York House sono tenute a preparare personalmente il tè per i loro ospiti e a portarlo su un vassoio nella sala delle visite. Tè, tazze, zucchero e biscotti devono essere comperati allo spaccio, e per il latte bisogna fare la richiesta il giorno stesso. Jennifer trascorse inoltre molte ore a pensare a che cosa avrebbe indossato. (Incoraggiare le pazienti a scegliere il modello e il colore dei propri abiti fa parte delle riforme attuate in anni recenti negli ospedali speciali come Broadmoor. Un grande magazzino di Londra, convenzionato con l'ospedale, manda una volta all'anno, all'alba, dei furgoni carichi di capi di abbigliamento. Dalle nove del mattino le pazienti di ciascun reparto si mettono in fila per sceglìersi due completi o vestiti; uno lo pagano coi propri soldi, l'altro è a spese dell'ospedale. Poiché ciascuna paziente riceve da tre a sei sterline per buona condotta, oltre alle indennità della previdenza sociale, e non ha alcuna spesa, il denaro che ha sul conto presso l'ospedale può aumentare rapidamente).

Se Jennifer si fosse messa il vestito rosso nuovo il personale si sarebbe facilmente accorto che si trattava di un'occasione speciale. D'altra parte bisognava che Mark avesse della sua futura sposa un'impressione favorevole. «Se sono timida o imbarazzata se ne accorgerà. Noterà ogni cosa di me, tutte le mie stramberie. È questo che temo di più» si diceva, desiderando ardentemente i consigli di June. Si preoccupava del colore della sottoveste: bianca sarebbe stata carina, ma inadatta, dato che non era più vergine. Ne avrebbe messa una nera, con un collant nero. In vista della visita affrontò persino il parrucchiere e gli permise di disfarle le solite trecce, di lavarle i capelli e pettinarla con la coda di cavallo.

E arrivò il giorno della visita di Mark. A Broadmoor le visite iniziano alle due e un quarto del pomeriggio per finire alle quattro. Jennifer, vestita in gonna e cardigan verdi, preparò il vassoio e aspettò di essere chiamata. Alle tre stava ancora aspettando. Dov'era Mark? Era di certo perché si era vestita così: il verde è un colore che porta sfortuna. Forse Mark era rimasto imbottigliato nel traffico, forse il suo capo gli aveva negato il permesso, forse lei era stata troppo esplicita e frettolosa nelle sue lettere e lui non aveva mai avuto l'intenzione di venire. Udì il brontolio del tuono e uno scroscio di pioggia scura si abbatté contro la finestra. Un temporale in luglio? Quale terribile messaggio cercava di comunicarle? Sentì un gran fracasso, come se fuori il vento avesse rovesciato delle casse. Si assopì e quando si svegliò le visite erano terminate.

In seguito venne a sapere che Mark era partito per venirla a trovare, ma che poi si era perso fra i treni e gli autobus in partenza da Aidershot. Dalla stazione di Crowthorne gli era toccato fare a piedi i due chilometri e passa in salita, proprio quando il cielo si oscurava e cominciava a piovere. Aveva un pacco di libri e un vaglia postale del valore di dieci sterline per la sua cara amica, nel caso lei avesse bisogno di comprarsi qualcosa. Non sapeva bene che genere di posto fosse Broadmoor e lo innervosiva avere il suo primo appuntamento in circostanze così curiose. Jennifer gli aveva detto che sarebbe rimasta in un ospedale per qualche anno, ma quando aveva smesso di scrivergli lui, per ripicca, aveva bruciato tutte le sue lettere e non riusciva più a ricordare con esattezza perché la trattenessero dietro quei muri così alti. Quando suonò il campanello al cancello principale erano le tre e mezzo. Aspettò accanto al banco nella stanza affollata mentre altri due gruppi di visitatori firmavano il registro. Alla fine si fece coraggio e domandò di Miss Jennifer Gibbons. « Oh, deve essere nella sezione femminile » disse l'infermiere. « Questa è la sezione maschile. Deve uscire e proseguire sulla destra ».

Quando Mark era arrivato alla sezione femminile mancava ormai un quarto alle quattro. Un'imponente infermiera dall'aria autoritaria gettò un'occhiata a quel ragazzo negro fradicio di pioggia. « È tardi » disse, senza un briciolo di comprensione. « Le visite terminano alle quattro e non c'è tempo per organizzare un servizio di scorta dal reparto ». Mark chiese se poteva lasciare i libri e il denaro che aveva portato. « Devi portare la roba nella cassetta dei visitatori e firmare. Al banco non si può lasciare niente ». Mark era intimidito dal modo di fare dell'infermiera e non osò chiedere dove fosse la cassetta dei visitatori. Sempre con i regali in mano, si accinse a fare la lunga camminata di ritorno fino alla stazione.

Nelle settimane che seguirono June progredì fino ad approdare al Lancaster Ward 2, ma rimase triste e muta. Jennifer si adattò meglio alla routine ospedaliera e cominciò a sforzarsi di comunicare. Era però così fuori esercizio che raramente riusciva a farsi capire.

« Non ti stanchi mai di scrivere? » chiese suor Bevan. Jennifer sedeva al solito posto nella stanza di soggiorno, china sul quaderno a escogitare l'intreccio del suo prossimo racconto. « Perché non vieni nell'ufficio a vedere se ti troviamo qualcosa da cucire? ». Jennifer non riusciva a crederci: aveva visto le altre cucire e aveva sognato di fare una bella bambola di pezza, come quella che lei e June avevano fatto a Eastgate, ma non aveva mai osato chiederlo. «Magari ti piacerebbe fare un giocattolo di stoffa, qualcosa da mettere nella vetrina» disse suor Bevan.

I pazienti di Broadmoor sono specializzati nella fabbricazione di giocattoli di pezza. Animali e bambole di tutte le forme e dimensioni sono allineati nella sala colloqui e in quella da pranzo per essere venduti sia al pubblico sia alle pazienti stesse, alle quali viene addebitato il prezzo del materiale usato sul conto che hanno presso l'ospedale. Jennifer tentò di spiegarsi, ma non ci riuscì. Seguì suor Bevan nell'ufficio. «Che colore vuoi?». Jennifer articolò un suono che sembrò uscirle dal naso. «Marrone scuro» farfugliò. Le avrebbe ricordato l'orsacchiotto che aveva lasciato a casa. Ma suor Bevan non capì. «Non sei sicura? Allora, che ne diresti di questo?». Le porse una confezione di stoffa beige, un colore che a Jennifer non piaceva, e si mise a infilare un ago.

L'orsacchiotto nel quale Jennifer aveva riposto le proprie speranze si trasformò poi in un cagnolino beige, e lei per sbaglio gli cucì la coda a una zampa, dandogli un'aria sbilenca. Ma anche così le sembrò carinissimo, lo battezzò Russell e firmò un modulo di richiesta per acquistarlo. Se non altro sarebbe stato un souvenir, qualcosa dell'estate 1982 da ricordare.

Sia lei sia June furono sottoposte a varie visite mediche e gli esami di laboratorio rivelarono che avevano lo stesso gruppo sanguigno e che erano effettivamente uguali in tutto e per tutto. Gloria aveva sempre sostenuto che non erano identiche, ma prima di allora nessun medico aveva pensato di verificarlo. Furono entrambe visitate anche dallo psicologo, che con un cronometro calcolò i loro tempi di reazione e propinò loro la solita sfilza di questionari e test per la valutazione dell'intelligenza e della personalità. Era di nuovo come stare a Eastgate.

Andò a trovarle anche l'insegnante della scuola, ma, come gli altri, non riuscì a capire niente di ciò che diceva June. «Se vuoi frequentare le lezioni devi esprimerti meglio» l'ammonì. «Non starai assieme a tua sorella, perché non voglio che borbottiate e ridiate fra di voi, come dice il personale». Le parlò dei corsi che poteva frequentare e June si iscrisse a inglese, matematica, dattilografia e disegno. Sia lei sia Jennifer rammentano l'infelice osservazione fatta da quell'insegnante, che forse, a sua insaputa, fece loro passare la voglia di applicarsi: «Non è poi tanto difficile distinguerti da tua sorella. Tu sei quella più grassoccia, non è vero?».

Un'altra visita cui furono sottoposte fu quella di Jenny France, la logoterapista. «Perché è contento il gatto?» chiese loro mostrando la solita serie di cartoncini usati in logoterapia: una boccia con un pesce rosso, poi un gatto che guarda in su e infine un gatto e una boccia rotta. «Cosa manca qui?» chiese. Jennifer conosceva bene quel cartoncino: le pareva di avere cinque anni e fece una risatina, chiedendosi se stesse ridendo anche June.

La separazione era insopportabile per entrambe, e cominciarono a pensare al suicidio. «Magari potrei annegarmi nella vasca da bagno» pensava Jennifer. «O potrei prendere uno spillone dal laboratorio e conficcarmelo nel cuore. Cosa farebbe J.? Crollerebbe? Lei non dovrebbe stare dietro a queste sbarre. È troppo carina per lasciarsi sfuggire la vita». Tutti i giorni pregavano e consultavano l'oroscopo in cerca di una speranza di cambiamento. «Dio, *devi* aiutarmi!» gridò Jennifer battendo col pugno contro la parete, una volta che si trovava da sola nei gabinetti. «Dimmi in che giorno mia sorella tornerà da me. Io ho bisogno di lei. Aiutami, ti prego. Ti prego! ». Si incontravano saltuariamente, quando i due reparti usavano il medesimo laboratorio, e talvolta, come premio, nei fine settimana. Le infermiere avevano stretto un patto con loro: se entrambe si comportavano bene e durante la settimana si sforzavano di parlare, veniva loro concesso di incontrarsi il sabato pomeriggio nell'ufficio di suor Bevan. Questi incontri rendevano ancora più difficile la politica della separazione, tanto era lampante che le ragazze si rianimavano quando erano insieme e languivano quando le si separavano. Ma lo psichiatra era irremovibile.

Il dottor Boyce Le Couteur è il responsabile medico della sezione femminile di Broadmoor. Dopo il primo incidente, aveva preso la decisione di separare le gemelle e da allora in poi niente lo convinse a cambiare parere. Il dottor Le Couteur è un uomo alto e dinoccolato dall'aria tetra, che ha iniziato la sua carriera in Australia, dove è nato, per poi trasferirsi in Gran Bretagna nel 1960 per fare lo psichiatra legale. Dopo venticinque anni di lavoro a Broadmoor, non ha ancora perso quel suo aspetto disidratato da arbusto spinoso del deserto australiano. Psichiatra della vecchia guardia, ha fama di essere estremamente cauto nel proporre il rilascio delle recluse.

Il suo atteggiamento nei confronti delle gemelle Gibbons, quando ne discuteva con me, sembrava piuttosto indifferente, eppure fu lui a prendere la coraggiosa decisione di telefonarmi perché andassi a Broadmoor a parlare con June e Jennifer. Accadde in seguito alla pubblicazione sul « Sunday Times » di un mio articolo su di loro. Il dottor Le Couteur desiderava sinceramente che io organizzassi dei corsi di scrittura per le due ragazze, mi permise di accedere ai loro diari e, spesso contro il desiderio di alcuni membri della Prison Officers' Association, il sindacato cui appartengono gli infermieri di Broadmoor e altri membri del personale, favorì le mie visite nei tre anni successivi. Ma era ed è tuttora inflessibile nel ritenere che le gemelle necessitino di una cura a lunghissimo termine in un istituto di massima sicurezza. Forse perché non ha letto i diari scritti in calligrafia microscopica che rivelano il versante più vulnerabile della personalità di June e Jennifer, non prova molta simpatia per ciò che lui considera un sodalizio perverso.

June e Jennifer gli scrivevano pregandolo di rimetterle assieme, ma il dottor Le Couteur era stato messo in guardia dai rapporti di Eastgate e Pucklechurch. Solo dopo un lungo periodo di separazione e di cure avrebbe permesso loro di tornare insieme. Negli ospedali come quello di Broadmoor la cura si basa sulla modificazione del comportamento: è l'unica terapia considerata idonea per i soggetti caratteriali. Il sistema dei premi e delle punizioni funziona in ogni momento della routine giornaliera, e i pazienti non hanno tregua, non c'è un momento in cui ciò che dicono o fanno non venga osservato e usato per collocarli un gradino più su o più giù nella scala dei privilegi. Per lo sforzo dimostrato nel cucire un giocattolo di pezza e nel collaborare col personale dell'ospedale, Jennifer ebbe il permesso di fare il bagno la sera. «Quelle che fanno il bagno di pomeriggio o di sera sono meglio di quelle che lo fanno di mattina» annotava Jennifer. Ogni cambiamento di routine era il benvenuto e le avrebbe concesso più tempo al mattino per scrivere le sue poesie, ma la promozione aveva i suoi inconvenienti. Mark doveva tornare a trovarla nel fine settimana e lei non avrebbe potuto fare il bagno prima della visita.

«Sabato 14 agosto 1982. Oggi mi sono svegliata e c'erano degli uccelli che cantavano vicino alla mia finestra. "Qualcuno mi aiuti! Qualcuno mi aiuti!"

sembrava che dicessero. Chissà se Mark mi darà un'altra delusione? Era tutto pronto – le due tazze, il tè, i biscotti. Ho tirato fuori otto biscotti. Ho atteso ogni minuto, con la fiducia che colava a picco. Mi sono alzata per andare in bagno e là dentro ho pregato, Dio misericordioso, ti prego non abbandonarmi. Basta con le delusioni».

Dall'altoparlante giunse una voce: «Jennifer Gibbons in sala visite». Jennifer si avviò con quel tanto di fretta che giudicava decorosa verso l'ufficio dove l'aspettava il suo vassoio, ma agitata com'era prese quello di un'altra. «Chi m'ha fregato il vassoio?» esclamò la ragazza. «Quelle sono le mie tazze, brutta stupida che non sei altro. Ridammelo subito!» e afferrò il vassoio di Jennifer che fu costretta a metterlo giù, trovarne un altro e ricominciare tutto da capo. L'infermiera che stava aspettando di scortarle perse la pazienza. Poi, mentre stavano uscendo, Jennifer si accorse che mancava lo zucchero. Doveva tornare a cercarlo nel suo armadietto e poi farsi prestare una zuccheriera. Le altre se ne andarono, lasciandola ad aspettare la prossima scorta.

Finalmente arrivò nella sala delle visite con il suo vassoio. Sulle prime non le riuscì di riconoscere Mark, poi vide un giovane nervoso seduto da solo a un tavolo. Vestiva come nella fotografia, pantaloni grigi e un'elegante camicia a righe. Jennifer provò nuovamente un brivido di delusione. Mark sembrava uno scolaretto, senza l'ombra del fascino disinvolto dei ragazzi Kennedy.

Lui la salutò con un «Ciao!» e fece appena in tempo a impedire che il vassoio le scivolasse dalle mani. Jennifer si sedette e gli offrì una tazza di tè.

«No, grazie, non bevo tè». Dopo una pausa imbarazzata, Mark si spiegò meglio: «Le bevande calde dilatano lo stomaco e fanno venir fame».

«Biscotti?» sussurrò Jennifer.

«No, grazie. Non mangio di pomeriggio». Sorrise e, dato che Jennifer non faceva un gesto, si offrì di versarle una tazza di tè. «Ti servo io. Zucchero» chiese educatamente. Jennifer scosse la testa. Tutto quel traffico per la zuccheriera si era rivelato inutile.

Si avvicinò un'infermiera per vedere come se la cavavano. Diede un'occhiata a Mark e chiese: «È tuo fratello, Jennifer?». Jennifer la guardò in cagnesco. «Ti abituerai presto a questo posto» disse a Mark l'infermiera, con quel tono condiscendente che le gemelle avevano imparato a disprezzare. Jennifer si sentiva umiliata per quella crassa intrusione nel loro primo incontro. Scrutò il viso di Mark e ammirò i suoi denti bianchi e sporgenti. Era fermamente decisa a trovarlo bello.

Lui le raccontò della sua vita a Wokingham. Aveva pochi amici e abitava nella casetta del principale; perlopiù durante il fine settimana guardava la TV e ascoltava dischi, soprattutto musica reggae. La domenica andava in chiesa. Cercavano disperatamente un terreno comune. «Adesso so perché parla così lentamente» pensava Jennifer. «È l'incantesimo. Anche quando sembrava non capirmi, sorrideva». Gli chiese di che segno fosse e gli fece qualche domanda sulla sua famiglia. Come le lettere che si erano scambiati, il loro incontro aveva il formalismo di un tè in un libro di Jane Austen. Ma la faccenda più importante della giornata non era stata ancora discussa. Alla fine, Jennifer farfugliò precipitosamente: «E il nostro accordo? Lo scorso luglio?».

Mark scosse la testa. «Be', non saprei. Non saprei».

Jennifer si sentì imbarazzata. «Il matrimonio?» disse, facendosi più audace. Mark sembrava assorto in profondi pensieri, forse non l'aveva sentita. Era pronto, comunque, a diventare il suo amato sposo? Per il momento sembrava che non avesse ancora una posizione. Jennifer si chiedeva se Mark sapesse che per sposarsi ci volevano soldi, e decise che stava mostrandosi un tantino troppo sfacciata.

Sprofondarono nel silenzio. Jennifer si accorgeva di dar segni di nervosismo; faceva risatine insulse e si attorcigliava alle dita una ciocca di capelli. Mark lo notava? La gente del tavolo accanto stava guardando. Bevve un sorso di tè dall'unica tazza che Mark aveva riempito e si chiese che altro poteva domandargli. «Ti piace il calcio?» chiese. «Oh, è uno sport da donna» rispose lui. Jennifer rimase interdetta, ma pensò che Mark non avesse sentito bene. Si rilassarono sul comune terreno della musica pop e dell'avversione per il cricket e il golf. Mark non accennò ad andarsene finché l'infermiera non annunciò la fine delle visite.

Dopo, Jennifer andò a prendere i regali di Mark dalla cassetta dei visitatori. C'era un libro di racconti del «Reader's Digest» e un opuscolo religioso. C'era anche una grossa scatola di cioccolatini, e questa le poneva un problema, perché tutte là dentro si sarebbero aspettate che li dividesse con loro. Decise quindi di nasconderla nel suo armadietto e di prendere nottetempo uno o due cioccolatini giusto per consolarsi. Ma l'armadietto era già così pieno di diari e riviste che la scatola entrò a fatica. Mentre se la svignava per il corridoio sentì uno schianto: lo sportello si era aperto di scatto e la scatola di cioccolatini era caduta sul pavimento. Due ragazze che erano state a guardarla mentre cercava di pigiarcela dentro si misero a ridere. Jennifer si sentì umiliata e anche delusa. Una parte di lei doveva ammettere che la visita non era stata un granché: Mark era stato abbastanza amichevole, ma distaccato, per nulla simile al fidanzato che posa per la prima volta lo sguardo sulla sua futura moglie. «Dopo tutto è un Leone» si consolava Jennifer nel diario. «Sai, i maestosi leoni. Hanno quei loro modi regali».

Una settimana più tardi, quando June ricevette una lettera da casa, la fede delle gemelle nei segni astrologici subì uno scossone: il dottor Le Couteur aveva chiesto a June di cercare di sapere tutto il possibile sulla sua nascita, e Gloria aveva risposto alla figlia che, contrariamente a quanto le gemelle avevano sempre creduto, lei era nata alle otto e dieci del mattino e Jennifer alle otto e venti. Per anni avevano ricavato i loro oroscopi, spesso a caro prezzo, in base al fatto che June era nata alle otto in punto e Jennifer alle otto e dieci. Tutto ciò che, come avevano sempre creduto, costituiva la differenza fra le loro personalità e i loro destini non stava più in piedi: Jennifer aveva ereditato l'ascendente di June e tutte le ore trascorse a studiare quello di Jennifer erano state una perdita di tempo. « È tutto uno sbaglio, una tragedia » scriveva Jennifer, dopo che June le ebbe dato la notizia.

« Il mio oroscopo non ha nulla a che vedere con me. June è subentrata al mio posto. Mi hanno scippato il mio caro, povero segno. Il peggio è che io non sono un Acquario bravo e forte: è lei che ha un Acquario dentro di sé. Oddio, che pasticcio! Adesso devo raccattare i cocci. Chi sono io? Ora starò con gli occhi bene aperti quando leggerò l'oroscopo ».

Mentre l'estate del 1982 si trascinava stancamente, l'attenzione delle gemelle andò sempre più focalizzandosi sul microcosmo ospedaliero. « Sembra proprio che ci scordiamo della gente che sta fuori » scriveva June. I familiari andavano a trovarle sempre meno, perché il viaggio in treno da Haverfordwest a Broadmoor è lungo e complicato. David Gibbons e sua moglie Vivienne pensavano che Broadmoor non fosse un posto adatto per i loro due bambini, e infatti Vivienne non ci andò mai. Le gemelle erano indulgenti, si ricordavano dei compleanni di David e di Vivienne e del loro anniversario di matrimonio e mandavano loro gli auguri; meditavano anche di inviar loro somme di denaro prelevandole dal proprio conto ospedaliero. Ne mandarono effettivamente a Greta, che andò a trovarle un paio di volte, e naturalmente ai genitori, le cui visite infrequenti recavano loro tanta gioia.

Io portai a Broadmoor dei corsi di scrittura e dei libri, e le incoraggiai a continuare il loro lavoro letterario. Da principio ci provarono e scrissero qualche racconto; Jennifer diede persino inizio a un nuovo romanzo. Quando consigliai di far loro avere le macchine da scrivere, il dottor Le Couteur si dimostrò entusiasta, e Aubrey e Gloria ne portarono una che fu installata nella stanza insonorizzata della York House 2 perché Jennifer potesse servirsene a suo piacimento. Ma lei non si prese mai la briga di farlo. L'ospedale offrì loro anche un corso per corrispondenza di giornalismo e poesia indicato da me. June e Jennifer promisero di cimentarvisi, ma il loro interesse a scrivere qualcosa di più del diario e di una poesia ogni tanto aveva ceduto il passo a svaghi più immediati. Anche il sentimento di Jennifer per Mark si spense miseramente.

Adesso che la loro condotta si era fatta più accettabile, quantunque continuassero a rifiutarsi di parlare con i medici e con la maggior parte del personale, per premio poterono trascorrere più tempo fra di loro o con altri ricoverati. Poterono anche segnare il loro nome sul tabellone del reparto per andare alle riunioni sociali, a ballare o a giocare a bingo coi pazienti della sezione maschile; frequentarono assieme ad alcuni ragazzi le lezioni di inglese e di dattilografia, oltre a un laboratorio e agli spazi ricreativi. Non passò molto tempo che si ritrovarono innamorate – e rivali.

June era seduta a bere aranciata e tirava goffe boccate da una sigaretta. Accanto a lei sedeva Eddy, un giovane dai lineamenti pesanti. Jennifer, di fronte, masticava una vecchia gomma che aveva trovato nella tasca della giacca. Era una delle riunioni settimanali con i ricoverati del reparto maschile.

«Stanno lì ad aspettare che l'altra gli dica quel che deve fare. Che risate!» diceva Eddy al suo amico Ron, un diciassettenne dall'aria più sensibile. Jennifer era mortificata, non riusciva a prendere l'iniziativa; June era nuovamente fredda e distante. «Ron, questa è June» disse Eddy, poi guardò Jennifer. «Lei non so come si chiama». Furiosa che lui si fosse ricordato il nome di June e non il suo, Jennifer mormorò: «Jenny».

«Debbie? Carino». Come al solito, era stata fraintesa. Le ragazze seguitarono a fumare e a masticare gomma e intanto, per mezzo di sguardi e segnali, convennero che June si sarebbe tenuta Eddy e Jennifer avrebbe cercato di prendersi Ron. Ma nessuna delle due poteva fidarsi dell'altra e nessuna delle due parlò. Eddy e Ron le trovavano divertenti, ma alla fine si stancarono. «Non so decidere chi ha l'aria più scocciata, se quella lì o quell'altra». Eddy puntava il dito sulle due sorelle e lo fermò su Jennifer. «Ci vediamo» disse, e si allontanò tranquillamente. Anche Ron si alzò, ma prima di andarsene si rivolse a Jennifer e le disse: «Vieni a ballare lunedì?».

«È colpa tua» sibilò June. «Facevi il muso, e adesso non gli piaccio più. Che stronza!». Quella notte Jennifer rimase sveglia, masticando rabbiosamente quel che rimaneva della gomma e tramando di eliminare la sua gelosa rivale, oppure se stessa. Tenne la gomma in bocca sperando che la soffocasse nel sonno.

La serata di lunedì andò bene. June e Jennifer avevano deciso che avrebbero ballato, se qualcuno gliel'avesse chiesto. «Le infermiere non si stupiranno» aveva mormorato June a Jennifer. «Tanto siamo tutti matti, no?». Avevano entrambe le scarpe nuove, scelte in una recente distribuzione, e anche l'abito che indossavano era nuovo. Eddy e Ron andarono a sedersi al loro tavolo. Stavolta la musica era così alta che la conversazione era impossibile. Ron continuava a dar di gomito a Jennifer sotto il tavolo. Ridevano e ballavano. Eddy mise a June una sigaretta dietro l'orecchio. « Ci vediamo » dissero i due quando la musica cessò e le infermiere richiamarono le ragazze.

Il gioco delle coppie si complicò con la decisione di June e Jennifer di spartirsi Ron e tenere Eddy di riserva. Ron cominciò a scrivere lettere a Jennifer e lei gli rispose. Per iscritto le gemelle erano in grado di sedurre chiunque, ma la realtà prese ben presto il sopravvento. Scoprirono che Eddy si trovava a Broadmoor per incendio doloso e aggressione e che Ron era stato condannato per omicidio preterintenzionale. Ne furono sconvolte.

« Che notizie strazianti! » scriveva Jennifer.

« In che pasticcio mi sono messa! Mi sono legata a un assassino e ho accettato i suoi regali. Mi sento così giù, mi sento ingannata. Ha detto che l'ha fatto senza volerlo. Potrebbe essere stato un incidente. J. e io abbiamo sognato entrambe in passato di essere strangolate. Spero solo che Ron non l'abbia fatto con le mani. Potrebbe aver usato un coltello... Non mi fido di lui, adesso. Nella lettera mi diceva che ero "molto carina". Che esagerazione, io non sono veramente carina, e lui lo sa. Chissà se mente quando dice che è dentro per omicidio preterintenzionale? Ha parlato anche di un fantasma. Forse esagerava un'altra volta. Che iella! È l'unico diciassettenne in circolazione ».

June e Jennifer erano davvero sfortunate. Per tutta la vita, ogni volta che erano riuscite, e con fatica, a instaurare un rapporto, questo era stato bruscamente interrotto. Alle elementari, nello Yorkshire, il preside le aveva prese a benvolere e le lasciava stare nel suo ufficio. Poi Aubrey era stato trasferito nel Devon. Dal

Devon era stato poi mandato a Haverfordwest, e qui, dopo anni di silenzio, June e Jennifer avevano cominciato ad aprirsi con la loro insegnante, Cathy Arthur. Proprio quando sentivano di potersi fidare di lei, Cathy Arthur se ne era andata per scrivere una tesi su di loro, e quando era tornata era troppo occupata col suo primo bambino. June e Jennifer erano state lasciate a se stesse e al sussidio della previdenza sociale da tutti coloro che si erano occupati di loro professionalmente. Poi c'erano stati i Kennedy, ai quali si erano date anima e corpo. Anche loro si erano dileguati, senza quasi avvertirle, e non si erano mai fatti vivi. Lo stesso era accaduto con i ragazzi di Haverfordwest: nel quartiere militare le famiglie si avvicendavano di solito ogni tre anni, e i ragazzi che piacevano alle gemelle non rimanevano mai a lungo. Si era ormai instaurata una penosa consuetudine.

Jennifer ebbe poi un nuovo, cocente dolore. In tutte le mie visite precedenti, mi aveva pregato di trovare i manoscritti dei suoi tre romanzi. Io trovai quelli di *Discomania* e *The Pugilist*, ma non esistevano né una copia né gli appunti del primo, *Taxi-Driver's Son*, che Jennifer aveva mandato alla New Horizon. Indagai presso la casa editrice, ma mi sentii dire che avevano scritto a Miss Gibbons a Haverfordwest l'8 settembre 1982, dandole tempo quindici giorni per rispondere, dopodiché si erano sbarazzati del manoscritto. «Eliminato 23.9.'82» c'era scritto in testa alla lettera. «Confidiamo che, come da noi suggerito, Lei abbia conservato copia del manoscritto in oggetto».

Jennifer non mostrò emozione nel ricevere la notizia, ma essendo io stessa scrittrice, sapevo quanto ne sarebbe rimasta addolorata. Da allora in poi, in ogni lettera e a ogni visita, mi chiese se non si fossero trovati almeno gli appunti.

Col declinare dell'autunno e l'approssimarsi dell'inverno, le ricoverate 19091 e 19092 cominciarono a fare il callo all'ambiente e ad accettare il fatto che i giovanotti che incontravano 'in società' erano verosimilmente stupratori, assassini, molestatori di fanciulli. Anzi, le inorgogliva il fatto di trovarsi nello stesso luogo con criminali famosi del calibro di Ronald Kray, e trovavano di proprio gusto l'animata vita sociale. June e Jennifer si buttarono a capofitto nelle celebrazioni natalizie. Le lettere che mi mandavano erano piene di resoconti di feste di reparto.

Jennifer scriveva:

« Cara Marjorie,

« il giorno di Natale June è venuta a trovarmi. Nel reparto abbiamo ballato tutto il giorno. Non è stato male. Il pranzo era buono. Tutti hanno avuto regali da Broadmoor: il mio è stato un libro (quindi qualcuno sa che mi piace leggere). Parla di un uomo perseguitato dal senso di colpa che pensa di essere pedinato. Una scelta singolare, perlopiù in forma di diario. C'è stato un mucchio di feste a cui io e J. siamo andate insieme. June mi ha detto che c'è pericolo che la mandino al Lancs. I. Secondo noi c'è lo zampino del pianeta Urano che, si sa, è piuttosto deleterio... Aspetto con impazienza la tua visita. Stammi bene. La tua amica Jennifer ».

A marzo del 1983 un nuovo uomo era entrato nella loro vita. Jennifer aveva passato a June Ron, il cui orribile delitto aveva molto raffreddato i suoi bollori, e aveva rivolto il proprio affetto a un altro giovane criminale di nome Billy. Anche questa relazione doveva rivelarsi infelice, ma non priva di emozioni.

« Billy mi darà un bambino. Gesù dolcissimo! Lui è d'accordo. Gliel'ho detto stasera al ping-pong. Gli è venuto un colpo, ma in realtà gli è venuto perché aveva fatto un sogno su di me, come una premonizione. Stavamo facendo l'amore, lui mi succhiava il seno, e roba del genere. Ci crederesti? Ormai siamo in ballo. Lunedì porterà il suo sperma in una bottiglia. Se non funziona lo rifarà giovedì. Dio! Presto diventerò mamma per davvero. Dentro di me provo un senso di felicità e di dubbio. E se non funziona? Prego il Signore che funzioni. Ho regalato a Billy un uovo di Pasqua, di un giallo splendente. Con la sorpresa! ».

Jennifer tirò fuori la fotografia di Billy che aveva nascosto nel reggiseno e la baciò. « Il ragazzo di questa foto diventerà presto papà » scrisse, e aggiunse un sibillino « Di nuovo ».

Durante il fine settimana Jennifer trovò una bottiglietta di cosmetico vuota e cercò di sterilizzarla nell'acqua del bagno, ma quando il giorno dopo incontrò Billy lui non le consegnò il prezioso sperma, perché, disse, non era riuscito a trovare un contenitore adatto e l'aveva messo in una borsa di plastica dove era diventato acquoso. Proponeva di fare un altro tentativo, se fosse riuscito a trovare una siringa per il prossimo fine settimana. Ma non poterono esserci altri incontri: la solita trasandatezza e l'abitudine di non lavarsi gli indumenti e di non riordinare i cassetti valsero a Jennifer l'esclusione per una settimana da tutte le occasioni sociali. Il pensiero che invece June ci sarebbe andata e avrebbe incontrato Billy e forse lui avrebbe dato *a lei* il campione di sperma mise Jennifer in agitazione.

Le sue paure furono però messe a tacere dal biglietto che June le mandò per dirle che Billy non aveva partecipato alla serata. Anche lui era stato confinato in camera. Il campione di sperma sarebbe stato consegnato al ballo di Pasqua. Ma la vera ragione della separazione di Billy non tardò a venire a galla: i suoi compagni di reparto avevano saputo che cercava una siringa e il piano era stato scoperto, fra l'ilarità generale.

«Addio, bambino!» scriveva Jennifer, turbatissima. «Ho avuto un aborto e piango da spezzarmi il cuore per un bambino che non è mai esistito. Chiedendo troppo ho rovinato tutto. Aggredirò un'infermiera, mi impiccherò, mi taglierò le vene e sarò messa in isolamento. Povero Billy! Povera J.! Siamo arrivati a un punto morto».

In aprile Billy fu trasferito, assieme a molti degli uomini, all'ospedale Park Lane di Liverpool, che era stato aperto da poco. June trovava la vita al Lancaster 2 noiosa e deprimente. Continuava a sentire la mancanza della gemella e rifiutava ogni contatto con le infermiere, gli psicologi e i medici, che oramai considerava suoi nemici. Supplicava che la rimettessero con Jennifer, ma la comprensione per le gemelle era ormai agli sgoccioli. Le infermiere le vedevano ridere, chiacchierare, ballare quando erano tra di loro o con degli uomini nelle occasioni sociali, per poi tornare a comportarsi in reparto come ombre curve e silenziose. Quella caparbia ostilità e quel comportamento asociale non dovevano essere tollerati. June, in particolare, sembrava su una brutta china. Se ne stava seduta da sola nella sala diurna ad ascoltare le altre ragazze che spettegolavano di fidanzati, mestruazioni, masturbazione e bambini. Si sentiva esclusa e infelice.

What can be happening to me tonight?
I feel as though I'm swimming in a pool;
by the sea washing up to touch my feet,
I taste the bitter sweet smell of salt;
salt water running in between my toes,
salt water running from my eyes,
to touch my cold and papery hands...
What can be happening to me; I can reach out

and touch the stars; I can see Jupiter
and Venus; I can see the galaxy
And then I spot the earth and see a
missing space; my missing space; for I am
not here or there; for maybe I'm
everywhere, tonight.[1]

Più premevano su June perché parlasse, più lei resisteva e s'intristiva. « Sta succedendo quello che temevo. Lentamente tutti mi si rivoltano contro. Parlo di queste cosiddette infermiere vestite di azzurro... Mi sento piena di complessità e la mia anima di dentro è inquieta. Parlo con Dio e gli chiedo aiuto. Mi sto avviando verso l'esaurimento nervoso ».

Ma il personale, implacabile, voleva costringerla ad accettare le regole. « Tu sai bene quello che fai, e lo fai di proposito » le diceva Jenny France, la logoterapista, e le diede due settimane di tempo per cominciare a collaborare, altrimenti le sedute non avrebbero avuto scopo. L'insegnante di dattilografia minacciò di espellerla dalle lezioni perché non si applicava. Il personale usava il suo amore per le riunioni sociali come arma per indurla a parlare. « Parla più forte! Di' per favore! » diceva la suora. « È bello sentire la tua voce » diceva un'altra infermiera, sarcastica, quando June chiedeva un quaderno nuovo. Se non parlava non le era permesso andare a lezione, e nemmeno alle riunioni serali.

1. « Che cosa può accadermi stanotte? / Mi sento come se nuotassi in una pozza; / vicino al mare che monta a toccarmi i piedi, / sento l'odore dolceamaro del sale, / acqua salata mi scorre tra le dita, / acqua salata mi scorre dagli occhi, / a toccarmi le mani fredde, come carta... / Che cosa può accadermi; posso allungare una mano / e toccare le stelle; vedo Giove / e Venere; vedo la galassia / e poi, chiaramente, la terra, e vedo / uno spazio vuoto; il mio spazio vuoto; perché io / non sono qui, né là; perché io, forse, sono / dovunque, stanotte ».

Per June tutti gli sforzi di medici, infermiere e insegnanti non erano altro che ricatti, e si rifiutava di assecondarli. In passato le veniva spontaneo comportarsi in maniera diversa con le singole guardie e infermiere, e spesso provava molta comprensione per la posizione in cui si trovavano. Ma il soggiorno a Broadmoor l'aveva indurita: cominciò a considerarle tutte perfide, senza distinzione, e per far loro sapere che non si prestava al loro gioco adottò una nuova arma: un sorriso imperscrutabile, che faceva imbestialire le infermiere ancor più della sua espressione tetra. « Rompono in continuazione. Mi sento ansiosa, isolata e pronta a tagliarmi la gola ». Anche la visita che le fecero i parenti per il suo ventesimo compleanno fu rovinata dalla presenza asfissiante di due « piantoni ».

« Hanno detto queste parole, le ho sempre nella mia mente, ma con tristezza: "Buon Compleanno". Io però non faccio festa. Vent'anni, sospesa nel vento; né giovanissima, né vecchissima, ma a metà strada... per dove? Sono terra bruciata: non ho un figlio, né un marito, né una meta » scriveva June nel diario.

Anche Jennifer veniva sospinta nello stereotipo della ricoverata-vittima. Come June, era confinata da nove mesi nello stesso reparto, la York House. Era passato ormai un anno dai tempi del processo, in cui nutrivano grandi speranze di venir curate e consolate nell'ospedale speciale, e il risultato era che in tutti quei mesi nessuno era riuscito ad aiutarle. Si sentivano trattate come due bambine o come due idiote, anche più di prima, con le infermiere e tutti gli altri che parlavano di loro senza tener conto della loro presenza. Per la prima volta, era il sistema a vincere. Durante i loro saltuari incontri le infelici ragazze tramarono la vendetta. Decisero di prendere in mano la situazione: le cose dovevano cambiare.

Erano le sette e venticinque di sera del 27 maggio

1983 quando i campanelli d'allarme si misero a suonare per i giardini e i cortili della sezione femminile. Si videro le infermiere correre fra i padiglioni, poi fu la volta di un paio di infermieri della sezione maschile. Al piano di sopra, al Lancaster 2, June guardò l'orologio. Sì, era l'ora esatta. «È il giorno X. I missili sono partiti. Ce l'ha fatta. Brava, Jen. Hai più fegato di me». Sentì dei rumori confusi mentre le infermiere trascinavano una ricoverata per il cortile verso il Lancaster I. Udì una voce che gridava: «Libertà. Voglio la mia libertà!». June era sicura che fosse Jennifer. Pensò a lei con trasporto: «Dio ti benedica, Jenny. Adesso sei al Lancs, con me. Cosa avrai mai combinato?». Non riusciva a scoprirlo: sapeva che aveva suonato il campanello d'allarme, ma per il resto non era sicura. Il loro piano contemplava o un attacco contemporaneo sui due fronti, con conseguente approdo di entrambe al reparto di terapia intensiva, oppure, se perdurava il regime di separazione, lo scambio dei reparti: quando June approdava al Lancaster, Jennifer doveva essere spostata alla York House. Le due ragazze avrebbero seguitato a scambiarsi i reparti allo scopo di manipolare e confondere il sistema.

Le prime mosse erano andate a segno: il giorno in cui Jennifer aveva suonato l'allarme le ragazze avevano fatto in modo di incontrarsi alla porta, chiusa a chiave, che metteva in comunicazione i due reparti. Si erano parlate sottovoce attraverso il buco della serratura e avevano fatto scivolare delle lettere sotto la porta. Ma June era stata colta in flagrante prima che potesse ultimare la parte di piano che spettava a lei.

Jennifer venne messa nella stanza 23 del Lancaster I, nuovamente al fondo della scala dei privilegi. Aveva commesso due reati imperdonabili: aveva azionato l'allarme e aveva aggredito un'infermiera strappandole le chiavi e cercando di graffiarle la faccia. Per una settimana rimase in isolamento. Il giorno dopo l'aggressione June aveva trovato il suo armadietto vuoto: i diari, le lettere, le poesie e i vestiti erano stati portati via. Cercò di contrabbandare una lettera a Jennifer servendosi di una ragazza del suo reparto che faceva le pulizie al Lancaster I. La lettera, chiaramente scritta pensando al nemico, fu, come June sospettava, intercettata e letta.

« Cara Jennifer,

« a quanto pare si vendicano su di me perché tu hai messo il mondo a soqquadro. Che cosa diavolo hai fatto? Nessuno me lo dice. A quanto pare quelle stronze pensano che avevamo un piano ben preciso. Ti sembra di avermene parlato? Avevamo fissato una data? Sappiamo leggere nel pensiero? Loro non sanno cosa pensare. Ma io non gli do soddisfazione, a quelle carogne. Secondo me, loro vogliono che mi rivolti e gli dia una manica di botte. Ma io sono troppo furba, no? Sono arrabbiate perché non ci sono io al Lancs. I. Perché non mi ci portano subito? Un bel riposo mi andrebbe a pennello. Mi domando quando ti rivedrò. Mi domando un sacco di cose, in modo particolare perché le 'ruote' si sono fermate e perché ho perso l'autobus. Fine del capitolo ».

Quella notte June sognò neve verde e biciclette, l'una e le altre di cattivo augurio. Sapeva di doversi dimostrare degna della resistenza di sua sorella, ma le mancava il coraggio. Jennifer lo indovinava e la disprezzava; sospettava che June fosse stata tanto vigliacca non soltanto da lasciare a lei la prima mossa, ma da non farcela nemmeno a seguirla.

Una settimana dopo, Jennifer venne promossa dalla stanza 23 a una superiore. Le furono restituiti i suoi effetti personali, a eccezione dei diari e dei braccialetti d'oro e d'argento che le aveva regalato Rosie per il suo compleanno. Le fu permesso di mangiare nella sala da pranzo del Lancaster I e di trascorrere qualche ora nella sala diurna. Senza che lei lo sapesse, June era segregata in un'altra stanza dello stesso corridoio, e si rendeva ben conto che per recuperare un minimo di rispetto di sé doveva sferrare un attacco contro le infermiere ancora più sensazionale di quello di sua sorella.

Ma stavolta le autorità avevano il loro asso nella manica. Il dottor Le Couteur andò a trovare le ragazze nelle loro stanze. Aveva in mano dei moduli, e disse che se avessero continuato a comportarsi male li avrebbe compilati per disporre il trasferimento di una di loro all'ospedale speciale di Rampton. La minaccia raggiunse lo scopo, cioè scardinò il vincolo gemellare e fomentò di nuovo la competitività, che le avrebbe rese aggressive l'una contro l'altra anziché contro l'ospedale. Le Couteur decise che se si fosse giocato sul terrore della separazione ognuna di loro avrebbe dato la colpa all'altra. «Se ne spostiamo una in un reparto migliore facendole scavalcare la gemella, può darsi che questa collabori» mi spiegò in occasione di una mia visita successiva.

Nell'autunno del 1983, June e Jennifer si erano come appannate. Con la minaccia incombente di Rampton si erano adagiate nel tran tran ospedaliero, aggirando abilmente incombenze come far le pulizie, lavare e stirare. Jennifer tentava in qualche modo di comunicare con il personale, ma June stava seduta nella sua stanza inerte come una pietra. A questo punto somministravano a entrambe dei farmaci: facevano iniezioni regolari di Depixol, uno dei più potenti tranquillanti, che di solito viene somministrato a individui affetti da schizofrenia o altre gravi malattie mentali, ma che a volte è usato per rendere più docili i pazienti aggressivi. Entrambe mi scrissero lamentandosi che il farmaco annebbiava loro la vista e rendeva impossibile la concentrazione, al punto che avevano quasi abbandonato la lettura e scrivevano solo brevi poesie o appunti sul diario. Il dottor Cyril Levin, uno dei medici della sezione femminile, e il dottor Le Couteur mi dissero che le gemelle stavano solo strumentalizzando la loro conoscenza degli effetti collaterali del farmaco e che i dosaggi che ricevevano non potevano essere nocivi.

Il 19 settembre 1983 feci loro visita. Jennifer aveva il viso paffuto e istupidito, ma fece presto a rianimarsi quando parlammo della possibilità di utilizzare i loro diari per la stesura di un libro e di pubblicare alcuni dei suoi scritti. June, che era ancora nel reparto di terapia intensiva, aveva la faccia gonfia e le mani che tremavano. Disse solo qualche parola, ma mi porse un quaderno di poesie che aveva scritto. Quando le lessi, sul treno che mi riportava a Londra, avevo le lacrime agli occhi. I *September Poems* [Poesie di settembre], a volte tre o quattro con la stessa data, traboccavano di un'intensità dolorosa e di una malinconia che mi sembravano lontanissime da quanto mi sarei aspettata da una pericolosa psicopatica.

I am immune from sanity or insanity
I am an empty present box; all
unwrapped for someone else's disposal.
I am a thrown away egg-shell,
With no life inside me, for I am
not touchable, but a slave to nothingness.
I feel nothing, I have nothing, for I am
transparent to life; I am a silver
streamer on a balloon; a balloon
which will fly away without any

oxygen inside. I feel nothing,
for I am nothing, but I can
see the world from up here.[1]

Nessuna delle due frequentava più le lezioni di inglese. Avevano lasciato passare il giorno dell'esame e, visto l'interesse che avevano dimostrato, l'insegnante trovava difficile credere che fossero capaci di mettere insieme una frase di senso compiuto, figuriamoci poi racconti, poesie o romanzi. La macchina da scrivere che Aubrey aveva portato da casa stava sempre inutilizzata nella stanza insonorizzata. Il dottor Le Couteur mi disse di non esserne sorpreso: aveva sperato che le mie visite potessero stimolare nuovamente la vena creativa delle gemelle, ma loro avevano scritto solo un racconto per ciascuna, a parte le poesie e i diari che lui non aveva letto ma che, secondo quanto gli avevano riferito le infermiere, abbondavano di fantasie erotiche e di oscenità. « Sono refrattarie alla terapia » disse Le Couteur. « La logoterapista non ottiene risultati. Se vorranno parlare con me le ascolterò, ma non ho intenzione di perdere tempo ».

Anche le infermiere si sentivano demotivate. Lennie Dunn, la caporeparto di Jennifer al Lancaster, mi disse di tutti i problemi che avevano avuto con lei: « Non ha mai parlato con me né con altri membri del personale se non a monosillabi, quando vuole qualcosa. Abbiamo provato a togliergli i diari, quando si

1. « Io sono immune da sanità o pazzia, / io sono una confezione regalo vuota; tutta / scartata, per qualcun altro. / Sono un guscio d'uovo buttato via, / senza vita dentro di me, perché io non sono / toccabile, ma una schiava del nulla. / Io non sento nulla, io non ho nulla, perché sono / trasparente alla vita; sono un nastro / d'argento su un palloncino; un palloncino / che vola via senza / aver dentro l'ossigeno. Io non sento nulla, / perché non sono nulla, ma da quassù io posso vedere il mondo ».

comportano male, ma sembra che non gliene importi. Ci prendono in giro come hanno sempre fatto con tutti in vita loro. Ci usano come pedine».

Nelle loro teste infuriavano i vecchi conflitti. Jennifer era furibonda perché June non parlava né collaborava. June incolpava la sorella per l'infelice piega presa dagli eventi. Jennifer stava al piano di sopra, al Lancaster 2, June al piano di sotto, al Lancaster 1. Era di nuovo come a Furzy Park, come a Pucklechurch – solo che questa volta l'istituzione più costosa del paese usava le proprie risorse per tenerle separate.

L'anno dopo traslocarono in stanze più privilegiate e in reparti migliori. Erano tenute regolarmente sotto tranquillanti e apparivano più in pace con se stesse e con l'ospedale. Ma quando, ultimamente, partecipai a una riunione sul loro caso nel corso della quale si discusse se dovessero restare separate (la loro separazione era stata decisa all'unanimità), la prognosi era ancora sconfortante. Sebbene le due ragazze mi avessero detto che avevano deciso di «mettersi a parlare» e cominciassero a fare qualche sforzo spontaneo, in loro gli altri talenti erano come sopiti. Le lettere che mi mandavano erano piene delle piccole cose di tutti i giorni, ma non c'era traccia né di poesie, né di racconti, né di progetti per nuovi libri. «Non leggo molto, adesso» mi diceva Jennifer. «Solo qualche pagina dopo pranzo».

«Cosa hai letto recentemente?».

«*Pepsi-Cola Addict* di June».

«Ma l'hai letto centinaia di volte».

Jennifer stirò la bocca in un sorriso, sapendo, come sapevo anch'io, che la sua decisione di essere una brava paziente comportava degli inconvenienti. «Non riesco a concentrarmi e mi va insieme la vista».

«Scrivi?».

Di nuovo lo stesso sorriso. «Solo i diari. Come va il libro che stai scrivendo su di noi? Perché non l'intitoli *Bambole di pezza*?».

«Che altro fai? Vai a lezione di inglese o di disegno?».

Jennifer scosse nuovamente la testa. «Terapia occupazionale. Ho il permesso di andare al centro insieme ai maschi. Ho un ragazzo...».

«Cosa fai al centro?».

«Faccio giocattoli, e coloro».

«Ma tu eri brava a disegnare. Non disegni mai per conto tuo?».

Jennifer alzò le spalle e sorrise.

Le infermiere spiegarono che Jennifer aveva collaborato più di June e aveva da poco iniziato un vero e proprio programma di modificazione del comportamento: le veniva chiesto di mettere per iscritto le proprie sensazioni e le proprie reazioni ai fatti della giornata. Io pensai a tutti i diari che mi aveva dato, e sapevo che ci pensava anche lei. «Sta facendo molto bene» disse la suora. «Comincia a esprimere dei sentimenti. Sembra che le serva».

A dispetto dei loro evidenti progressi, il dottor Le Couteur prevede che ci vorrà molto tempo prima che abbiano l'autonomia sufficiente per vivere separate e che, guarite, non rappresentino più una minaccia per la società.

Loro nutrono poche speranze per il proprio immediato avvenire. Dopo aver passato tutta la vita a cercare di distinguersi, di fuggire la mediocrità del loro ambiente, sono state costrette ad adeguarsi. Si rendono perfettamente conto che più si accontenteranno della loro vita d'ospedale, più si estranieranno dal mondo esterno e il mondo esterno le abbandonerà. Nel diario June rifletteva:

«Siamo dimenticate, sbiadite, nessuno ci vedrà più. Come sarà il giorno in cui me ne andrò di qui e sarò libera? Che tempo farà? Quanti anni avrò? A pensarci mi vengono i brividi. J. e io siamo due gemelle della storia; ragazze di colore. Fuori la vita andrà avanti, passerà; ricordi del nostro processo, del nostro caso. Dove sono adesso, si domanderanno, come sono diventate? E un giorno ci faranno uscire, senza rumore, in segreto; donne mature. Tutte le cose devono finire. Altre cominciare».

EPILOGO
UN DOLCE SOLLIEVO

Walking up the grassy hill
Singing softly to myself
Seeing my vision of yesteryear
Detaching herself from myself.[1]

JENNIFER GIBBONS

APRILE 2022. June ha appena compiuto cinquantotto anni: stiamo festeggiando la sua gioia e la nostra amicizia di una vita. Ci abbracciamo sul lungomare dove ci siamo date appuntamento. « Pensa... » dice « sono passati quarant'anni dalla prima volta che sei venuta da noi a Pucklechurch... ».

Sono passati quattro straordinari decenni dal fatidico giorno in cui, da giornalista investigativa del « Sunday Times », ero andata con il padre, Aubrey, a trovare le gemelle: erano detenute in attesa di giudizio dopo cinque settimane di scorribande in cui avevano forzato varie proprietà e dato alle fiamme tre edifici disabitati di Haverfordwest. Come in ogni momento della loro lotta di potere, lunga e alla fine fatale, quel giorno erano rimaste ferme, senza parlare. Sembravano due statue, fianco a fianco, con gli occhi bassi e le labbra serrate. Solo quando ruppi quel silenzio inquietante e dissi di aver raccolto certi loro

1. « Salendo la china erbosa, / canticchio per me stessa, / vedo la mia visione del passato, / stacco lei da me ».

scritti, libri e diari che la polizia aveva lasciato nella loro stanza June aveva aperto gli occhi e io avevo colto un accenno di sorriso.

«E... e... ti sono piaciuti?». Lo aveva balbettato con un filo di voce, ma era stata subito zittita dall'occhiata bieca di Jennifer: l'ordine di non violare il patto del silenzio. Questo era il rapporto di potere che avevano creato nella loro guerra contro gli adulti e il mondo esterno, l'arcana schiavitù che le avrebbe chiuse in trappola fino all'improvvisa morte di Jennifer, senza spiegazione, alla dimissione dall'ospedale psichiatrico giudiziario di Broadmoor – ormai trent'anni prima.

Quant'è diversa da quelle ragazze smarrite la donna sicura di sé che oggi è al mio lato. June ha un contegno pacato, moderato, ravvivato da una risata contagiosa e una scintilla di benevola furberia nello sguardo. Vestita con cura, porta un piumino viola comprato online, dove fa tutti i suoi acquisti, e un foulard nero sulla testa. Parla a raffica, allegra all'idea della giornata da trascorrere insieme e dell'intervista che sto scrivendo, prossima a uscire in contemporanea con un altro film sulla loro storia.

È contenta che si faccia il nuovo film, ma rifiuta categoricamente di apparire, né vuole interviste o pubblicità. Trova che il dramma riguardi il suo passato – la June di prima, una gemella turbolenta – e che non debba interferire con le disciplinate abitudini che si è creata. È curiosa, però. Chiede: «Pensi che mi piacerà?». «Direi sì e no» rispondo. «Il film sta dalla tua parte, ma è più un'opera di fantasia su quando eravate adolescenti, e c'è qualche scena impressionante».

«Sarà vietato ai quindici o ai diciotto? Spero che non sia troppo spaventoso, che non faccia venire gli incubi ai bambini». Vuole anche sapere se ci sarà qualche accenno al movimento Black Lives Matter. «Perché lo farebbero solo per salire sul carrozzone. La nostra storia non parla dell'essere nere, ma dell'essere gemelle».

Le dico: «Ma non volevi... non vuoi essere al centro della tua vicenda? Non vuoi venire alla prima di questo nuovo film per farti fotografare e applaudire come una celebrità?». «No». La risposta è secca e sorprendente. «Se non fosse uscito il tuo libro, se la gente non sapesse già tutto di noi, mi batterei ancora per farmi conoscere, per essere notata e ascoltata. Ora non ho più bisogno di combattere. Me la vedo con la fama a modo mio, in silenzio».

«Anni fa era diverso» osservo. «Quando vi ho conosciuto volevate diventare famose a tutti i costi». «Sì, ci tenevamo. Volevamo che il mondo si accorgesse del nostro talento... eravamo scrittrici impegnate». (Paragona senza troppa serietà se stessa e Jennifer a certi autori che hanno amato: D.H. Lawrence, Jane Austen, Emily Brontë). «È per questo che con te ci siamo sbloccate. Non potevamo parlare perché eravamo imprigionate in noi stesse. Tu ci hai aiutato, hai visto il nostro potenziale, e noi ci siamo fidate di te. Sei stata la nostra ancora di salvezza».

La riconoscenza di June mi commuove nel profondo. Sono stata la giornalista che ha raccontato il caso, ha militato per loro, ha letto milioni di parole sui diari che inizialmente mi passavano di nascosto; mi sono arrovellata la coscienza per giorni e notti. Ho condiviso per anni ogni loro pensiero, ogni osservazione, le minuzie della quotidianità e le loro impressioni (il più delle volte sbagliate) dei sentimenti altrui. Quando avevano freddo o fame, avevo freddo e fame anch'io. Quando raccontavano le assurdità del regime ospedaliero, ridevo. Provavo la loro stessa furia, la disperazione, il senso d'abbandono. Negli undici anni di detenzione, quasi tutti i giorni ciascuna gemella scriveva circa tremila parole con una grafia microscopica inserendo, sotto ogni riga dei quaderni, altre quattro righe simili a cuciture: un arazzo fittissimo, mi ci vollero ore per disfarlo, poche frasi mi costavano molte notti insonni. Ma io, giornalista e madre di quattro figli, perché mi ero immersa nel loro mondo bizzarro? Perché non mi ero limitata a sfogliare quelle pagine anziché sollevarne gli strati di parole, disposte quasi come un codice da decifrare? Mi ero prefissata di mantenere le distanze, ma rimasi calamitata nel loro dramma interiore. Fra i racconti su chi delle due aveva mangiato quale salsiccia o chi batteva su quale tubo per comunicare, quand'erano separate in carcere, intravidi perle di un acceso rapporto di amore-odio che potevano formare il nucleo di un'opera shakespeariana e vivide gemme di frasi che rendevano poesia le circostanze più prosaiche. Le gemelle mi trascinarono, soprattutto, nel loro campo di battaglia psicologico, dove mi schierai con l'una o l'altra sotto un'artiglieria di parole che erano armi per conquistare un'identità, per proteggersi da se stesse e dal mondo esterno.

Volevano davvero che scrivessi la loro storia? Avevano tratto beneficio dalla fama o dalla notorietà? Avevo fatto bene a scrivere il film per la BBC che aveva suscitato interesse in giro per il mondo? E ad aver permesso che in paesi lontanissimi da quello della loro tragedia si scrivessero pièce teatrali, opere liriche e canzoni su di loro? Per la prima volta confesso a June dubbi e paure sul nostro rapporto, sul libro e sul film. Lei non ne ha. «Sento Jennifer dirci: "Grazie. Brave. Andate avanti"».

Siamo sedute in un caffè affollato, affacciato su un porticciolo non lontano da Haverfordwest. Sta riempiendosi di gente, in gita per Pasqua. Il rumore di piatti e posate mi impedisce di udire June, che balbetta ancora leggermente; devo chiederle spesso di ripetere. È un luogo incongruo per la nostra indagine personale sul passato e sul mistero della morte di Jennifer.

Sono trascorsi trent'anni da quel momento raggelante, una domenica pomeriggio a Broadmoor. Stavamo prendendo il tè, noi quattro. Avevo portato mia figlia Sophia: giocava con una bambola di pezza che le avevano fatto le gemelle. Chiacchieravamo e ridevamo come al solito e le gemelle erano eccitate perché nel giro di poche settimane sarebbero state trasferite da Broadmoor a una nuova struttura di sicurezza nel Galles. Jennifer sfoggiava un simpatico berretto nero, ma la vedevo smagrita e agitata. A un tratto mi aveva detto: «Marjorie, Marjorie, morirò io. Abbiamo deciso». June aveva assentito. Ero rimasta sgomenta, ma ero certa che avessero preso la decisione finale: l'esito del loro patto di sempre. Dissi a Sophia di andare a prendere un biscotto: si allontanò tra i pazienti, in prevalenza stupratori o assassini. Jennifer mi allungò una pagina del suo quaderno con la poesia:

That too was your laughing,
That too was your smiling
Now I am dead
And that too is your crying.[1]

June si ricorda di quando Jennifer mi diede la poesia, ma è vaga a proposito del patto. «Probabilmente certe cose le ho dimenticate per proteggermi» riflette. «Secondo te, quindi, come è morta Jennifer?» le chiedo. Lei aspetta. «È stato un lento suicidio» ri-

1. «Anche quella era la tua risata, / anche quello era il tuo sorriso, / ora sono morta / e anche quello è il tuo pianto».

sponde, in tono conclusivo. «Sapeva che se fosse vissuta avrebbe cancellato il nostro futuro. Avevamo già stabilito di non poter vivere insieme; era semplicemente infattibile. Ha deciso di lasciarmi andare, di liberarmi. Ha sacrificato la sua vita per me». «Ma cosa è successo?» insisto. «Come ha fatto a programmare di morire esattamente quando siete partite da Broadmoor con il minivan, se sapevate solo da due giorni che vi avrebbero trasferite?». June ripercorre l'ultimo viaggio insieme alla gemella con precisione forense. «Il cancello si chiuse e Jennifer mi disse sottovoce: "Finalmente libere... Prenditi la TV in bianco e nero che mi hai regalato"». (June ha ancora in camera il televisore in disuso, come ricordo simbolico.) «Poi suonò la sveglia dentro una valigia. Fu una cosa macabra, un presagio». Delle infermiere che accompagnavano le ragazze, nessuna fece caso al malore di Jennifer. June pensò che stesse solo dormendo. Dopo l'arrivo alla Caswell Clinic, nel Galles meridionale, Jennifer – ormai in stato di semicoscienza – fu sollevata di peso da altre infermiere; June, invece, fu scortata in una camera e qui sperò che la gemella la raggiungesse per il tè. Jennifer non la raggiunse.

June ricorda che il dottor Tegwyn Williams, lo psichiatra della clinica, entrò nella stanza. «Purtroppo tua sorella è stata portata in ospedale» disse. «Devi venire subito». Rimase seduta da sola nella sala d'attesa del Princess of Wales Hospital finché il dottor Williams tornò e le comunicò che la sorella era morta. All'inizio rimase attonita; poi si riebbe. «Entrai a vederla, le tenni la mano per molto tempo e ridiventai padrona di me stessa. Le dissi che le volevo tanto bene. Le presi il berretto nero e gli orecchini, e la salutai».

È a questo punto che veniamo cacciate dal tavolo del caffè; dobbiamo farci largo in un mare di gente per andare verso l'auto e incontrare mio marito e un autista che ho prenotato per tutto il giorno. June vuole rivedere i luoghi di un tempo e perciò ci spostiamo a Furzy Park, la piccola base RAF dove la cameretta delle gemelle si era trasformata in una fucina di creatività e apprendimento. Superiamo l'ufficio postale (oggi un parrucchiere) dove spedivano i manoscritti agli editori a pagamento o ritiravano voluminosi pacchi di libri e acquisti per corrispondenza, come le due macchine da scrivere. Mi indica anche l'edificio cui diedero fuoco prima di chiamare la polizia. Guardando il magazzino, all'epoca un capannone di trattori, commenta con distacco che erano rimaste lì davanti a contemplare le fiamme. Domando: «Perché?». «Uno psicologo ci chiese se avevamo provato un piacere sessuale» considera. «Non credo, però l'incendio ci ricordò i ragazzi americani. Ci avevano smosso qualcosa dentro».

Oggi non vuole andare al cimitero. «Troppe emozioni, troppo passato». La lapide che avevo acquistato per Jennifer, mi spiega, è stata sostituita e adesso c'è una lastra di marmo con i nomi del padre, Aubrey, morto cinque anni fa, e della sorella.

Sotto uno splendido sole di primavera puntiamo verso Welsh Hook, il grazioso paesino dove alloggiava la famiglia della Marina statunitense con i figli maschi. June è felice di rivedere la casa, la riva del fiume e i prati indorati da primule, ranuncoli e margherite. Camminiamo nel cimitero fino alla chiesa dove furono sedotte. «Scoprimmo che i ragazzi sarebbero partiti solo quando una lettera cadde fuori da un libro a casa loro» osserva. «Non ce l'avevano detto. Non ci salutarono nemmeno».

Secondo Tim Thomas, lo psicologo scolastico che lavorò con le gemelle quando la scuola gliele segnalò, all'origine di quelle cinque settimane di vandalismi e incendi ci fu l'infatuazione per i ragazzi americani. «Ritenevo che quei ragazzi fossero nocivi e distruttivi, che si approfittassero in modo crudele dell'isolamento e dell'ingenuità delle gemelle» dice. «Eravamo al corrente che il più giovane aveva delle condanne e che aveva tentato di incendiare la Fishguard School. Tutte le prove inducono a ritenere che le gemelle non avessero intenzioni cattive e che il loro comportamento fosse una chiara risposta a un'ossessione per quei ragazzi». Tim Thomas freme ancora di rabbia per come i servizi di igiene mentale e la giustizia non riconobbero nulla di tutto ciò, generando un madornale errore giudiziario e la sentenza di internamento a tempo indeterminato a Broadmoor. «Le bollarono come "piromani psicopatiche", ma com'era possibile fare questa diagnosi se nemmeno parlavano? Quando mi resi conto di che cosa stava succedendo decisi che avrei lottato per i loro diritti e per dare voce alla loro storia, anche se avessi dovuto mettere a rischio il mio lavoro e la mia famiglia. A quel punto sei arrivata tu». Come Tim aveva previsto, il suo lavoro entrò in crisi per un po', ma è rimasto il più grande sostenitore delle gemelle, l'amico e il difensore di June.

Più tardi, davanti a tè e focaccine, parliamo della sua vita attuale e dell'ombra costante della morte di Jennifer. «La decisione di Jennifer di morire per te valeva tutto il dolore della sua perdita?» le chiedo. È assorta; prende le cose con filosofia. «Per certi versi sì e per altri no» dice. «Grazie a lei ho trovato la libertà. Ora sono molto serena e tranquilla. Accetto la vita come viene».

«Ti ricordi, quattro giorni dopo la sua morte?» le rammento. «Mi chiedesti di far volare uno striscione su Haverfordwest con la scritta "June è viva, sta bene e alla fine ha trovato se stessa". Mi dicesti che anche se ti mancava moltissimo, era stato un dolce sollievo. Ti senti ancora così? Certi gemelli, quando l'altro muore, credono di non poter più vivere. Si sentono in colpa per essere sopravvissuti. Tu hai mai pensato di toglierti la vita? ». June si innervosisce alla domanda. Risponde: « Certo che no, mai! Sarebbe un insulto a Jennifer buttare via la mia vita dopo quello che lei ha fatto per me. Devo vivere la sua vita al posto suo. La sua rinuncia mi fa essere più grata per la mia vita. Lei mi ha resa più forte. Credo che sia molto orgogliosa di me ».

Sappiamo tutt'e due che ufficialmente Jennifer morì per "miocardite", un'importante infiammazione del muscolo cardiaco. Ma perché le si infiammò il cuore? La miocardite è una delle più comuni cause di morte improvvisa nei giovani; può essere dovuta a infezioni virali o batteriche, intossicazioni, farmaci, sforzi fisici repentini. Nessuna di queste condizioni emerse dagli accertamenti. Il verdetto del coroner fu "cause naturali". Io e June pensiamo, d'altro canto, che accadde qualcosa al limite del soprannaturale. « Tu credi nel voodoo? » chiedo. Scuote la testa. « No, sarebbe assurdo; però eravamo persone molto spirituali. Forse lei morì di crepacuore, più che di infiammazione » suggerisce. Continuo: « Perché? Che cosa le spezzò il cuore? ». « La mancanza di fede nel mondo e i suoi demoni interiori » risponde. « Forse, verso la fine cominciò a stare male e capì di doversene andare ».

Tim Thomas ricorda come anche da bambine le gemelle sfuggissero alle spiegazioni e il loro mutismo elettivo fosse diverso da quello di tutti gli altri bambini e adolescenti affetti da disturbi psichici con cui aveva lavorato. « Erano particolari. Avevano genitori molto affettuosi, rispettabili, disorientati come noi su come aiutarle. Mi ha sempre scosso una cosa: sembrava che Jennifer avesse un'influenza quasi malevola nella sua disperata volontà di tenere June sotto il suo potere».

Come scrissi nel mio primo articolo, il silenzio delle gemelle poteva essere iniziato per gioco; al pari di molti giochi infantili, tuttavia, aveva una venatura sinistra. Forse il mutismo diventò un'abitudine che non era stato più possibile abbandonare. La possessione esercitata da Jennifer su June spiega la potenza assoluta del loro rapporto di interdipendenza? Come si giustifica lo sconcertante influsso delle gemelle su quelli che si avvicinavano troppo a loro, e gli effetti che ebbero sulla vita di altre persone? Nel 1993, nemmeno un anno dopo la morte di Jennifer, io e June ci recammo sulla sua tomba. June sussurrava con fervore: «Jennifer mi sta chiamando. Mi sta chiamando piano piano. Mi sta chiamando alla sua tomba». Mi attraversò un brivido, ma non fu il vento di tempesta che soffiava nel crepuscolo. Quella sera mi guardai allo specchio ovale brunito dell'hotel neogotico di Welsh Hook, dove soggiornavo, e notai il sintomo in seguito al quale due settimane dopo mi diagnosticarono un cancro al seno in stadio avanzato. So che fu una coincidenza, ma mi turbò ugualmente. Forse, pensai, era la punizione per aver scavato troppo a fondo nella psiche di qualcun altro.

Qualche mese più tardi, sotto chemioterapia, tornai a Haverfordwest. Questa volta, mentre sistemavo con June i fiori sulla tomba di Jennifer, il foulard che mi nascondeva la testa calva volò via e non riuscimmo più a ritrovarlo. Sentii di nuovo, come accadde ad altri, lo strattone oscuro del loro destino legato al mio.

Da allora, la storia delle *Gemelle che non parlavano* ha fatto tanta strada oltre i confini della Gran Bretagna. È stata tradotta in molte lingue: francese, italiano, spagnolo, fino al giapponese. È stata un bestseller negli USA e nel 1986 la sceneggiatura che trassi dal libro fu prodotta dalla BBC per la regia di Jon Amiel, negli stessi luoghi di Haverfordwest dov'erano cresciute le gemelle. In Francia divenne la nota opera rock *Jumelles*; in Olanda, la pièce teatrale *Als bloemen in de hel*. Nel 2007 la compositrice Errollyn Wallen la mise in musica per un'opera classica moderna per l'Almeida Theatre di Londra e più di recente la produttrice Polly Teale ne ha fatto un adattamento teatrale, *Speechless*, per il festival di Edimburgo e le tournée successive.

Perché questa storia è così irresistibile? Credo che l'universalità del rapporto di amore-odio fra le gemelle attraversi le generazioni; che i punti di vista e le intuizioni di Jennifer e June continueranno a gettare una luce inedita sull'essenza di tutte le relazioni umane troppo strette. Ma il loro fu un legame di dominio estremo e insolubile, impossibile da sostenere senza la morte dell'una o dell'altra gemella. È un miracolo – e una testimonianza della sua forza interiore – che June, pur continuando a onorare teneramente la memoria di Jennifer, si sia affrancata dalla sua orbita gravitazionale e abbia raggiunto l'indipendenza e la riconciliazione.

Per quanto solitaria, June è certamente una persona deliziosa, premurosa, resistente. Evita le occasioni sociali e la compagnia in genere, mi dice, eppure adesso è entusiasta di parlare con me. « La terapia che mi davano non faceva tutta questa differenza. Essere me stessa mi ha dato la serenità. A me piace essere introspettiva, insignificante e muta come un pesce: sinceramente sono fatta così ».

Come sempre, ribadisce che deve moltissimo alla sorella scomparsa. « Oggi sono libera. Libera da Broadmoor e libera dalla nostra guerra. Posso respirare l'aria fresca; posso vedere il tramonto, sentire il vento e la pioggia sul viso, senza qualcuno che chiude le serrature e fa tintinnare i mazzi di chiavi ». Non nega che la sentenza fu ingiusta e che gli undici anni nell'ospedale di massima sicurezza britannico le abbiano fatto male, ma l'acredine dell'ultima volta che sono venuta a trovarla sembra alleggerita. « Ci hanno rubato la giovinezza, » dice « ma adesso non ha senso fare una battaglia per questo ».

Vive una vita modesta. Dopo un anno di ricovero alla Caswell Clinic fu dimessa e mandata in una casa-alloggio. Qui conobbe un altro paziente – un uomo della sua età –, che oggi è il compagno con il quale condivide una piccola casa. Non ricorda da quanto tempo non prende più farmaci e non ha più contatti con specialisti che si occupano di salute mentale. Quando glielo domando, risponde: « Non ho malattie mentali. Mi si potrebbe definire un tipo un po' strano, ecco ». Sorride beffardamente.

Tutte le mattine fa una passeggiata sulla strada di casa. Certi giorni prende l'autobus per muoversi nei dintorni. Due volte alla settimana va da sua madre, che vive in una casa di riposo, e va a trovare anche la sorella, il fratello, i loro figli ormai cresciuti e i nipoti. Solo due dei più grandi conoscono la sua storia. Preferisce così.

È sempre una lettrice vorace, per lo più di thriller psicologici. Guarda documentari in TV e ascolta musica classica su BBC Three o Classic FM, con una predilezione per la lirica, i romantici e la musica barocca. I programmi dove « parlano troppo » non le vanno. Legge dei passaggi dalla Bibbia ogni giorno, ma non va in chiesa. Non scrive più. Dice: « Non ne sento il bisogno. L'energia delle cose che scrivevo veniva dall'intensità del nostro rapporto ».

Chiedo: « Non ti capita mai di provare un minimo d'invidia quando vedi gente che scrive libri su di voi e ha successo? Hai mai pensato di scrivere da sola la tua storia? ». Risponde: « No. Ti sono grata del tuo libro. I lavori degli altri mi piacciono più dei miei ».

Dopo essermi congedata da June, la gemella silenziosa, provo un grande senso di umiltà e di ammirazione. Soprattutto amo stare con lei, le sue intuizioni perspicaci, la battuta pronta, la premura per me e la mia famiglia. Sono contenta di aver scelto di frequentare, per moltissimi anni della mia vita, le gemelle a Broadmoor, di decifrare i loro diari, di intrecciare il mio destino al loro. Il giorno dopo la mia visita ci scambiamo qualche e-mail: June mi ringrazia per gli splendidi momenti e l'amicizia duratura. Ciò nondimeno, tutto il nostro impegno non ci ha avvicinate a risolvere l'enigma del loro silenzio e del sacrificio di Jennifer. In certe culture, i gemelli sono considerati un buon auspicio; in altre, l'auspicio è cattivo. In certe tribù, il gemello che sopravvive all'altro non si separa mai da un'effigie del defunto. In altre, si uccide uno dei gemelli alla nascita per far vivere l'altro. Ci sono stati casi di gemelli siamesi, legati fisicamente e non solo mentalmente, che hanno accettato il rischio della separazione chirurgica pur di non seguitare a vivere uniti a una persona identica. Tra le ricerche che ho consultato, nessuna spiega la difficoltà e la tragedia di June e Jennifer. « Cosa pensi che vi spinse, da piccole, a smettere di parlare? » domando a June. « Perché avete mantenuto il patto del silenzio per tutti quegli anni? Perché Jennifer rinunciò alla sua vita per te? ». Le risposte sono ancora sibilline: « Non lo so; non so davvero perché » mi scrive. « Forse solo Dio lo sa... Forse saremo un mistero per sempre ».

Maggio 2022

RINGRAZIAMENTI

Desidero in primo luogo ringraziare Aubrey e Gloria Gibbons, i coraggiosi genitori delle gemelle, per la loro fiducia e il loro aiuto, che non è mai venuto meno anche quando ha comportato un grave sacrificio per loro stessi, la loro famiglia e la loro vita privata. Se non avessero voluto con tanta determinazione che la storia delle loro figlie fosse raccontata, questo libro non sarebbe stato scritto.

Desidero inoltre ringraziare per la sua strenua sollecitudine Tim Thomas, lo psicologo scolastico che per primo ha esaminato le gemelle. Sono stati i suoi timori per il loro futuro a spingermi a interessarmi alla loro storia. Malgrado la disapprovazione di colleghi meno dotati di immaginazione, e mettendo a repentaglio il suo lavoro, Thomas ha dato a me e alla famiglia Gibbons il massimo appoggio. Sua moglie Susan e le sue figlie hanno dovuto sopportare molti momenti spiacevoli, ma l'hanno sempre incoraggiato.

Devo dire grazie anche a molte persone di Haverfordwest e dintorni, fra cui il dottor Evan Davies, Cathleen Arthur, l'insegnante delle gemelle alla scuola speciale, che mi ha fatto leggere la sua tesi, e i funzionari di polizia che mi hanno messo a disposizione i loro schedari.

Sono grata al direttore e al personale di Pucklechurch, che mi hanno consentito l'accesso al carcere, al dottor William Spry, lo psichiatra del collegio di difesa delle gemelle, al dottor John Hamilton, direttore dell'ospedale psichiatrico giudiziario di Broadmoor, ad alcuni medici, alle infermiere, alle vigilatrici e agli assistenti che vi operano. In particolare vorrei ringraziare il dottor Boyce Le Couteur per avermi invitata a visitare June e Jennifer e incoraggiata a mantenermi in contatto con loro, nonché Douglas Hunter, assistente sociale, per la sua supervisione del capitolo dedicato a Broadmoor.

Desidero inoltre ringraziare Mary Senechai e Frances Angliss che, assolvendo al compito di trascrivere i diari, mi hanno prestato un aiuto prezioso. Ringrazio anche Kim Bourne e Sally Baker.

Ma, soprattutto, ho un debito di riconoscenza verso Tom Margerison, che durante i tre difficili anni dei miei rapporti con le gemelle mi ha sostenuto con i suoi fermi giudizi, la sua pazienza e la sua gentilezza.

GLI ADELPHI

ULTIMI VOLUMI PUBBLICATI:

620. Mark O'Connell, *Essere una macchina*
621. Oliver Sacks, *In movimento*
622. Fleur Jaeggy, *Sono il fratello di XX*
623. Georges Simenon, *Lo scialle di Marie Dudon*
624. Eugène N. Marais, *L'anima della formica bianca*
625. Ludwig Wittgenstein, *Pensieri diversi*
626. Georges Simenon, *Il fidanzamento del signor Hire*
627. Robert Walser, *I fratelli Tanner*
628. Vladimir Nabokov, *La difesa di Lužin*
629. Friedrich Dürrenmatt, *Giustizia*
630. Elias Canetti, *Appunti 1942-1993*
631. Christina Stead, *L'uomo che amava i bambini*
632. Fabio Bacà, *Benevolenza cosmica*
633. Benedetta Craveri, *Gli ultimi libertini*
634. Kenneth Anger, *Hollywood Babilonia*
635. Matsumoto Seichō, *La ragazza del Kyūshū*
636. Georges Simenon, *Il capanno di Flipke*
637. Vladimir Nabokov, *Lezioni di letteratura*
638. Igino, *Miti*
639. Anna Politkovskaja, *La Russia di Putin*
640. I.J. Singer, *La pecora nera*
641. Inoue Yasushi, *Ricordi di mia madre*
642. Rebecca Skloot, *La vita immortale di Henrietta Lacks*
643. Oliver Sacks, *Vedere voci*
644. Leonora Carrington, *Il cornetto acustico*
645. Anna Politkovskaja, *Diario russo*
646. Anna Politkovskaja, *Per questo*
647. Michael Pollan, *Come cambiare la tua mente*
648. Georges Simenon, *Turista da banane*
649. Kuki Shūzō, *La struttura dell'iki*
650. Georges Simenon, *Pena la morte e altri racconti*
651. Sarban, *Il richiamo del corno*
652. Emmanuel Carrère, *Io sono vivo, voi siete morti*
653. Teresa Cremisi, *La Triomphante*
654. Roberto Bolaño, *Notturno cileno*
655. Austin Wright, *Tony & Susan*

STAMPATO DA ROTOLITO S.P.A. - STABILIMENTO DI PIOLTELLO
NELL'OTTOBRE 2022